财政部规划教材

大学生诚信文化理论与实践

（第四版）

主　编：陈云涛

副主编：凌云志　王懂礼

中国财经出版传媒集团
中国财政经济出版社

图书在版编目（CIP）数据

大学生诚信文化理论与实践 / 陈云涛主编；凌云志等副主编. -- 北京：中国财政经济出版社，2023.7（2025.7重印）
财政部规划教材
ISBN 978-7-5223-2329-9

Ⅰ.①大… Ⅱ.①陈… ②凌… Ⅲ.①大学生—社会公德教育—高等学校—教材 Ⅳ.①G641.7

中国国家版本馆CIP数据核字（2023）第116484号

责任编辑：孙 琛　　责任印制：党 辉
封面设计：陈宇琰　　责任校对：胡永立

大学生诚信文化理论与实践
DAXUESHENG CHENGXIN WENHUA LILUN YU SHIJIAN

中国财政经济出版社 出版
URL：http：//www.cfeph.cn
E-mail：cfeph@cfeph.cn

社址：北京市海淀区阜成路甲28号　邮政编码：100142
营销中心电话：010-88191522
天猫网店：中国财政经济出版社旗舰店
网址：https：//zgczjjcbs.tmall.com
涿州汇美亿浓印刷有限公司印刷　各地新华书店经销
成品尺寸：185mm×260mm　16开　14.5印张　263 000字
2023年8月第1版　2025年7月河北第3次印刷
定价：38.00元
ISBN 978-7-5223-2329-9
（图书出现印装问题，本社负责调换，电话：010-88190548）
本社图书质量投诉电话：010-88190744
打击盗版举报热线：010-88191661　QQ：2242791300

前言

PREFACE

诚信是人的基本道德修养，其本义就是诚实守信。中华民族历来推崇诚信。孔子云：“人而无信，不知其可也。”孟子云：“诚者，天之道也；思诚者，人之道也。”一个人只有内诚于己、开诚布公，才能完善自己；反之，如果自我欺骗、失信于人，其他诸如仁义、勇敢、坚韧等品格也会没有彰显的基础。同样，一个缺乏诚信的民族，是没有灵魂和信仰的，也得不到他人的尊重，最终丧失传承文明的动力。

现代社会，不仅经济活动需要诚信，政治领域、精神文化活动等社会活动领域也需要诚信。从经营到管理，从商品买卖到资本借贷，从国际条约到大国责任，从线下到线上……诚信都散发着其不朽的价值光芒。就企业而言，诚信是宝贵的无形资产；就社会而言，诚信是和谐的重要基石；就政府而言，诚信是充满力量的权威；就国家而言，诚信是良好的国际形象。

党和国家历来重视诚信建设。2001年10月，中共中央颁布的《公民道德建设实施纲要》第一次明确提出，在全社会大力倡导“爱国守法、明礼诚信、团结友善、勤俭自强、敬业奉献”的基本道德规范。2006年“以诚实守信为荣、以见义忘利为耻”成为社会主义荣辱观的主要内容。党的十八大第一次将“诚信”纳入社会主义核心价值观体系，成为个人层面的核心要素。党的十九大强调“诚信建设”的“制度化”，强化社会责任意识、规则意识和奉献意识。2022年10月，党的二十大从“提高全社会文明程度”的高度，指出要“弘扬诚信文化，健全诚信建设长效机制”。

当前，“世界之变、时代之变、历史之变正以前所未有的方式展开”，物质的丰裕和精神的贫乏相互交错，经济社会转型的喜悦和迷茫相互叠加，诚信缺失不同程度地影响到社会生活的诸多方面。大学生是祖国的未来、民族的希望。加强大学生诚信教育，既是丰富高校思想政治工作、健全诚信建设长效机制的题中之义，又是“五育并举”、实现中华民族伟大复兴中国梦的内在要求。

本书共分上、中、下三篇，从不同的视角带领当代大学生领悟诚信文化的含义，感悟诚信文化的魅力。上篇“理解诚信”，从诚信的一般含义出发，探讨了诚信的基础理论，分析了不同领域的诚信内涵和主要指向，并介绍了新时代我国诚信体系建设的要点。中篇“品味诚信”，分别从古代中国、当代中国和世界各国撷取了二十四个经典故事，带读者品味诚信果实的甘苦辛酸。下篇“实践诚信”，从行为学角度探讨了诚信文化的实现路径，并以国内外若干高校的案例给教育工作者以启迪。全书既讲“大道理”，也说“小故事”，力求以形象的语言、鲜活的案例代替枯燥的说教，同时，结合财经商贸等行业的职业特性，客观把握诚信文化的现实脉搏。

本书在2019年第三版基础上成书，由浙江金融职业学院陈云涛教授制订纲目并组织编写。其中，第一章至第三章由张心亮编写、修订，第四章至第六章由叶丛丛编写，第七章由叶君红编写，第八章由汪栋灿编写，第九章由陈云涛、王懂礼、李子江、杜斌撰写，陈云涛、凌云志负责全书统稿，凌云志做了文字校改。

本书的编写既得益于浙江金融职业学院等高校长期以来对诚信文化的坚守与探索，又得益于众多诚信文化研究者的思考与付出——这些理论与思想的启迪虽已力求在参考文献中列出致敬，但难免挂一漏万，在此深表歉意。学识所限，本书的不足之处，恳请专家、读者予以批评指正。

编　者

2023年5月

目录

CONTNENTS

上篇

理解诚信

从古至今，中外学者对诚信作出了不同的解读。诚信既是个人道德的基石，又是社会正常运行不可或缺的条件。诚信缺失的个人将失去他人的认可，诚信缺失的社会将失去人与人之间正常关系的支撑。新时代的诚信观更注重诚信文化的传承创新。要坚持和发扬中国特色社会主义诚信观，为构建诚信社会、实现中国式现代化作出贡献。

第一章　诚信基础理论

青年是国家的未来，民族的希望。青年兴则民族兴，青年强则国家强。新时代以来，以习近平同志为核心的党中央高度重视青年发展事业，党的二十大强调指出，“当代中国青年生逢其时，施展才干的舞台无比广阔，实现梦想的前景无比光明。全党要把青年工作作为战略性工作来抓，用党的科学理论武装青年，用党的初心使命感召青年，做青年朋友的知心人、青年工作的热心人、青年群众的引路人”①。在实现第二个百年奋斗目标的历史新征程中，要在青年中培育和践行社会主义核心价值观，引导青年勤学、修德、明辨、笃实，使社会主义核心价值观内化为青年的坚定信念，外化为青年的自觉行动，是高校的责任和担当。提高大学生诚信品质，解决大学生诚信缺失问题，健全大学生诚信道德人格，应以基础理论作为切入点。

一、诚信的内涵

诚信是为人处世之本，社会稳定之基。古今中外，“诚信”在政治、经济、文化、伦理诸领域都有应用。但不同国家、不同民族、不同时代人们对诚信的具体要求不完全一致，以至于诚信的含义总是随着时代和社会需要不断变化、演绎。

（一）中国古代的诚信思想

中华民族历史源远流长，有着十分灿烂的古代文明，孕育了博大精深的传统文化，其中包含了丰富的诚信思想。在先秦典籍中，“信”“诚”都作为单语素名词被频繁使用。按《说文解字》的解释，“信”“诚”二字可以互训：“诚，信也”；“信，诚也”。②这是“信”“诚”二字最终被合成为“诚信”一词的词源学根据。

什么是“诚”？诚，是儒家为人之道的中心思想，我们立身处世，当以诚信为本。南宋理学家朱熹认为“诚者，真实无妄之谓”，肯定“诚”是一种真实不欺的美

---

① 《高举中国特色社会主义伟大旗帜　为全面建设社会主义现代化国家为团结奋斗——在中国共产党第二十次代表大会上的报告》，人民出版社2022年版，第71页。

② 许慎撰、段玉裁注：《说文解字注》，上海古籍出版社1988年版，第92页。

德，要求人们修德做事，必须效法天道，做到真实可信，说真话，做实事，反对欺诈、虚伪。什么是“信”？《说文解字》认为“人言为信”，北宋教育家程颐认为“以实之谓信”。可见，“信”不仅要求人们说话诚实可靠，切忌说大话、空话、假话，而且要求做事也要诚实可靠。“信”的基本内涵也是信守诺言、言行一致、诚实不欺。

在构词方式上，“诚信”是由“诚”“信”两个语素所构成的一个并列式的复合词。在汉语史上，是先有“信”“诚”二字，后有“诚信”之名。“信”“诚”二字合成为“诚信”一词，其最早使用的例子可见于先秦典籍《管子·枢言》：“先王贵诚信。诚信者，天下之结也。”而同为先秦典籍的《逸周书》则有“信诚”之语：“成年不尝，信诚匡助，以辅殖财。”其内在语素相同，但因其词素结构不同，其意义乃有分别：“诚信”是用以表示一种普遍的道德原则；“信诚”是用以表示诚信之德履践过程中所应保持的一种道德心态。

从“信”“诚”的文字结构上来分析，“诚”字是由“言”和“成”构成，其字面意思是不折不扣地完成了的言语，它所强调的是言语的完整的实现（表达），即把所要表达的心思全部表达出来，而无所保留。由于言语总是涉及自己和他人的关系，故对他人无所保留地表达自己的心思，既反映了自己对他人的信任关系，更反映了自己对他人和盘托出的交心关系。“诚”字的固有结构表明，“诚”是基于对他人的信任而交心于他人的精神关系。

“信”是由“言”和“人（身）”构成，其字面意思是“言出乎身”或“以身言之”。“以身言之”所表示的直接关系是言语与自身的关系，在这种关系中，言语是为自身而存在的。但是，言语终究不只是涉及言语者的自我关系，更涉及言语者自身与他人的关系。故“信”字的固有结构实际上表明由“信”字所标志的观念是基于对言语者的自我关系和言语者自身与他人关系的一致性的认识，在肯定对别人的言语和对自己的语言具有等值性的前提下，要求对别人说话应该像对自己说话一样真实无欺。这种观念是以自己不会骗自己作为假设前提，由自己不对自己说假话推及于人，而得出自己不对别人说假话的结论，以此作为言语的道德准则。这是“信”字结构所隐藏着的该字的底蕴所在。

从中国传统伦理学对“信”“诚”之名的具体使用情况来看，各家各派差异很大。就儒、道两家情况来说，儒家孔子讲“信”，有“足食，足兵，足信”（《论语·颜渊》）之说；孟子则既讲“信”——“父子有亲，君臣有义，夫妇有别，长幼有序，朋友有信”（《孟子·滕文公上》），又讲“诚”——“诚者，天之道也。思诚者，人之道也”（《孟子·离娄上》）。荀子也是“信”“诚”并重而论之。道家老子讲

“信”而不讲“诚”，论“信”之言较多；庄子是“信”“诚”都讲，但言之较少[①]。古代智慧奇书《素书》认为“信足以一异”，“人若至诚守信，乃立身成名之本”[②]。

春秋战国之时，以孔子、孟子等为代表的儒家将“信”作为人之安身立命的道德准则，劝导人们要诚实无欺、一诺千金。在《论语·为政》中，孔子认为“恭、宽、信、敏、惠”是体现“仁”的五种重要道德品行，“信”是做人立世的基本点，“人而无信，不知其可也”。孟子将“诚”提升为“天道”和“人道”，在《孟子·离娄上》中指出：“诚者，天之道也。思诚者，人之道也。至诚而不动者，未之有也；不诚，未有能动者也。”在孟子看来，“诚”是自然界固有的规律和法则，追求“诚”是做人规律，是为人之道。汉代大儒董仲舒在前人重信的基础上，首次将“信”列入“三纲五常”（五常即仁、义、礼、智、信），对中国古代历史产生了巨大的影响。宋元理学家周敦颐在《通书·诚下》中把“诚”提到“五常之本，百行之源”的高度，认为“诚”是一切道德规范的渊源，从而“诚”在古代道德修养中的基础地位得以确立。清代王夫之认为，诚以实心，行实理之谓，诚是人的基本品格，如果离开了诚，人的其他品格则无所依附。“学者不可以不诚，不诚无以为善，不诚无以为君子。”由此可见，在中华民族悠久的历史长河中，诚信思想贯穿其中，形成了各具特色的诚信文化。

中国古代哲人也强调知过即改，这是诚实的一种表现。《左传·宣公二年》曰：“人谁无过？过而能改，善莫大焉。”孔子曰：“过而不改，是谓过矣。”韩愈曰：“告我以吾过者，吾之师也。”陆九渊曰：“闻过则喜，知过不讳，改过不惮。”申居郧曰：“小人全是饰非，君子惟能改过。”由此可见，中国古代贤哲认为，对待过错的态度是君子与小人的主要区别之一。《孟子·滕文公下》载有一则寓言：有一个人每天都偷邻居家的鸡，有人劝告他说：“这不是有道德者的行为。”那人回答说：“那么，我打算减少一些，一个月只偷一只鸡，等到明年，然后停止偷鸡。”对此，孟子认为，如果已经知道这样做是不道德的，就应立即改正，何必等到明年！因此，人对于过错应该“迁善如风之迅，改过如雷之烈”，一定要与过错一刀两断，彻底改正。

诚信是人的修身之本，是事业成功的保证。《二程遗书》卷二十五云：“学者不可以不诚，不诚无以为善，不诚无以为君子。修学不以诚，则学杂：为事不以诚，则事败：自谋不以诚，则是欺其心而自弃其志：与人不以诚，则是丧其德而增人之

① 徐正兴，周可真：《诚信价值观的内涵阐释与践行要义》，《学海》2019年第4期。

② 黄石公著，罗虎注译：《素书》，中国画报出版社2016年版，第38页。

怨。”这说明“诚”对于“做人”“做事”是何等重要！儒家学派的代表人物孔子认为“诚信”就是忠诚、诚实，讲信用、守诺言。

孔子曰：“人而无信，不知其可也。大车无，小车无，其何以行之哉？”孔子的这句话说明了待人要讲信用，否则在社会中将寸步难行。孔子对不诚信的人感到很失望：只有诚实，才能得到别人的信任；只有守信，办事才能顺利。孟子发扬了孔子的诚信精神，又进一步把“诚”与“信”区别开来。他认为诚信是忠诚、诚实、真诚的意思。在《孟子·滕文公上》中，孟子把人伦关系概括为五种，即“父子有亲，君臣有义，夫妇有别，长幼有序，朋友有信”。他把信作为与人交往的根本社会道德规则和评价标准。

（二）马克思经典作家论诚信

与古代道德学者不同，马克思不是从抽象的人性出发，从空洞的伦理原则出发去研究人的道德观念，而是从经济基础与上层建筑、生产力和生产关系的角度深刻揭示了包括诚信在内的社会意识的产生的根源。马克思曾说，“有意识的生命活动把人同动物的生命活动直接区别开来。正是由于这一点，人才是类存在物。或者说，正因为人是类存在物，他才是有意识的存在物，就是说，他自己的生活对他来说是对象。仅仅由于这一点，他的活动才是自由的活动”①，“自由地有意识的活动恰恰就是人的类特性”②。人的主体性是人在其对象化活动中所具有的意识性、目的性、自觉性、可控性等特征，决定了人的思想观念、价值取向对其行为的支配性与引导性。马克思指出，“人们自觉地或不自觉地，归根到底总是从他们阶级地位所依据的实际关系中——从他们进行生产和交换的经济关系中，获得自己的伦理观念”③。据此而论，诚信思想观念及其价值体系是人的诚信行为发生的前提与基础。说明人的伦理观念包括诚信在内，归根结底源于人所处的经济关系和阶级地位，社会存在决定社会意识，阶级社会中不存在超阶级的伦理道德。

在马克思经典作家看来，作为社会意识，诚信是一定历史时期社会物质生产的产物，反映了人所处的经济关系。马克思在对资本主义生产方式进行研究的过程中也对资本主义信用制度做了深入的揭露和批判。在马克思看来，信用制度是资本主义生产发展的重要条件，市场主体间讲信用，大规模的社会化生产和分配、交换、

① 《马克思恩格斯文集》第1卷，人民出版社2009年版，第162页。
② 《马克思恩格斯全集》第3卷，人民出版社2002年版，第273页。
③ 《马克思恩格斯选集》第3卷，人民出版社2012年版，第470页。

消费才有可能发生并发展，资本积累才成为可能，“信用作为本质的，发达的生产关系，也只有在以资本或以雇佣劳动为基础的流通中才会历史地出现”①。资本主义信用制度极大地促进了社会化大生产和资本积累。但同时，资本主义信用制度也有巨大的弊端，它助长了投机行为的产生，让资本逐利的本性暴露无遗，“信用又使买和卖的行为可以互相分离较长的时间，因而成为投机的基础”②。马克思深刻揭示了资本主义信用制度的两面性。

共产党从诞生那一刻起就从不隐瞒自己的观点和意图。马克思、恩格斯在《共产党宣言》中明确宣告：无产阶级革命就是要消灭私有制，要推翻资产阶级的统治，由无产阶级夺取政权，然后一步一步地夺取资产阶级的全部资本，把一切生产工具集中在国家即组织成为统治阶级的无产阶级手里，并且尽可能快地增加生产力的总量。列宁认为，“政治上的诚实，是强大有力的结果；政治上的伪善，是软弱无力的结果”③。因为一个政党只有团结民众才有力量，用谎话欺骗手段获得的民众支持，随着谎言的揭穿，必然要为民众所唾弃。一个政党只有相信群众，敢于讲真话，开诚布公，才能赢得群众的真心支持。可见，讲真话是一个政党可贵品质的核心，也是国家力量的来源，无产阶级政党除了代表人民群众的利益，没有自己特殊的利益，因此没有什么不能跟人民群众讲真话的；当然，在此基础上也要求每一个党员对党忠诚，坚持真理，实事求是。毛泽东同志指出：“讲真话，每个普通人都应该如此，每个共产党员更应该如此。”④

（三）西方伦理学中的诚信思想

诚信思想观念和价值体系的多元化，源自道德理论范式的多样性。中国传统社会儒家推崇的是天道义理的道义论诚信观。西方的主要伦理学派除去宗教伦理学和元伦理学外，主要有美德论、契约论、义务论和功利论。美德伦理⑤的诚信观认为，诚实守信是人之为人的本质规定与人性表现，是本于天道义理而不是出于外在的功利好处，它是因其自身而被需要，即它本身就是目的而非手段。因此，亚里士

① 《马克思恩格斯全集》第30卷，人民出版社1995年版，第534页。

② 《资本论》第3卷，人民出版社2004年版，第494页。

③ 《列宁全集》第20卷，增订版第2版，人民出版社2017年版，第211页。

④ 《毛泽东文集》第3卷，人民出版社1996年版，第349页。

⑤ 美德论亦称德性论。在传统社会，美德论的典型代表，在西方是古希腊亚里士多德的伦理学说，在中国是儒家的道义论伦理思想。在现代社会，麦金泰尔、查尔斯·泰勒、桑德尔等人的伦理思想都堪称为德性论的主要代表人物。尽管不同的德性论思想家和学派理论关切点有所差异，但他们的主旨理论思想具有共同之处。

多德指出："德性是一种使人成为高尚，并使其出色运用其功能的品质。"[①]在美德论理论框架下，美德是人超越动物的理性功能的发挥，凡是具有理性的人，无疑都具有美德。人虽是动物，具有欲望和激情，但人的理性对欲望和激情能够给予合理控制，使人避免因受单纯自保自利驱动而产生的欺骗失信行为。在美德论视域下，唯有基于诚信自身的行为才是道德的、有价值的。契约伦理的诚信观认为，人们基于平等与自主自愿订立的合同、契约是规避与解决利益纷争的重要方式，只要人们按照契约履行约定的权利与义务，遵守合同与约定，就是道德的，值得褒奖的。以康德为代表的义务论，强调"善良意志""绝对命令"和道德责任。"一个出于责任的行为，其道德价值不取决于它所要实现的意图，而取决于它所被规定的准则。从而，它不依赖于行为对象的实现，而依赖于行为所遵循的意愿原则，与任何欲望对象无关。……责任就是由于尊重规律而产生的行为必要性。"[②]换言之，责任就是社会成员做自己应该做的事。"他由于觉得自己应行某事，就能够实行某事。"[③]总之，义务论伦理的诚信观强调人们诚实守信要出于责任和义务而非功利，即人们是基于诚实信用的道德律令而为，不是屈从于利益得失，强调动机的纯洁性。"行为的成立必须本于职责，本于对法则的敬重。而不本于对行为效果所有的喜爱和偏好。"[④]当且仅当人们出于诚信责任而为的行为才是道德的、值得肯定的。功利论强调"最大多数人的幸福原则"，认为失信是有悖功利原则的非正义行为。在穆勒看来："失信于人，违背诺言（无论是明确表达的诺言或是间接暗示的承诺）或者令他人因我们自身行为而产生的期望落空（至少是我们有意或无意地使他们产生了期望）等均是公认的不义现象。"[⑤]因此，穆勒强调指出："在我们内心培养一种对诚实保持高度敏感的情感，是最有益的事之一（而这种情感的衰退则是最有害的事之一），能够用以引导我们的行为。而任何对事实真相的背叛，哪怕是并非出于故意，都会大大削弱人类言论的可靠性；这种可靠性不但是当今社会一切幸福的主要支撑点，而且它的缺失会比其他任何叫得出名字的事物都更严重地阻碍文明、美德以及所有人类幸福可依赖的东西。而我们同样以为，一个人为了给自己或其他某个个体提供便利，我行我素，破坏了大众的幸福，使之遭受不幸，这样的行为其实或多或少都牵涉到一种信任，正

① ［古希腊］亚里士多德：《尼各马科伦理学》，苗力田译，中国社会科学出版社 1990 年版，第 32 页。

② ［德］康德：《道德形而上学原理》，苗力田译，上海人民出版社2002年版，第15–16页。

③ ［德］康德：《实践理性批判》，关文运译，商务印书馆1960年版，第30页。

④ ［德］康德：《实践理性批判》，关文运译，商务印书馆1960年版，第83页。

⑤ ［英］约翰·斯图亚特·穆勒：《功利主义》，叶建新译，九州出版社2007年版，第103页。

是人们将这种信任运用于相互间的言论中，结果使之成了最可怕的敌人之一。”[①]功利论虽然肯定诚信原则的普遍性和重要性，但在总体上，功利论的诚信观不关注行为动机，只注重行为后果是否践行了约定且实现了利益最大化。上述分析表明，观念形态的诚信文化有多种理论范式，不同的诚信理论范式又具有不同的价值思想，无疑，在诚信文化建设中，需要正视观念形态诚信文化的多样性，注意不同诚信观的互济性。

西方的诚信思想也有悠久的历史。西方的诚信思想从善恶论开始，把诚信作为善的一项重要内容，认为诚信就是至善，就是符合社会正义的行为，一个人只有至善才能快乐。古罗马法归纳出三条基本伦理精神，即第一是做诚实的人，第二是不要伤害别人，第三是每个人得到应得的东西。诚信原则从古罗马法开始在法律中具有重要的地位和作用，被认为是一种“帝王规则”。德谟克利特的伦理学说可以分为至善说和美德说，他认为人只有保持美德，包括诚信，才能保持灵魂的安宁，灵魂安宁“是人生活的基本目的和动因”[②]。亚里士多德认为人类一切活动所追求的最后目的是所有目的都必须服从的最高目的，而这一目的就是至善，“至善就是幸福，就是极乐”[③]。极乐就是善的活动中符合最好的德性的活动，道德高尚的行为本身就是最大的快乐。他把道德和德性分为十种，其中就有诚实。伊壁鸠鲁认为人应该获得内心安宁和平静的幸福，他还提出了契约思想，认为人不该做违背至善的事情，否则难以获得心灵安宁，会受到惩罚。卢梭在《论人类不平等的起源和基础》一书中论述了人类社会发展过程中存在的一系列问题，并在《社会契约论》中合理建构了人类社会从自然状态向社会状态过渡的最合理形式，要求人们在任何时候都不要对任何人做恶事，要求人们的行为要真诚、实在，符合自己的良心。长期契约经济的发展影响了西方人生活的众多方面。西方文化中的诚信强调个体诚实的品质，要求个体对事件、信息做完全和真实的披露；此外还有信守承诺的意思，要求契约关系的当事人信守承诺。

（四）现代意义上的“诚信”

诚信，是人类一种具有普遍意义的美德，也是我们中华民族的优良传统。千百

① ［英］约翰·斯图亚特·穆勒：《功利主义》，叶建新译，九州出版社2007年版，第55页。

② 转引自［苏］A.古谢伊诺夫、P.伊尔利特茨：《西方伦理学简史》，刘献洲等译，中国人民大学出版社1992年版，第22页。

③ 田海平：《西方伦理精神》，东南大学出版社1998年版，第112页。

年来，人们讲求诚信，推崇诚信。随着我国社会主义现代化的发展，市场经济体制的不断完善，共同富裕和谐社会的构建，诚信这一传统美德也被赋予了更丰富的内涵和更高的价值。

现代意义上诚信的含义除了涉及公民个体道德领域，还向更多的领域扩展，如经济领域、法律领域、教育领域、新闻传播领域，其含义在不同领域更加细化、专业化。在《现代汉语词典》中，“诚信”的含义是“诚实，守信用”。诚信两字的字面意思是：言成即诚，人言为信。诚实就是真实无欺，既不自欺，也不欺人；守信就是重诺言，讲信誉，守信用。诚实和守信是统一的，做人应诚实为本，言行一致。诚信是立身之本，诚信是立业之本，诚信是立国之本。有一首歌叫《诚信中国》，其中有这么两句歌词——“你精诚所至，金石为开；我以诚相待，以心换心”，生动地描述了中华民族讲诚信、重诚信、守诚信的传统美德。

诚信是企业经营的基石。一些百年老店、老字号企业，之所以能够长盛不衰、兴旺发达，秘诀就在于无论遇到什么风浪挫折，它都能够坚守诚信立企的原则。他们就像爱惜羽毛和保护眼睛一样，爱护企业的诚信声誉，这就是他们取得成功的制胜法宝、不二法门。联想集团总裁杨元庆先生认为，诚信是一个人乃至一家企业生存的根本。正泰集团董事长南存辉先生认为，诚信就是对承诺负责。北京金色世纪商旅网络科技股份有限公司董事长李梓正先生认为，诚信乃做人之原则，做企业之必需，也是社会文明程度的一个标志。不讲诚信的人，无人愿与其打交道。

在现代社会，就个人而言，诚信，是人格高尚、素养优良的具体体现，对于职业人士来讲，诚信更是一种资源。从现实来看，守诚信是实现中国梦的时代要求。习近平总书记说：“企业无信，则难求发展；社会无信，则人人自危；政府无信，则权威不立。”“黄金有价，诚信无价”，央视报道的“信义老爹”杜长胜为子还债的故事，点亮了更多人心灵深处最圣洁的诚信之光，也给全社会上了一堂生动的诚信教育课。如今在信用体系健全的国家，诚信早已成为每个公民在社会立足的生存要素。从现代市场经济体制看，诚信已不同于传统意义上的诚信了，它具备以下几个基本特性。

1. 诚信具有普遍性

诚信作为道德的一个基本范畴，是社会历史的产物，也必然随着社会历史条件的变化而处在不断的变化之中。普遍主义诚信就是伴随着市场经济的兴起而形成的。在市场经济社会，交易方式已不同于传统社会，它打破了民族和地域的限制，超越了时间的限制，而且其交易活动的主体是自由、平等的，这就要求双方必须尊重和维护彼此的权利和利益。市场经济交易关系的特殊性，决定了普遍主义诚信要求对不同的人采取同样的交易规则，即一视同仁。在经济活动中，它体现为打破亲缘关系或地缘关系的限制，体现为基本上不带个人感情色彩的非人格交换关系，体现为对交易双方的利益和基本权利的相互尊重。只有建立起这样的诚信观念，才能建立和维护良好的交易秩序，实现市场经济的持续发展。

2. 诚信具有依据性

市场经济趋向成熟的表现就是转变为信用经济形态，以信用交易为主导，这时人们判断对方是否值得信任的依据主要是理性。所谓理性诚信，即人们能够根据对事实的掌握、分析和判断而决定是否信任对方。以人品信任和能力信任为例，现代意义上的人品信任已不仅局限于传统意义上的因熟悉得到的信任，还往往从行为的可预测性、可依靠性来判断人品是否可信，即通过个人的信用记录来表明他是否值得信任。能力信任是指相信一个人有足够的才能来办好一件事。一个人的能力是否值得信任只能是通过外在的东西得以证明，如他的经验、学历、资格证书等。这些都充分表明了诚信发生的主要依据是理性，而且随着信用体系的建立和不断完善，这种理性诚信的实现就会变得更为简单易行。

3. 诚信具有功利性

对于诚信是否具有功利性，我们先从道德的功利性来分析。在人类以往的伦理思想中，对道德是否具有功利性有着不同的认识。“道义论”强调道德作为一种义务的纯粹性，对利益具有优先性，其特点就是它的超功利性。与之相反，“功利论”则明确把道德的义和经济的利结合起来，强调利益对道德的优先性和决定性，使道德为利益服务。它们代表了道德与利益关系的两极，两者各有所长也各有所短。马克思、恩格斯在历史唯物主义的基础上，深刻地分析了道德的经济根源，揭示了道德实质上是对一定社会利益关系的一种反映，道德与利益有着不可分割的内在联系。由道德与利益的联系中必然逻辑地得出诚信具有功利性。从现实看，现代社会是市场经济社会，在市场中，每一个参与者都是具有自主权利的主体，人们之间的关系是自由平等的，因此，彼此间有着对等的权利和义务，在诚信方面则应当相互信任，共同履行契约，既要实现自己的权利也要尊重他人的权利，并履行自己的义务。现代意义上的诚信具有道义和功利的双重性。传统社会中对诚信的理解与现代市场经济所要求的诚信是有差异的。传统社会的诚信主要是一种囿于特定圈子的准则，一旦超过了这个圈子，人与人之间的交易就有可能成为无诚信可言的“一锤子买卖”。而对应市场经济社会的诚信则主张陌生人之间也要讲诚信。传统社会诚信发生的主要依据是情感，主体自身能否做到诚信往往是凭自己的道德良心，主体是否信任他人则取决于主体对其人格、品德的判断，这完全不同于现代社会的诚信传统观念只注重诚信的道义性，而忽视诚信的功利性，认为“信”随“义”走，讲诚信的人必定是君子，讲利的人必定是背信弃义的小人，“信”总是游离于“利”之外。现代社会则强调诚信的功利性。当前我国选择了市场经济的体制，特别需要现代意义上的诚信道德的支持，这就迫切需要人们转变传统的诚信观念，形成适应市场经济的现代诚信观念。

（五）中国特色社会主义诚信观

诚信文化是中华传统文化的有机部分，对中华民族的道德思想、人们的社会行为产生了重大影响，是中国共产党人诚信观的历史渊源。中国共产党在马克思主义经典作家关于诚信论述的基础上，将中华优秀传统文化中关于诚信的论述进行创造性转化和创新性发展，形成了中国特色社会主义的诚信观念。

诚信是社会主义核心价值观之一。在中国共产党的相关文件中曾多次提及诚信。

改革开放伊始，邓小平就特别注意新的社会条件下出现的社会风气问题，并逐步将其作为精神文明的突出问题提上日程。1986年9月28日，中国共产党第十二届六中全会制定了《中共中央关于社会主义精神文明建设指导方针的决议》，提出鼓励人们发扬国家利益、集体利益、个人利益相结合的社会主义集体主义精神，发扬顾全大局、诚实守信、互助友爱和扶贫济困的精神。1996年10月10日，中国共产党第十四届中央委员会第六次全体会议发布了《中共中央关于加强社会主义精神文明建设若干重要问题的决议》，提出全面加强社会主义道德建设，大力倡导爱岗敬业、诚实守信、办事公道、服务群众、奉献社会的职业道德。

2001年9月20日，中共中央印发《公民道德建设实施纲要》，将“爱国守法、明礼诚信、团结友善、勤俭自强、敬业奉献”确立为中国公民道德的基本规范，这也是党中央第一次在文件中使用“诚信”一词。

2002年11月，党的十六大提出以诚实守信为重点，加强社会公德、职业道德和家庭美德教育，同时提出，整顿和规范市场经济秩序，健全现代市场经济的社会信用体系，打破行业垄断和地区封锁，促进商品和生产要素在全国市场自由流动。

2003年10月14日，《中共中央关于完善社会主义市场经济体制若干问题的决定》出台，强调要增强全社会的信用意识，形成以道德为支撑、产权为基础、法律为保障的社会信用制度，是建设现代市场体系的必要条件，也是规范市场经济秩序的治本之策。

2006年10月11日，党的十六届六中全会发布《中共中央关于构建社会主义和谐社会若干重大问题的决定》，指出加强政务诚信、商务诚信、社会诚信建设，增强全社会诚实守信意识。

2011年10月18日，中国共产党十七届六中全会发布《中共中央关于深化文化体制改革 推动社会主义文化大发展大繁荣若干重大问题的决定》，强调把诚信建设摆在突出位置，大力推进政务诚信、商务诚信、社会诚信和司法公信建设，抓紧建立健全覆盖全社会的征信体系，加大对失信行为的惩戒力度，在全社会广泛形成守信光荣、失信可耻的氛围。

2012年11月，党的十八大强调深入开展道德领域突出问题专项教育和治理，加强政务诚信、商务诚信、社会诚信和司法公信建设。2016年10月27日，党的十八届六中全会指出，领导干部特别是高级干部必须带头践行社会主义核心价值观，讲修养、讲道德、讲诚信、讲廉耻。

2017年10月，党的十九大中提出要推进诚信建设和志愿服务制度化，强化社会责任意识、规则意识、奉献意识。2021年11月11日，党的十九届六中全会发布《中共中央关于党的百年奋斗重大成就和历史经验的决议》指出，党坚持以社会主义核心价值观引领文化建设，同时要坚持用习近平新时代中国特色社会主义思想教育人，用党的理想信念凝聚人，用社会主义核心价值观培育人。

2022年10月，党的二十大强调，以社会主义核心价值观为引领，发展社会主义先进文化。广泛践行社会主义核心价值观，深入开展社会主义核心价值观宣传教育。

习近平诚信观作为习近平治国理政的重要组成部分，是马克思主义诚信学说中国化的理论成果，具有丰富的内涵，主要涉及诚信的时代价值、加强诚信建设的途径等方面。习近平诚信观坚持系统论和重点论的结合，是科学性和实践性的统一，是传承性与开放性的统一，在中国特色社会主义进入新时代的背景下，其价值地位日益彰显。新时代、新征程，对我国的诚信建设提出了新的挑战和更高的要求。习近平诚信观植根于中华民族优秀传统诚信文化的沃土，是马克思主义诚信学说中国化的理论成果，源自中国特色社会主义建设的具体实践。要深刻理解和系统把握习近平诚信观的丰富内涵和鲜明的时代特点，自觉以习近平诚信观引领新时代诚信建设。要以历史和辩证的眼光高度重视中华民族优秀传统诚信文化的育人功能，结合时代特点进行发展和创新；充分挖掘诚信在打造为民、务实、清廉、高效的政府，助推经济发展，促进社会和谐，推动国际合作等方面的时代价值；积极探索新时代诚信建设的有效路径，大力推动诚信制度建设，注重标本兼治，将诚信建设融入日常行为规范中，自觉培养诚信意识，努力提升社会诚信水平，为实现伟大的中国梦营造良好的道德环境。

二、诚信的功能

所谓诚信的功能，是指它作为一个有着特殊结构的系统，同它的外部环境即同作为其载体的人和社会的相互联系与相互作用的过程中的功能。诚信的功能是多种多样的，主要有调节功能、导向功能、教育功能、约束功能和凝聚功能。

调节功能。诚信的调节功能是指它具有通过评价等方式，来指导和纠正人们的行为和实际活动，以协调人与人之间、个人同社会群体之间的关系的能力。诚信的调节功能与法律等其他调节方式相比，属于“软调控”的范畴，具有经常性、自觉性、正面性等特点，因而它能广泛地影响人们的交往和行为，并对人们的利益关系和社会活动起到巨大的调控作用。

导向功能。诚信的导向功能是指它对社会公众的引导和指引方向的作用。这种导向功能主要表现在三个方面：一是引导社会公众行为的诚信价值取向，二是给出社会公众的诚信行为目标，三是确立社会公众的诚信规章制度。诚信的导向功能是在调节个人同他人、社会群体之间的矛盾中，实现人们对社会倡导的诚信价值观念的认同，自觉把自己的思想和行为纳入社会所需要的秩序轨道。

教育功能。诚信的教育功能是指诚信能够通过评价等方式，造成社会舆论，形成社会风尚，树立诚信榜样，以促进培养人们的诚信观念、诚信行为和诚信品质。当诚信深入到社会舆论中，形成一种社会风气时，它就会对人们的诚信行为和品质产生重大影响。诚信的教育功能是诚信的调节功能和导向功能发挥作用的基础，但诚信的教育功能的发挥又只有在诚信的调节功能和导向功能中才能实现，否则，诚信教育只能是空洞抽象的说教。

约束功能。诚信的约束功能主要是通过制度、道德发生作用的。一方面，关于诚信的各项规章制度，其功能就是约束社会公众的信用行为。这种制度的约束作用比较明显，并且是硬性的，也就是说，人们必须再也只能在允许的范围内从事信用活动，否则将违约、违章甚至违法，而这些都需要支付相应的成本。另一方面，诚信既是一种职业道德，更是一种社会公德，违反了职业道德和社会公德，不仅要受到行政制裁，还要受到社会公众舆论的谴责，无论是行政制裁还是舆论谴责，同样要支付成本。比如对逃废债企业的公示，就会导致所有金融机构都不会与被公示企业打交道。如果这些企业需要重塑信用形象，其代价与过程是相当昂贵而漫长的！

凝聚功能。诚信的凝聚功能是指它把具有一定地缘、血缘关系的社会公众紧紧地联系在一起，使他们同心协力，恪守一种共同承诺的诚信观念，以创造经济的辉煌和推动社会的进步。诚信是处理人与人之间、人与社会之间关系的最基础的要求，人际关系的和谐、社会组织的正常运转和目标的实现，必须依靠人们之间的信任与合作。诚信作为一种共同的价值观念或群体意识，能够把群体中的每一个成员联系在一起，从而使他们获得“同生死”“共命运”的使命感和责任感，激励他们团结起来为共同的目标而奋斗。如果社会组织缺乏诚信这一为大家所公认的价值观念，人与人之间、人与集体之间的矛盾和冲突就难以化解，人们就会各行其是，甚至各奔东西，使组织的“合力”削弱，最终导致社会组织的瓦解。

由于诚信功能结构的统一和作用方向的一致，从而形成诚信的整体功能，表现在个体和社会两个方面，即诚信的个体功能和社会功能。诚信的个体功能和社会功能是通过上述调节功能、导向功能、教育功能、约束功能和凝聚功能相互联系、相互作用而实现的。

三、诚信的价值

（一）诚信是个人的重要品格

“人格”是人区别于动物的为人资格和人的尊严，人格从道德价值的维度来看是人的独立存在的主体地位、稳定性的完整特征和存在状态，表现为个体或群体在社会生活中形成的调节、适应、改造周围环境的精神素质，是人的“社会自我”。诚信，自古以来就是人类共同的法则、共同的渴望和永恒的追求。诚信在个人道德品质中具有极其重要的作用，是人的一种最重要的品德之一。个人诚信是个人在立身处世、社会交往、家庭伦理方面应遵守的有关诚信的原则和规范的总和。诚信是做人的基本要求，是一个人必备的道德素质。一个人如果没有诚信的品德和素质，不仅难以形成统一、完备的自我，而且很难取得成功。

关于诚信在人类个体生活中的价值，历史上的思想家们有过许多论述。孔子曾经多次谈到诚信的极端重要性，“人而无信，不知其可也”，“言忠信，行笃敬，虽蛮貊之邦行矣。言不忠信，行不笃敬，虽州里行乎哉”。他认为一个不讲信用的人，丧失了做人的起码的资格，是不能在社会中立足的。被后人视为儒家亚圣的孟子，特重仁、义、礼、智四德，这与《荀子·非十一子》中所记述的思孟学派崇尚“五行”的特点不甚相符。据郭沫若先生的研究，与其自然观上的五行思想相配合，思孟学派的道德观除了仁、义、礼、智四德之外还应有一个更核心的德，这就是诚或信。诚或信在其道德系统中的地位，就像土在五行中的地位一样。思孟学派的名著

《中庸》正好大大地发挥了“诚”的思想，提出“不诚无物”的命题，把诚看作一切道德的根基。人之于诚信，如同鱼之于水，不可须臾而离。北宋的周敦颐在《通书·诚》中也表达过同样的意思：“诚，五常之本，百行之源也。”

1. 诚信是实现自我价值的重要保障

人是一种社会动物，每一个人都要与人交往，总要面对诸多关系。关系是多种多样、千变万化的，但有一种关系即诚信关系必须保持稳定不变。诚信是人际交往的基础，是处理人与人、人与社会关系的最起码的要求。现代社会人际关系已成为事业成功的一种重要资源，只有诚实守信才会有持久的人际关系和良好的人际交往，只有诚信才能赢得别人的信赖，得到别人的理解和支持，易于与他人合作，增加获取成功的机会。一个人如果没有诚信的品德和素质，不仅难以形成统一的完备的自我，而且很难发挥自己的潜能并取得成功。美国出版了《百万富翁的智慧》一书，书中问及受访的1300位美国百万富翁“为什么能成功”时，最普遍的一个回答是：成功的秘诀在于诚实、有自我约束力、善于与人相处、勤奋和有贤内助，竟没有一位归结于“才华”。诚实，在这里被放在了第一位。因此，一个人的事业成功往往与他的信誉联系在一起。尤其在今天的信息化时代，科技的发展一日千里，社会的分工越来越细，仅凭个人的能力是很难取得事业的成功的。精诚合作，具有团队精神已被认为是现代社会人才的必备素质。美国心理学教授乔治·赫华斯根据多年的研究认为，一个人事业的成败在于人品的优劣，他把“与同事真诚合作”列为成功的九大要素之首。从这个意义上而言，诚信是实现自我价值的重要保障。不讲诚信、目光短浅、只顾眼前利益的人最终将会受到惩罚而一事无成。聪明人往往懂得诚信是提高自身竞争力的源泉。日本企业家小池曾说过，做人和做生意都一样，第一要诀就是诚实。诚实就像树木的根，如果没有根，那么树木也就没有生命了。我国2018年全国最美人物“诚信之星”“早餐奶奶”毛师花，为了那些来自山区清早赶路上学的孩子卖早餐，27年价格不变，她心里总是装着别人，“学生们很可怜，尤其山上的孩子们，他们的钱不多，所以我不涨价”，“那些学生将来要建设国家，能让他们吃饱一点，身体好一点，书读好一点就好了”。古希腊一位哲人也曾经说过：你若失去了财富，你只失去了一点儿；你若失去了荣誉，你就失去了很多；你若失去了信用，你就失去了一切。

诚信是事业大厦的基石，只有站在这块基石上，职业人士才能取得成功。如果你在一件小事上骗了别人一次，那么别人就会在其他事情上怀疑你，甚至会对你整个人产生不信任。很多成大事者靠的就是获得他人的信任，在职场生涯中没有信任就会失去相互交往的前提，就会失去携手合作的基础。但时至今日，仍有许多职业人士对此不以为然，不肯把精力和重点放在做一个恪守诚信者上。波斯诗人萨迪说：“讲假话犹如用刀伤人，尽管伤口可以愈合，但伤疤永远不会消失。”生活中，说假话往往被一些人视为“聪明”的处世之道，但谎言就是谎言，迟早会被真相戳穿。一旦谎言被识破，那么他的信誉将面临崩溃。一个人如果想通过谎言、投机取巧获得成功，也许在短期内他能蒙混过关，能获得短暂的成功和利益。但是由于缺乏诚信，内心充满了谎言，其人格必定是不健全的。随着时间的推移，他必将招致人们的唾弃，遭遇职场的抛弃，这也是基于收获法则之上的自然规律。因此，一个人的人品直接决定了这个人对于社会的价值，而诚信恰恰是人品中最重要的一点。微软公司在用人时非常强调诚信：“我们只雇用那些值得信赖的人。”微软公司列出的对员工期望的“核心价值观”中，诚信被列为第一位。作为第一的“核心价值”，诚信是微软公司对员工最基本的要求。微软公司不会去雇用没有诚信的人，如果一个员工发生了严重的诚信问题，他会被立刻解雇。

个人诚信建设，一靠诚信教育，诚信教育以培养完整的诚信人格为目标，使个人树立牢固的诚信意识；二靠个人信用制度的建立与完善，个人信用制度作为一种外在的强制力量，可以起到规范约束个人社会行为的作用。“有诚信者将畅通无阻，无诚信者将寸步难行。”完整的诚信记录将使个人不敢逾越违信的雷池半步。一旦失信，将被详细记录在案，失信者的失信经历不仅让其名誉受损，更重要的是将丧失掉预期的诚信收益。个人信用制度的完备为个人诚信建设提供了强有力的约束机制。

2. 诚信是大学生做人之本

大学生的诚信意识、诚信行为、诚信品质关系到良好社会风尚的形成，关系到社会主义和谐社会的构建，在一定意义上关系到中华民族的未来。大学生要肩负起全面建成小康社会和社会主义现代化建设的历史使命，就必须自觉加强诚信道德建设，把诚信作为高尚的人生追求、优良的行为品质、立身处世的根本准则。

第一，诚信是大学生树立理想信念的基础。一个没有良好诚信品德的人，不可能有坚定的理想信念。一个在平时不讲诚信的人，在关键时刻不可能为崇高的理想信念作出牺牲。大学生只有养成诚实守信的道德品质，才能真正忠诚于国家和民族的事业，牢固树立在中国共产党领导下走中国特色社会主义道路、为实现中华民族伟大复兴而奋斗终身的理想信念。

第二，诚信是大学生全面发展的前提。大学生只有以诚实守信为重点，加强思想道德修养，讲诚信、讲道德，言必信、行必果，诚信做事、诚实做人，言行一致、表里如一，自觉端正态度坚守道德规范，才能不断提高思想道德素质、科学文化素质和健康素质实现全面发展。

第三，诚信是大学生进入社会的“通行证”。大学生只有树立诚信为本、操守为重的信用意识和道德观念，“以诚实守信为荣、以见利忘义为耻”，努力培养诚实守信的优良品质，奠定立足现代社会的道德基石，才能成为高素质的各类人才承担起社会责任和历史使命。因此，诚信是大学生奠定做人基本品质以及在社会交往中获得成功的基本条件。大学生的诚信度对其进入社会难易程度有直接影响。如今大学毕业生的就业形势不容乐观，而虚假失信的行为会严重影响大学生的形象，必然会造成其就业与进入社会困难，对其进一步成长、成才带来不利影响，甚至会使大学生产生严重的挫折感得不到社会的认可。而诚信使大学生具备了做人处世的基本内在品质，为其顺利进入社会，从而为国家、为社会建功立业奠定了良好的基础。

诚信使大学生具备了立身处世的基本内在品质，增强了外在人际吸引力，为其取得成功创造了重要条件。诚信为人是走向成功之路的必要条件，新时代的大学生无论在思想和行动方面都应该走在前列，去思索，去感悟。一个人的成功必须具备天时、地利、人和三个因素，而人和是最关键的。一个人的成功离不开良好的人际关系和团结一致的团队精神。大学生在走向成功的道路上必然要协调上下级及周围或者单位外的人际关系，在人际关系中任何一环出现问题获得成功都变得不易。诚信无疑是人际关系中一张有效的通行证，使大学生获得各种成功的机遇。

（二）诚信是社会主义市场经济的基础

市场经济本质上是一种法治经济，是一种契约经济。契约要能生效，义务得以履行，必须以忠诚信守为先决条件。离开了诚信，正常交易就无法进行，市场经济就难以维系。契约精神是市场经济的核心和灵魂，是建立市场经济体制的关键。因此，现代市场经济也被认为是一种契约经济、合同经济。市场是联结生产与消费、供给和需求的中间环节，是商品经过“惊险的跳跃”实现自身价值的场所。经济活动的各种关系，包括供求关系、竞争关系等都隐含在双方的契约伦理之中。市场主体不是随意进出市场的，在市场内活动意味着他对市场基本规范的认可与遵守，也就是说，每一个市场主体对他人、对市场有最起码、最基本的信任。富兰克林对此形象地分析：“以遵守诺言按时付款而著称的人，可以在任何时候、任何情况下筹集到他的朋友省下的钱。这一点时常大有益处。除了勤劳和节俭，实在没有什么比在交易中的守时和公正更有助于青年人的成长。因此，绝不要违背诺言，把你应当还账的时间拖一小时，一次失信，就会使你朋友的钱袋永远向你关闭。”[①]在市场经济运行过程中，人们之间的交易关系都是通过一定的合同或契约来确定和维护的，契约以交易各方合意为基础，给交易各方确立了明晰的权利和义务关系，这就要求交易各方必须遵守诚实信用的原则去履行其义务、行使其权利，以保证彼此利益的实现。诚信是订立契约的基础，其内容体现为立约各方的利益交换，而这种利益的获得是预期的、非现实的，只有立约各方本着诚实信用的原则来订立契约，并以诚实合作的态度来履行契约，才可能保证其利益的实现，否则，契约的目的就无从说起。因此，作为维系市场交易的纽带和维护市场秩序的契约，没有了诚实信用原则的支撑，契约就成了一纸空文，成了散布在市场中的一个个“美丽的陷阱”，市场经济的交易就失去了安全保障，从而影响着市场经济的运行。

诚信有利于企业自身的发展。在中国古代有许多商人把“诚信”奉为经商的信条，从而取得了成功，也留下了美名。历史上有名的徽商以“信以服人”使“营谋渐裕”。由于他们“以忠诚立质，长厚摄心，以礼接人，以义应事，故人乐与之游，而来日隆隆起也”，在明代已发展到“商贾之称雄者，江南则称徽州”的辉煌地位，至清代前期，其事业达到高峰，活动范围竟远涉外洋。创建于清康熙八年（1669）的同仁堂药店是一个有着300多年历史的老店，创始者乐显扬及后人始终秉承“修合无人见，存心有天知”的宗旨。以仁义诚信经商，是其长盛不衰的奥妙所在。因此，诚信是企业的立业之本。

诚信有利于提高企业的竞争力。企业诚信不仅使社会主义市场经济有序化，更重要的是能提高企业自身持续发展的竞争力。一般来讲，企业的核心竞争力分为“表层的竞争力——产品层”“深层的竞争力——制度层”“核心的竞争力——文化层”这三个方面。作为文化层的企业诚信，这种核心价值观一旦为企业全体员工所共同追求，企业的发展就会有源源不断的动力源泉。考察“惠普之道”的施政纲领，其理论精髓在于“信任和尊重员工”这一核心诚信价值观念。惠普的创始人比尔·休莱特曾说过：“这是由一种信念衍生出来的政策和行动。这种信念是，相信任何人都愿努力工作，并能创造性地工作，只要给予他们适宜的环境，他们一定能成功。”[②]正是这种真诚对待员工的诚信价值观的形成与运行，造就了惠普的传奇。经济学家张维迎认为，企业最重要的竞争力表现在两方面：一是企业内部积累的互补知识，二是企业信誉。从短期来看，决定企业竞争力的因素是多种多样的，如产品

① 转引自［德］马克斯·韦伯：《新教伦理与资本主义精神》，彭强、黄晓京译，陕西师范大学出版社2003年版，第20页。

② 转引自包晓闻：《企业核心竞争力经典案例》，经济管理出版社2005年版，第92页。

开发、技术创新、流程管理等；但从长远来看，决定企业竞争力的基础是诚信。企业如果没有诚信，即使其管理效率再高，技术再先进，产品再好，也无法在市场上实现其价值。波特在《竞争战略》一书中提到，企业最终的竞争力取决于它在一系列价值中如何进行选择，而诚信的理念，才是企业竞争力的动力源。诚信是企业宝贵的无形资产，从短期利益来看，企业以诚信经营，则能形成产品优势，管理和谐，从而提高竞争力。从企业长期利益来说，诚信经营，可以使企业拥有良好的信誉、持久的品牌、忠实的顾客、稳定的市场份额，从而持续提高竞争力。

（三）诚信是政府信用的基石

政府诚信是构建整个社会信用体系的基石。政府信用、企业信用以及个人信用组成一个完整的信用体系，而政府本身所担负的引导、监督、管理社会信用的职责，决定了它是基本社会信用制度建立和维护的主体。政府信用是社会信用的核心，政府信用在整个社会信用体系建设中应当发挥表率作用，因此培植政府的公信度，是建立社会信用体系的关键。政府诚信是政府有效发挥管理社会职能的一个重要前提条件，是弘扬信用文化、建设诚信社会的基础。建立和健全社会信用制度，要先从政府做起。政府诚信是市场经济体制良好运行的保证，政府在市场经济中扮演了市场制度规则的主要提供者和监督执行者的角色，规则要得到公众的认可并在社会经济活动中真正起作用，必然取决于政府的诚信度。在一个开放的、市场化的社会里，政府诚信已成为决定人力资本和货币资本走向的重要因素。大力提升政府诚信度，是优化投资环境、吸引更多外来投资的关键。政府诚信更是适应加入WTO现状的迫切需要。是否有一个廉洁、勤政、务实、高效、诚信的政府才是在未来的国际竞争中掌握主动权的关键。因此，在大力倡导商业诚信的同时，更要加大力度进行政府诚信建设。

政府的诚信，关系民主法治、公平正义，影响着政府的公信力，决定着和谐社会的建设。《中共中央关于完善社会主义市场经济体制若干问题的决定》强调，“增强全社会的信用意识，政府、企事业单位和个人都要把诚实守信作为基本行为准则”。但是，符合社会公正的制度，要通过各级政府及其工作人员去维护和实施，其实施的状况以及由此形成的政风，决定着政府的公信度和形象。在现实生活中，有的地方政府不能做到依法行政、公正执法，缺乏责任意识，致使政策扭曲；有的地方腐败现象损害了党和政府的形象，影响了政府的公信力。

2016年12月9日，习近平同志在中共中央政治局第三十七次集体学习时强调，对突出的诚信缺失问题，既要抓紧建立覆盖全社会的征信系统，又要完善守法诚信褒奖机制和违法失信惩戒机制，使人不敢失信、不能失信。对见利忘义、制假售假的违法行为，要加大执法力度，让败德违法者受到惩治、付出代价。在这里，习近平突出强调了诚信社会建设的重要性。党的十八大以来，在以习近平同志为核心的党中央坚强领导下，社会信用体系建设成效显著：顶层设计日趋完善，机制体制不断健全，信用基础设施建设智能化水平逐步提高，信用数据规模和质量世界领先，信用治理体系和治理能力现代化水平持续提升，已成为新时代高质量发展的重要基础。

（四）诚信是社会和谐的支撑

1. 诚信是构建社会主义和谐社会的重要基础和前提条件

习近平指出，“诚信是和谐社会的基石和重要特征，也是企业的立身之本。人无信不立，商以诚待人，业靠诚信创”[①]。良好的信用关系能够促成良好的社会风气的形成，进一步增强社会凝聚力和向心力，有助于形成稳定有序的社会结构，从而推动社会的全面进步，实现和谐社会。加强诚信建设，提升思想道德水平，是构建和谐社会，确保社会稳定有序的重要保障。诚信是社会主义和谐社会的内在本质要求和具体体现。在人类的道德规范体系中，诚信对社会的和谐发展最有价值，因为诚信可以最大限度地减少社会生活中的各种内耗和摩擦，减少社会生活的风险和代价，使社会的运行成本大大降低；还有助于构筑良好的人际关系，消除矛盾激化的潜在因素。和谐社会主要体现在三个方面：人与人之间的和谐、人与社会之间的和谐以及人与自然之间的和谐，而所有这些和谐都必须以人的诚信为基础和条件。因此，诚信是社会主义和谐社会的客观要求和本质反映，是构建社会主义和谐社会的重要基石。

2. 诚信是保证我国政治、经济、文化和社会建设协调发展的精神支撑

诚信道德建设，不仅是道德建设的重点，而且对构建社会主义和谐社会进程中其他各方面的建设，也是不可或缺的。胡锦涛同志指出，和谐社会几个特征是相互联系、相互作用的，需要在全面建成小康社会的进程中全面把握和体现。这一深刻阐述，是马克思主义世界观和方法论在和谐社会构建方面的具体运用，它揭示了社会主义和谐社会各个要素之间的辩证关系，说明和谐社会建设是一个伟大的系统工程。其中，民主法治是政治方面的明确要求，公平正义是经济方面的价值目标，安定有序是社会组织和管理方面的任务，充满活力是社会建设多方面努力的综合成果，

① 习近平：《干在实处 走在前列》，中共中央党校出版社2006年版，第98页。

和谐相处是对处理人与人、人与自然关系的具体要求。这些目标的实现，都离不开诚信道德的规范、支持和维护。如果一个社会不能在公民中普遍地培育起诚信的道德素养，其政治、经济、文化等各方面的关系就不可能协调，人与人之间就不能做到平等友爱、融洽相处，社会生活就不能充满活力、安定有序。从这个意义上说，诚信道德状况直接关系到和谐社会的建设。诚实守信是中华民族的传统美德，在社会主义条件下应当进一步发扬光大。在社会主义条件下，广大人民群众的根本利益是一致的，人与人之间应当是互帮互助、诚实守信、平等友爱、融洽相处的新型关系。这是由社会主义本质决定的，也是社会主义制度优越性的具体体现。人们之间以诚相待，才能处理好各种人民内部矛盾，使人们各尽其能、各得其所。但在实际生活中，一些人急功近利、弄虚作假、言而无信、尔虞我诈；一些地方存在道德冷漠症，造成人与人之间的隔阂与不信任。因此，以诚信为重点，正确处理义与利、竞争与协作的关系，培育社会主义新型人际关系，是构建和谐社会的一个重要任务。

3. 诚信是社会主义核心价值观的基本要素

培育和践行社会主义核心价值观，是时代赋予我们的一项伟大而光荣的使命，同时也是一项艰巨复杂的系统工程。培育和践行社会主义核心价值观是坚持和发展中国特色社会主义的内在要求，是凝聚社会共识、实现团结和谐的基本途径，是树立国家良好形象、提升国家文化软实力的迫切需要。诚信是培育和践行社会主义核心价值观的重要内容，推进诚信建设，对于这一工作有着十分重要的意义。

党的十八大首次提出社会主义核心价值观这一概念，强调“深入开展社会主义核心价值体系学习教育，用社会主义核心价值体系引领社会思潮、凝聚社会共识”，“倡导富强、民主、文明、和谐，倡导自由、平等、公正、法治，倡导爱国、敬业、诚信、友善，积极培育和践行社会主义核心价值观”。富强、民主、文明、和谐是国家层面的价值目标，自由、平等、公平、法治是社会层面的价值取向，爱国、敬业、诚信、友善是公民个人层面的价值准则，这24个字是社会主义核心价值观的基本内容，为培育和践行社会主义核心价值观提供了基本遵循。“三个倡导”对于实现“两个一百年”的奋斗目标和中华民族伟大复兴的中国梦具有重要的意义。在三个倡导中，富强、民主、文明、和谐体现了社会主义初级阶段我国最广大人民群众的价值意愿和价值选择，反映了中国特色社会主义在精神和价值层面的本质规定性和社会主义核心价值体系的精髓。富强、民主、文明、和谐，反映了近代以来中国历史发展的根本要求，是改革开放新时期以来我们党的基本主张。党的十七大以来的历次中央全会上，我们都明确强调了这一奋斗目标。在当代中国，实现国家昌盛、人民幸福和民族复兴，始终是一个鼓舞人心、振奋精神的价值理想，是一个能够凝聚起亿万人民智慧和力量的宏伟目标。自由、平等、公正、法治，反映了社会主义社会的基本属性，始终是我们党和国家奉行的核心价值观念。我们党是马克思主义政党，马克思主义追求的终极目标是人的自由而全面的发展，我们党从成立之初就将其写在自己的旗帜上，并为之不懈奋斗，在实践上极大发展了人民的自由和平等，极大发展了社会的公正和法治。相对于资本主义社会虚假的自由平等而言，我们倡导的是真正的自由、平等、公正。可以说，我们党坚持科学发展，坚持以人为本，坚持执政为民，坚持依法治国，最终目标都是服务人民，促进人的全面发展，践行自由、平等、公正、法治的崇高理念。爱国、敬业、诚信、友善，是中国这个社会主义国家的公民应当树立的基本价值追求和应当遵循的根本道德准则，是公民基本道德规范的核心要求，体现了社会主义价值追求和公民道德行为的本质属性。2019年10月，中共中央、国务院印发了《新时代公民道德建设实施纲要》，对新时代的公民道德建设作出了新的部署和安排，强调加强公民道德建设是一项长期而紧迫、艰巨而复杂的任务，要适应新时代新要求，坚持目标导向和问题导向相统一，进一步加大工作力度，把握规律、积极创新，持之以恒、久久为功，推动全民道德素质和社会文明程度达到一个新高度。爱国、敬业、诚信、友善，涵盖了社会主义公民道德行为各个环节，贯穿了社会公德、职业道德、家庭美德、个人品德各个方面，继承了中华民族传统美德、中国共产党人革命道德和社会主义新时期道德的精华，具有很强的全面性和系统性。

诚信是社会主义核心价值观的基本要素。“所谓诚信，就是诚实守信，表现为公民在说话、做事和做人方面真诚不欺、信守诺言，也体现为公民实事求是、言行一致的行为方式。诚信要求人们内诚于心、外信于行，是一切道德的基础和根本，是人类社会普遍倡导的为人处世的道德规范，具有重要的伦理价值。”[①]只有尊重和遵守诚信准则，人们的创造活动才能得到维护，创造才能得到发挥，社会才会充满活力；没有诚信和法治做保障，社会秩序就会出现混乱，人民的权益就无法得到保障，公平正义就难以实现，安定有序也就成为一句空话。唯有在诚信的基础上，人与人之间才能坦然相处，才能建立起良好和谐的人际关系，整个社会才能正常运转。诚信在任何时代、任何社会都维系着社会秩序，成为社会良性运行的基石，具有重要的社会价值。人无信不立，家无信不和，业无信不兴，国无信不稳，世无信不宁。诚信既是中华民族的传统美德，更是社会主义和谐社会的根本准则。

---

① 徐涌金：《试析中国特色社会主义核心价值观的语言表述》，《社会科学战线》2013年第6期，第165页。

大学生正处于立学、立德、立志的重要阶段，在这个时期形成的价值观念对他们的一生都有很大的影响。“三个倡导”引领大学生树立正确的世界观、人生观、价值观，我们要紧密结合大学生的思想实际和接受习惯，把“三个倡导”融入他们学习、生活的各个方面，体现到高校规章制度和行为规范中；要引导大学生树立爱国主义精神和改革创新精神，强化法治纪律观念，增强艰苦创业、勤俭节约意识，把社会主义核心价值观根植于每个学生的思想和行动中；要加强诚实守信教育，引导大学生形成守信光荣、失信可耻的道德观念；要积极组织大学生参加爱党爱国的理想信念教育活动、力所能及的生产劳动、形式多样的勤工俭学活动、助人为乐的爱心公益活动、奉献社会的志愿服务活动、益德益智的科学发明活动等，在社会实践中深刻体会社会主义核心价值观的精神要义，不断体验崇高、增进认同，争做中华民族伟大复兴中国梦的坚定支持者和践行者。

第二章　不同视域中的诚信

随着时代的进步诚信的内涵也在不断延伸，不同的视域有着不同的诚信的思想，从当前经济社会发展角度看，诚信大致可以分为道德诚信、法律诚信、经济诚信和政治诚信等。

一、道德诚信

道德诚信，是指作为道德准则的诚信道德诚信要求人们言语真实、恪守诺言、无虚假、不欺诈。道德诚信并不是人们所追求的最终目标，它只是调整人与人之间的合作关系的准则，它要求人们做到两点：一是言语要真实，即向他人发出的信息要真实，以保证相对人能够根据真实的信息作出正确的、符合自己利益的选择，是对人的内在品质的要求；二是要恪守诺言、履行义务，以实现相对人的利益，是对人的外在行为的规范。

内在的诚实与外在的信息在诚信这一范畴中达到了高度的统一，才能使个体的心性修炼与交往活动中的为人处世有机地结合起来。诚信这一概念的特殊意义就存在于这种“统一”“结合”之中。按照诚信的要求，人们不能满足于闭门修身，而应将内在的诚德外显为面对他人的信息。信息即能够落实、说话算数之言，是“言行一致”中的言。信息出自诚意，将诚的要求贯彻到底，则是不仅要真诚地说，而且要按照所说的去做。只有将内在的诚与外在的信结合起来，才能产生真正自由、自为、自觉的道德行为，才能使诚德通过守信用的交往活动惠及他人，从而实现其应有的价值。

诚信的行为是基于诚的守信行为，是以重诺为前提的履行诺言的行为。并非所有守信行为都可以被判定为诚信行为，只有那些以诚为基础的守信行为才可以冠以诚信的美名。如果守信完全是迫于外在压力，则这样的守信行为与诚并无关系，因而不属于真正意义上的诚信行为。诚是道德的支点，以诚作为守信的基础，其实也表明了真正的诚信行为其自身就是具有道德性的行为。因此，诚信范围内的守信行为，必须以道德作为衡量标准。如果守信而又违背道德，则此种守信实际上脱离了诚的基础。这就是说，信的约束力不是无限的，一旦信不合义，则不必守信。诚是义的根本，因而其约束力强于信。只有依诚而信，才是具有道德意义的守信行为。信的约束力只有在与诚的要求相一致时，才能获得诚的支持，才能够得到道德庇护。

二、法律诚信

除了道德意义上的诚信之外，还有所谓法律诚信的问题。法律诚信，是指作为法律原则的诚信。法律诚信作为一项法律原则，是指当代各国在法律上尤其是在私法上普遍规定的诚实信用原则。《中华人民共和国民法通则》第四条规定："民事活动应当遵循自愿、公平、等价有偿、诚实信用的原则。"《中华人民共和国合同法》第六条规定："当事人行使权利、履行义务应当遵循诚实信用原则。"这是我国法律关于诚实信用原则的规定。诚信很早就被引入法律文献。例如，"诚信"一词的使用，在东罗马帝国优士丁尼的《法学阶梯》中有38处；在《拿破仑法典》中约有117处；在罗马法民法大全《学说汇纂》中约有462处。法律诚信主要表现为贯穿于民事法律关系中的诚信原则。"诚信原则就是要求民事主体在民事活动中维持双方利益的平衡，以及当事人利益与社会利益平衡的立法者意志。""三方利益平衡是这一原则实现的结果，当事人以诚实、善意的心理和行为行使权利、履行义务；法官根据公平正义进行创造性的司法活动是达到这一结果的手段。"[①]道德诚信与法律诚信具有密切的联系。首先，从渊源上看，法律诚信源于道德诚信，是道德诚信的法律化。其次，两者具有相辅相成、相互维系的关系：法律诚信必须有相应的道德诚信作为基础和依托，否则就会成为无根之木；而道德诚信也必须有相应的法律诚信作为保障，否则就会柔弱无力。

（一）我国的法律诚信源于西方文化中的道德诚信

我们在对其进行解释和适用时，必须考虑其在西方法律体系中的本来含义，而不能仅从中国传统的道德诚信出发对其进行望文生义式的理解。中国传统的道德诚信为引入西方的法律诚信奠定了一定的伦理基础，但要想使之成为法律诚信所依托的道德准则，绝不可忽视改造其不适应的一面。中国传统的道德诚信与西方文化中的道德诚信具有基本相同的内涵和要求，但也有实质性的区别。西方文化中的道德诚信具有普遍性，因此成为西方资本主义全面展开的道德基础；而中国传统的道德

① 徐国栋：《民法基本原则解释》，中国政法大学出版社2001年版，第79页。

诚信是自然经济和宗法社会的产物，是主要适用于封闭的、以血缘和地缘为纽带的朋友和熟人之间的伦理准则，因此中国传统道德诚信中缺乏与市场经济相适应的、能够支撑市场经济发展的社会化的部分。这是中国在由传统经济向社会主义市场经济体制转轨过程中出现一些诚信缺失问题的重要文化原因。

（二）法律诚信脱胎于道德诚信

事实上，准确界定法律诚信的含义是一件很困难的事情，因为该原则除了具有“诚实守信”的字面含义外，还有附加的、引申的其他含义。汉语中的“诚信”一词与西方相应术语的字面意思相近，但不具备其特定的法律含义。按照我国学者的一般理解，法律诚信体现的是要求民事主体在民事活动中维持双方的利益平衡以及当事人利益与社会利益平衡的立法者意志，其目标在于实现三方的利益平衡，保持社会的稳定和社会的和谐发展。实现这一目标的手段有两个：一是要求当事人以善意、诚实守信的态度行使权利、履行义务。“善意”要求人们在进行有关民事活动时尊重他人的利益，主观上不能有损人利己的心理，并且要以应有的注意程度防止损害他人利益；“诚实守信”要求人们在进行民事活动时实事求是，对他人以诚相待，不得有欺诈行为。二是授予法官自由裁量权，使法官可以根据公平正义的要求进行创造性的司法活动，以弥补立法的缺陷与不足，努力实现个案处理中的具体公正。

法律诚信没有清晰的内涵和确定的外延，其适用范围极为广泛，当立法者在具体立法中未能穷尽难以预料的情形或设定出恶法条款时，法官可本着公平正义及良知行使自由裁量权，能动地裁判案件。因此，它能够协调法律规定的有限性与社会关系的无限性的矛盾、法律的相对稳定性与社会生活的变动不居性的矛盾、法律的正义性与法律的具体规定在某些情况下适用的非正义性的矛盾。在这里，我们看到了法律诚信所具有的独特宗旨和强大功能：保持各方利益平衡。

道德诚信就躲在法律诚信的背后，它无时无刻不在通过法律诚信发挥着作用；而法律诚信在骨子里也恰恰体现着道德诚信的要求，它也无时无刻不在实现着道德诚信的使命。何以见得？还得回到最简单的问题：我们为什么需要道德诚信？答案很简单：人是社会性的动物，人们需要互相合作以增进彼此的福利；人们合作的基础是道德诚信，道德诚信是当事人从合作中公平地获利的保证，如果没有道德诚信，当事人在合作中的利益关系就会失去平衡，从而影响、危及一方当事人的生存或其生存的物质基础。道德诚信要求人们做到两点：一是要言语真实；二是要恪守诺言、履行义务。一般来说，在当事人都能做到这两点的情况下，双方的合作包括交易就是公平的，双方的利益关系就是平衡的。可见，道德诚信的基本作用就在于要求当事人尊重相对人的利益，维护相对人的利益，保证当事人都能通过合作实现自己应得的利益。但是，在有些情况下，当事人做到了道德诚信，却并不能实现双方的利益平衡，比如出现了情势变更，这时候就需要重新调整双方之间的利益关系，而不能机械地强调恪守诺言。因此，只强调道德诚信是不够的，道德诚信并不能必然地实现当事人之间的利益平衡，道德诚信只是手段，实现利益平衡才是目的，真正应该强调的是“保持各方利益平衡”。这是法律诚信比道德诚信更“高明”的地方，它抓住了最根本、更关键的东西，因此它已经超越了道德诚信，进入一个更高的境界。如果道德诚信仅仅由“诚实守信”上升到“保持各方利益平衡”，那么它仍然属于道德范畴内的自我升华而没有上升为法律诚信。道德诚信上升为法律诚信这一事实本身已经说明道德的力量不足以维护诚信，它需要借助法律的力量。然而，法律诚信的目标已经定位于“保持各方利益平衡”，而不再是“诚实守信”。立法者规定什么是诚实守信相对来说是比较容易的事情，而要确定当事人之间的利益怎样才是平衡的就很不容易了。因为当事人之间的利益关系是千差万别的，立法者根本不可能把各种社会关系的各种可能发生的情况都无一遗漏、明明白白地规定清楚。所以立法者只有一条路可走：授予法官自由裁量权。这样，法律诚信就诞生了。

在讨论诚信的时候，还应当明确区分道德上的诚信与法律上的诚信。区分法律诚信与道德诚信的主要意义在于：法律诚信和道德诚信并非同一范畴，研究分析诚信问题的时候不可简单地将两者混为一谈；法律诚信和道德诚信具有不同的功能，不能互相替代，但是可以互补；诚信缺失问题的解决，既要依靠法律诚信也要依靠道德诚信，既要依靠法治也要依靠德治；法律对于道德诚信的维护，也并非仅仅依靠诚实信用原则，事实上民法上的许多制度以及经济法、行政法、刑法等许多法律的相关规定都在维护着道德诚信。譬如，《中华人民共和国消费者权益保护法》第五十五条规定：“经营者提供商品或者服务有欺诈行为的，应当按照消费者的要求增加赔偿其受到的损失，增加赔偿的金额为消费者购买商品的价款或者接受服务的费用的一倍。”再比如，《中华人民共和国刑法》对生产、销售伪劣商品罪以及金融诈骗罪、扰乱市场秩序罪作出了详尽的规定。其实，《中华人民共和国宪法》的一些规定也直接体现了道德诚信的精神，例如第五十一条规定：“中华人民共和国公民在行使自由和权利的时候，不得损害国家的、社会的、集体的利益和其他公民的合法的自由和权利。”可见，从法治的角度看，维护道德诚信是宪法和各部门法的共同任务，而不仅仅是民法的任务，更不仅仅是民法上的诚实信用原则的任务。明确了这一点之后，我们就可以从法律体系整体上来分析研究怎样构建一套系统的、完善的维护道德诚信的法律机制。例如，我们可以深入分析民法、经济法、行政法、刑法在维护诚信的法律机制中扮演着什么样的角色，应当发挥什么样的作用。

目前，人们讨论的诚信问题主要是道德诚信的缺失和由此产生的危机。当然，如上文所述，道德诚信与法律有密切关系。一方面，许多违反道德诚信的行为构成违法行为，甚至构成犯罪行为，行为人应当承担法律责任；另一方面，法律诚信与道德诚信也有割不断的联系，恪守道德诚信也是法律诚信的要求。此外，我们发现，人们在讨论道德诚信的时候逐渐对其有了更广义的理解，从而超越了道德诚信传统上所具有的“诚实守信”的基本含义，而赋予了它更加丰富的内涵。按照这种更广义的理解，道德诚信对人们的要求已经不再局限于不欺诈和恪守诺言的义务，它的本质要求可以更加抽象地表述为：忠实地履行自己的各种道德、法律义务和职责，正当地行使自己的权利和权力，尊重和维护他人的权利和利益。因此，欺诈、不守信属于不诚信的行为，不履行或不认真履行自己的其他道德义务、法律义务、职责以及不正当地行使自己的各种权利、权力也属于不诚信的行为。应当说，这是一种积极的变化，是一种观念的进步，应予以肯定。我们可以感受到，道德诚信的内涵正在进一步向法律诚信的宗旨和功能靠近。当然，两者毕竟具有不同的属性，因此永远也不可能合二为一。

三、经济诚信

经济领域是公共生活领域的另一个十分重要的方面。经济诚信是存在于经济领域中的诚信关系和现象。经济活动是在生产者和消费者、卖者和买者的关系中进行的。经济活动的双方能否建立诚信的关系，对于社会的经济发展有着至关重要的影响。中国古代虽有“无商不奸”的说法，但历代不乏讲求诚信、买卖公平、货真价实、童叟无欺的“儒商”。“儒商”以诚信为经商的原则，以义求利，大都能够立于不败之地，取得日益丰厚的利润。那些以次充好、缺斤少两、坑蒙拐骗、巧取豪夺的奸商，虽能暴发于一时，但都难以持久，大都最终落个人财两空的下场。

市场经济是市场对资源实行优化配置的一种经济运行方式。市场经济是契约经济，一切经济主体的经济活动都建立在契约之上。从这个意义上讲，市场经济又是信用经济。在现代市场经济中，信用形式繁多，从信用主体角度区分，主要有银行信用、商业信用、合作信用、私人信用、国家信用、国际信用等。社会信用是现代市场经济良好运行的重要保证。因为市场经济的目标是实现经济利益最大化，利益就成为影响经济主体经济行为和资源流向的主要因素。如果歪曲了对经济利益最大化的理解，则在利益的追求上就会出现偏差，资源就会流向那些能够获取暴利的非法领域，比如说制假贩假等，这样利益的分配就体现不出效率优先、兼顾公平的原则。而经济诚信则可避免企业主体这种偏激经济行为的发生，用正当的方式获取合法利益，使资源实现真正的优化配置，体现市场经济的“效率优先、兼顾公平”的原则，保证市场经济持续、健康、快速地发展，所以说经济领域的诚信是市场经济运行的内在要求。

在建设社会主义现代化的过程中，我们借鉴了西方的市场经济模式。毋庸讳言，在市场活动中，谋利是人们的重要目的。有些人认为，市场活动就是要讲赚钱第一，诚信能值几个钱？在他们看来，黑心才能赚钱，诚信只能赔本。在这种思想观念的指导下，一些人急功近利，无所不为，从而使社会的诚信水平急剧下降。人与人之间互不信任，彼此提防，从而无形之中提高了市场交易和人际交往的成本。由于人们包括外商在内对于某些经济政策的不信任，对于预期回报没有信心，从而在投资过程中畏首畏尾；由于社会信用的缺失，金融业陷入日渐困难的境地；由于人们对于假冒伪劣产品的恐惧，使得某些商品难以销售，从而造成了财富的极大浪费；由于某些商品制造商的不诚信，以次充好，使得劣质产品出口到国外，严重影响了中国商品的信誉，给中国商品的出口、国外市场的开拓造成了难以弥补的恶劣影响；由于企业管理者和职员之间的互不信任，造成某些企业生产效率和产品质量的低下，使企业日渐萎缩、滑向倒闭的边缘。现实中大量的事实说明，经济领域中诚信的缺失已经给我国的经济建设造成了巨大的不良影响，这是一种损失不可估量的社会灾难。

诚信是社会主义市场经济的道德本质。现在许多经营者已经充分认识到诚信对于市场经济活动的重要性，向社会和消费者承诺自己的产品质量和服务质量，像爱护眼睛一样爱护自己的商品品牌。市场经济活动实践告诉人们，具体的商品是有价的财产，而诚信的声誉则是无价的财富，是未来的财富。规范的市场经济一定是以诚信为基础、以法律为准绳的市场经济。

四、政治诚信

在公共生活领域，诚信具有更重要的价值。公共生活领域的伦理关系不仅比私人生活领域的伦理关系宽广，而且更为复杂。家庭内部的关系，是靠亲情来维系的，而社会上的种种关系，是靠信义来维系的。社会政治生活是公共生活领域最重要的方面。政治诚信是适用于政治领域的诚信。其具体要求有三个方面：实事求是的行为品格、言行一致的行为准则和忠于人民事业的信念。政治诚信主要是调节政府和

❖ 我们就应顺其自然，立在真实上，求得人生的光明，不可陷入勉强虚伪的境界，把真正人生都归幻灭。——李大钊 ❖

民众的关系，其核心是服务于人民。

政府诚信是指政府部门在公共事务中应遵守的有关诚信的原则和规范的总和。政府诚信是政府对广大民众的责任。诚信是为政根基和执政之本。政府诚信是政府存在的根本，也是社会诚信的定心盘。政府诚信动摇，社会诚信也就会随之动摇，乃至崩溃。因此，我们必须确立政府诚信原则，塑造诚信政府。诚信政府的建立，是自律和他律的统一。从自律的角度看，政府诚信应突出强化政府官员的诚信道德修养，强化政府服务意识。从他律的角度看，政府诚信的建构需要完善政府诚信制度。

在当前服务型政府理念的引导下，政府更应将诚信作为其运作的核心理念。各级公务员应遵纪守法、严格执法，运用好人民赋予的权力，积极倾听人民群众的呼声，关心人民群众的生活，成为人民信得过的好公仆，打造诚信政府的良好形象。政府诚信不仅是人民对于政府的信任，也包括政府对人民的信任。比如，加拿大政府对纳税问题，相信每个人的申报，退税款很快寄达每个人，但如果几十年后查到问题，会一起清算。政府这种“信任”态度使每个公民心里舒畅，而欺骗之人则会始终心中不安。我们的国家是中国共产党领导的社会主义国家，是人民的国家。作为国家领导者和管理者的中国共产党，只有忠诚地代表人民群众的利益，相信群众，依靠群众，建立和保持党和群众、党和其他社会团体的互相信赖的关系，中国才能安定和繁荣。如果广大人民不相信国家公职人员的政治品德，觉得他们都是为谋私才当官的，觉得他们所说和所做的都不是实事求是的，那么就绝对不会自觉地听从他们的领导和指挥。如果大部分人民不相信国家的法律是保护人民正当利益的，那么就不会心甘情愿地接受这种法律的约束。总之，如果失信于民，将造成人民群众的离心离德，就会危及人民政权。因此，我们可以说，那些弄虚作假、欺骗上级和群众、以权谋私的干部，是我们中国特色社会主义国家的最大敌人，是败坏人民政权、破坏社会主义政治秩序的罪魁祸首。民信则立，民无信则不立；民信则安，民无信则危；民信则昌，民无信则亡。这是历史和现实生活实践告诉我们的真理。

以上对诚信的这几种划分并不是绝对的，它们紧密相连，构成了社会的诚信体系，在社会诚信体系中的地位和作用各不相同。

第三章　新时代的诚信体系建设

党的二十大报告提出，要完善产权保护、市场准入、公平竞争、社会信用等市场经济基础制度，优化营商环境。完善的社会信用体系既是供需有效衔接的重要保障，也是资源优化配置的坚实基础，更是良好营商环境的重要组成部分，对促进国民经济循环高效畅通、构建新发展格局具有重要意义。加强诚信体系建设是社会有序与社会和谐的基础，既是社会治理的环境要素，也是社会治理的直接目标。

党的十八大提出了“加强政务诚信、商务诚信、社会诚信和司法公信建设”。《社会信用体系建设规划纲要（2004—2020年》指出，“我国社会信用体系建设虽然取得一定进展，但与经济发展水平和社会发展阶段不匹配、不协调、不适应的矛盾仍然突出。存在的主要问题包括：覆盖全社会的征信系统尚未形成，社会成员信用记录严重缺失，守信激励和失信惩戒机制尚不健全，守信激励不足，失信成本偏低；信用服务市场不发达，服务体系不成熟，服务行为不规范，服务机构公信力不足，信用信息主体权益保护机制缺失；社会诚信意识和信用水平偏低，履约践诺、诚实守信的社会氛围尚未形成，重特大生产安全事故、食品药品安全事件时有发生，商业欺诈、制假售假、偷逃骗税、虚报冒领、学术不端等现象屡禁不止，政务诚信度、司法公信度离人民群众的期待还有一定差距等”。针对以上的诚信问题，党和国家对诚信建设作出了一系列重要部署。2014年，《社会信用体系建设规划纲要（2014—2020年》《关于推进诚信建设制度化的意见》先后发布；2016年，《国务院关于建立完善守信联合激励和失信联合惩戒制度加快推进社会诚信建设的指导意见》《国务院关于加强政务诚信建设的指导意见》《国务院办公厅关于加强个人诚信体系建设的指导意见》相继出台。2017年，中共中央、国务院印发的《中长期青年发展规划（2016—2025年》中，将推进青年信用体系建设、倡导和培育青年诚信品格纳入青年发展事业总体布局。2022年，中共中央办公厅、国务院办公厅印发了《关于推进社会信用体系建设高质量发展促进形成新发展格局的意见》，其中明确提出，加快推动出台社会信用方面的综合性、基础性法律。具体来说，应从以下几个方面加强诚信建设。

一、个人诚信建设

“人无诚信不立。”个人是社会最基本的元素，是诚信关系的基本载体。可以说，诚信是个人安身立命之本，是做人的基本道德准则。孔子曰：“人而无信，不知其可也。”就是说：一个人不讲诚信，就不能立身处世。“一言九鼎”“一诺千金”淋漓尽致地展现了我国传统文化对诚实守信的推崇。“家无诚信不宁。”人们都说家是人生旅途的港湾，不幸的是，有时诚信危机同样波及了家庭，使得一些人的港湾不再安宁。通过婚姻建立的家庭如要长久、和谐、稳定，需要夫妻双方以诚相待、精心呵护。假设夫妻双方缺乏诚信、彼此设防、相互猜忌，就会导致感情危机，甚至家庭破裂、婚姻失败。为此，我们必须全面开展个人诚信建设。2016年国务院办公厅公布的《关于加强个人诚信体系建设的指导意见》中指出：要“加强个人诚信教育，加快推进个人诚信记录建设，完善个人信息安全、隐私保护与信用修复机制，规范推进个人诚信信息共享使用，完善个人守信激励和失信惩戒机制”[①]。

（一）加强个人诚信教育

1.大力弘扬诚信文化

将诚信文化建设摆在突出位置，以培育和践行社会主义核心价值观为根本，大力普及信用知识，制定颁布公民诚信守则，将诚信教育贯穿公民道德建设和精神文明建设全过程。加强社会公德、职业道德、家庭美德和个人品德教育，营造“守信者荣、失信者耻、无信者忧”的社会氛围。

2.广泛开展诚信宣传

结合春节、国际消费者权益日、劳动节、儿童节、网络诚信宣传日、全国信用记录关爱日、诚信兴商宣传月、国庆节、国家宪法日暨全国法制宣传日等重要时间节点和法定节假日，集中宣传信用政策法规、信用知识和典型案例。推动创作中华传统诚信文化与时代价值观相合金的诚信文艺作品、公益广告，丰富诚信宣传载体，增加诚信宣传频次，提升诚信宣传水平。

3.积极推介诚信典型

充分发挥媒体舆论宣传引导作用，大力发掘、宣传有关部门和社会组织评选的诚信道德模范、优秀志愿者等诚信典型。组织各类网站开设网络诚信专题，经常性

① 中国政府网http：//www.gv.cn/zhengce/cntent/2016-12/30/cntent5154830.htm。

地宣传推广各类诚信典型、诚信事迹，推出一批高质量的网络诚信主题文化作品，加强网络失信案例警示教育。支持有关部门和社会组织向社会推介诚信典型和无不良信用记录者，推动实施跨部门、跨领域的守信联合激励措施。

4.全面推广诚信教育

将诚信教育作为中小学和高校学生思想品德教育的重要内容。鼓励高校开设社会信用领域相关课程。积极倡导和培育诚信品格，争当“向上向善好青年”，在引领社会文明风尚中发挥积极作用。支持有条件的高校院所开设信用管理相关专业。推动学校加强信用管理，建立健全18岁以上成年学生诚信档案，推动将学生个人诚信作为升学、毕业、评先评优、奖学金发放、鉴定推荐等环节的重要考量因素。针对考试舞弊、学术造假、不履行助学贷款还款承诺、伪造就业材料等不诚信行为开展教育，并依法依规将相关信息记入个人信用档案。

5.积极发展信用管理

建立健全信用管理职业培训与专业考评制度。加大对信用从业人员的培训力度，丰富信用知识，提高信用管理水平。鼓励各类社会组织和企业建立信用管理和教育制度，组织签署任职信用承诺书和开展信用知识培训活动，培育企业信用文化。组织编写信用知识读本，依托社区、村等各类基层组织，向公众普及信用知识。

（二）推进个人诚信记录建设

1.推动完善个人实名登记制度

以居民身份证号码制度为基础，推进公民统一社会信用代码制度建设，推动居民身份证登记指纹信息工作，实现公民统一社会信用代码全覆盖。运用信息化技术手段，不断加强个人身份信息的查核工作，确保个人身份识别信息的唯一性。以互联网、邮寄递送、电信、金融账户等领域为重点，推进建立实名登记制度，为准确采集个人诚信记录奠定基础。

2.建立重点领域个人诚信记录

以食品药品、安全生产、消防安全、交通安全、环境保护、生物安全、产品质量、税收缴纳、医疗卫生、劳动保障、工程建设、金融服务、知识产权、司法诉讼、电子商务、志愿服务等领域为重点，以公务员、企业法定代表人及相关责任人、律师、教师、医师、执业药师、评估师、税务师、注册消防工程师、会计审计人员、房地产中介从业人员、认证人员、金融从业人员、导游等职业人群为主要对象，有关部门要加快建立和完善个人信用记录形成机制，及时归集有关人员在相关活动中形成的诚信信息，确保信息真实准确，实现及时动态更新。金融信用信息基础数据库和个人征信机构要大力开展重点领域个人征信信息的归集与对应服务提供。鼓励行业协会、商会等行业组织建立健全会员信用档案。

（三）完善个人信息安全、隐私保护与信用修复机制

1. 保护个人信息安全

有关部门要严格按照规定建立健全并严格执行保障信息安全的规章制度，明确个人信息查询使用权限和程序，做好数据库安全防护工作，建立完善个人信息查询使用登记和审查制度，防止信息泄露严格按照相关法律法规，加大对金融信用信息基础数据库、征信机构的监管力度，确保个人征信业务合规开展，保障信息主体合法权益，确保国家信息安全。建立征信机构及相关人员信用档案和违规经营“黑名单”制度。

2. 维护个人隐私

未经法律法规授权不得采集个人公共信用信息。加大对泄露、篡改、毁损、出售或者非法向他人提供个人信息等行为的查处力度。对金融机构、征信机构、互联网企业、大数据公司、移动应用程序开发企业实施重点监控，规范其个人信息采集、提供和使用行为。

3. 建立信用机制

建立个人公共信用信息纠错、修复机制，制定异议处理、行政复议等管理制度及操作细则，明确各类公共信用信息展示期限，不再展示使用超过期限的公共信用信息。畅通信用修复渠道，丰富信用修复方式，探索通过事后主动履约、申请延期、自主解释等方式减少失信损失，通过按时履约、志愿服务、慈善捐助等方式修复信用。

（四）完善个人守信激励和失信惩戒机制

1. 为优良信用个人提供更多服务便利

对有关部门和社会组织实施信用分类监管确定的信用状况良好的行政相对人、诚信道德模范、优秀志愿者，行业协会商会推荐的诚信会员，以及新闻媒体挖掘的诚信主体等建立优良信用记录，各级人民政府要创新守信激励措施，对具有优良信用记录的个人，在教育、就业、创业等领域给予重点支持，尽力提供更多便利服务；在办理行政许可过程中，对具有优良信用记录的个人和连续三年以上无不良信用记录的行政相对人，可根据实际情况依法采取“绿色通道”和“容缺受理”等便利服务措施。鼓励社会机构依法使用征信产品，对具有优良信用记录的个人给予优惠和

便利，使守信者在市场中获得更多机会和收益。

2.对重点领域严重失信个人实施联合惩戒

依法依规对严重危害人民群众身体健康和生命安全、严重破坏市场公平竞争秩序和社会正常秩序、拒不履行法定义务、严重影响司法机关和行政机关公信力，以及拒不履行国防义务等个人严重失信行为采取联合惩戒措施。将恶意逃废债务、非法集资、电信诈骗、网络欺诈、交通违法、不依法诚信纳税等严重失信个人列为重点监管对象，依法依规采取行政性约束和惩戒措施。在对失信企事业单位进行联合惩戒的同时，依照法律法规和政策规定对相关责任人员采取相应的联合惩戒措施，将联合惩戒措施落实到人。鼓励将金融信用信息基础数据库和个人征信机构采集的个人在市场经济活动中产生的严重失信记录，推送至全国信用信息共享平台，作为实施信用惩戒措施的参考。

3.推动形成市场性、社会性约束和惩戒

建立健全个人严重失信行为披露、曝光与举报制度，依托“信用中国”网站，依法向社会公开披露各级人民政府掌握的个人严重失信信息，充分发挥社会舆论监督作用，形成强大的社会震慑力。鼓励市场主体对严重失信个人采取差别化服务。支持征信机构采集严重失信个人信息，纳入信用记录和信用报告。

二、重点领域的诚信建设

2014年6月，国务院下发了《社会信用体系建设规划纲要（2014—2020年》，围绕党的十八大提出的“政务诚信建设，商务诚信建设，社会诚信建设，司法公信建设，社会信用体系建设”，作出了详细的规划。

（一）政务诚信建设

政务诚信是社会信用体系建设的关键，各类政务行为主体的诚信水平，对其他社会主体诚信建设发挥着重要的表率和导向作用。政务诚信建设是构建和谐社会能力的重要组成部分，是一项复杂的社会系统工程。因此，当前应该把加强政务诚信建设、提升政务诚信度作为提高政府行政能力的重要内容，并且作为政府管理创新的重要任务和紧迫任务，认真进行研究，并采取有效的措施加以解决。

1.坚持依法行政

将依法行政贯穿于决策、执行、监督和服务的全过程，全面推进政务公开。要强化行政决策责任制，对因违反决策程序和决策失误给国家和群众利益造成重大损失的，必须追究部门主要领导和当事人的责任。同时，要全面推进政务公开保障公民的知情权，增加政府工作的透明度，建立政府与公众对政府有关信息的互动回应机制，提高政府的反应能力和社会回应能力，切实提高政府工作效率和服务水平，转变政府职能，健全权力运行制约和监督体系，确保决策权、执行权、监督权既相互制约又相互协调，提升政府公信力，树立政府公开、公平、清廉的诚信形象。

2.加快政府守信践诺机制建设

严格履行政府向社会作出的承诺。把政务履约和守诺服务纳入政府绩效评价体系，把发展规划的落实情况以及为百姓办实事的践诺情况作为评价政府诚信水平的重要内容，推动各地区、各部门逐步建立健全政务和行政承诺考核制度。

3.加强公务员诚信管理和教育

建立公务员诚信档案依法依规，将公务员个人有关事项报告、廉政记录、年度考核结果、相关违法违纪违约行为等信用信息纳入档案，将公务员诚信记录作为干部考核、任用和奖惩的重要依据。深入开展公务员诚信、守法和道德教育加强法律知识和信用知识学习，编制公务员诚信手册，增强公务员法律和诚信意识，建立一支守法守信、高效廉洁的公务员队伍。

（二）商务诚信建设

提高商务诚信水平是社会信用体系建设的重点，是商务关系有效维护、商务运行成本有效降低、营商环境有效改善的基本条件，是各类商务主体可持续发展的生存之本，也是各类经济活动高效开展的基础保障。商务诚信建设包括：

一是生产领域信用建设。建立安全生产信用公告制度，完善安全生产承诺和安全生产不良信用记录及安全生产失信行为惩戒制度。

二是流通领域信用建设。研究制定商贸流通领域企业信用信息征集共享制度，完善商贸流通企业信用评价基本规则和指标体系。

三是金融领域信用建设。创新金融信用产品，改善金融服务维护金融消费者个人信息安全，保护金融消费者合法权益。加大对金融欺诈、恶意逃废银行债务、内幕交易、制售假保单、骗保骗赔、披露虚假信息、非法集资、逃套骗汇等金融失信行为的惩戒力度，规范金融市场秩序。加强金融信用信息基础设施建设，进一步扩大信用记录的覆盖面，强化金融业对守信者的激励作用和对失信者的约束作用。

四是税务领域信用建设。建立跨部门信用信息共享机制。开展纳税人基础信息、各类交易信息、财产保有和转让信息以及纳税记录等涉税信息的交换、比对和应用工作。

五是价格领域信用建设。指导企业和经营者加强价格自律规范和引导经营者价格行为，实行经营者明码标价和收费公示制度，着力推行“明码实价”。

六是工程建设领域信用建设。推进工程建设市场信用体系建设。加快工程建设市场信用法规制度建设，制定工程建设市场各方主体和从业人员信用标准。

七是政府采购领域信用建设。加强政府采购信用管理，强化联动惩戒，保护政府采购当事人的合法权益。制定供应商、评审专家、政府采购代理机构以及相关从业人员的信用记录标准。

八是招标投标领域信用建设。扩大招标投标信用信息公开和共享范围，建立涵盖招标投标情况的信用评价指标和评价标准体系，健全招标投标信用信息公开和共享制度。

九是交通运输领域信用建设。形成部门规章制度和地方性法规、地方政府规章相结合的交通运输信用法规体系，完善信用考核标准实施分类考核监管。

十是电子商务领域信用建设。建立健全电子商务企业客户信用管理和交易信用评估制度，加强电子商务企业自身开发和销售信用产品的质量监督，推行电子商务主体身份标识制度，完善网店实名制，加强网店产品质量检查，严厉查处电子商务领域制假售假、传销活动、虚假广告、以次充好、服务违约等欺诈行为。

十一是统计领域信用建设。开展企业诚信统计承诺活动，营造诚实报数光荣、失信造假可耻的良好风尚，完善统计诚信评价标准体系，建立健全企业统计诚信评价制度和统计从业人员诚信档案。

十二是中介服务业信用建设。建立完善中介服务机构及其从业人员的信用记录和披露制度，并作为市场行政执法部门实施信用分类管理的重要依据。重点加强公证仲裁类、律师类、会计类、担保类、鉴证类、检验检测类、评估类、认证类、代理类、经纪类、职业介绍类、咨询类、交易类等机构信用分类管理，探索建立科学合理的评估指标体系、评估制度和工作机制。

十三是会展、广告领域信用建设。推动展会主办机构诚信办展，践行诚信服务公约，建立信用档案和违法违规单位信息披露制度，推广信用服务和产品的应用。

（三）社会诚信建设

社会诚信是社会信用体系建设的基础是社会文明进步实现社会和谐稳定和长治久安的保障。

社会诚信建设主要包括以下十个方面的内容：

一是医药卫生领域信用建设。加强医疗卫生机构信用管理和行业诚信作风建设。

树立大医精诚的价值理念，坚持仁心仁术的职业操守。制定医疗机构和执业医师、药师、护士等医务人员信用评价指标标准，加快完善药品安全领域信用制度，建立药品研发、生产和流通企业信用档案。

二是社会保障领域信用建设。在救灾、救助、养老、社会保险、慈善、彩票等方面，建立全面的诚信制度，打击各类诈捐骗捐等失信行为。

三是劳动用工领域信用建设，进一步落实和完善企业劳动保障守法诚信制度，制定重大劳动保障违法行为社会公示办法，建立用人单位拖欠工资违法行为公示制度，健全用人单位劳动保障诚信等级评价办法。规范用工行为，加强对劳动合同履行和仲裁的管理，推动企业积极开展和谐劳动关系创建活动。

四是教育、科研领域信用建设。加强教师和科研人员诚信教育。开展教师诚信承诺活动，自觉接受广大学生、家长和社会各界的监督，发挥教师诚信执教、为人师表的影响作用。加强学生诚信教育，培养诚实守信良好习惯，为提高全民族诚信素质奠定基础。

五是文化、体育、旅游领域信用建设。依托全国文化市场技术监管与公共服务平台，建立健全娱乐、演出、艺术品、网络文化等领域文化企业主体、从业人员以及文化产品的信用信息数据库。

六是知识产权领域信用建设。建立健全知识产权诚信管理制度，出台知识产权保护信用评价办法，重点打击侵犯知识产权和制售假冒伪劣商品行为，将知识产权侵权行为信息纳入失信记录，强化对盗版侵权等知识产权侵权失信行为的联合惩戒，提升全社会的知识产权保护意识。

七是环境保护和能源节约领域信用建设。推进国家环境监测、信息与统计能力建设，加强环保信用数据的采集和整理，实现环境保护工作业务协同和信息共享，完善环境信息公开目录。

八是社会组织诚信建设。依托法人单位信息资源库，加快完善社会组织登记管理信息，健全社会组织信息公开制度，引导社会组织提升运作的公开性和透明度，规范社会组织信息公开行为。

九是自然人信用建设。突出自然人信用建设，在社会信用体系建设中的基础性作用。依托国家人口信息资源库，建立完善自然人在经济社会活动中的信用记录，实现全国范围内自然人信用记录全覆盖。

十是互联网应用及服务领域信用建设。大力推进网络诚信建设，培育依法办网、诚信用网理念，逐步落实网络实名制，完善网络信用建设的法律保障，大力推进网络信用监管机制建设。

（四）司法公信建设

司法公信是社会信用体系建设的重要内容，是树立司法权威的前提，是社会公平正义的底线。

司法公信建设主要包括：

一是法院公信建设。提升司法审判信息化水平，实现覆盖审判工作全过程的全国四级法院审判信息互联互通。发挥审判职能作用，鼓励诚信交易、倡导互信合作，制裁商业欺诈和恣意违约毁约等失信行为，引导诚实守信风尚。

二是检察公信建设。进一步深化检务公开，创新检务公开的手段和途径，广泛听取群众意见，保障人民群众对检察工作的知情权、参与权、表达权和监督权。充分发挥法律监督职能作用，加大查办和预防职务犯罪力度，促进诚信建设。

三是公共安全领域公信建设。全面推行“阳光执法”，依法及时公开执法办案的制度规范、程序时限等信息。将公民交通安全违法情况纳入诚信档案，促进全社会成员交通安全意识的提高，定期向社会公开火灾高危单位消防安全评估结果，并作为单位信用等级的重要参考依据。将社会单位遵守消防安全法律法规情况纳入诚信管理，强化社会单位消防安全主体责任。

四是司法行政系统公信建设。进一步提高监狱、戒毒场所、社区矫正机构管理的规范化、制度化水平，维护服刑人员、戒毒人员、社区矫正人员合法权益。大力推进司法行政信息公开，进一步规范和创新律师、公证、基层法律服务、法律援助、司法考试、司法鉴定等信息管理和披露手段，保障人民群众的知情权。

五是司法执法和从业人员信用建设。建立各级公安、司法行政等工作人员信用档案，依法依规将徇私枉法以及不作为等不良记录纳入档案，并作为考核评价和奖惩依据。

三、推进诚信建设制度化

党的十八大以来，在党中央的正确领导下，全国人民积极推进社会信用体系建设，弘扬诚信理念，推广先进典型，开展专项整治，诚信建设取得积极进展。但是，诚信建设与人民群众期望还有差距，与经济社会发展水平还不相适应。当前，我国正处于全面深化改革，加快推进社会主义现代化的关键时期，加强诚信制度化建设，对于完善社会主义市场经济体制，培育和践行社会主义核心价值观，推进国家治理体系和治理能力现代化，提升国家软实力和整体竞争力具有十分重要的意义。2016

年国务院发布了《国务院关于建立完善守信联合激励和失信联合惩戒制度加快推进社会诚信建设的指导意见》，对于诚信建设制度化作出了详细的说明。在数字经济的时代背景下，党中央、国务院决策部署明确提出构建公共信用信息与金融信息共享机制，加强信用信息共享整合。2021年，《国务院办公厅关于印发加强信用信息共享应用促进中小微企业融资实施方案的通知》中提到加快信用信息共享步伐，深化数据开发利用，创新优化融资模式，加强信息安全和市场主体权益保护，助力银行等金融机构提升服务中小微企业能力。2022年，《中共中央 国务院关于加快建设全国统一大市场的意见》中提出，健全统一的社会信用制度。

（一）健全褒扬和激励诚信行为机制

1.多渠道选树诚信典型

将有关部门和社会组织实施信用分类监管确定的信用状况良好的行政相对人、诚信道德模范、优秀青年志愿者，行业协会商会推荐的诚信会员，新闻媒体挖掘的诚信主体等树立为诚信典型。鼓励有关部门和社会组织在监管和服务中建立各类主体信用记录，向社会推介无不良信用记录者和有关诚信典型，联合其他部门和社会组织实施守信激励。

2.探索建立行政审批“绿色通道”

在办理行政许可过程中，对诚信典型和连续3年无不良信用记录的行政相对人，可根据实际情况实施“绿色通道”和“容缺受理”等便利服务措施。对符合条件的行政相对人，除法律法规要求提供的材料外，部分申报材料因不可抗力不齐备的，如其书面承诺在规定期限内提供，应先行受理，加快办理进度。

3.优先提供公共服务便利

在实施财政性资金项目安排、招商引资配套优惠政策等各类政府优惠政策中，优先考虑诚信市场主体，加大扶持力度。在教育、就业、创业、社会保障等领域对诚信个人给予重点支持和优先便利。在有关公共资源交易活动中，提倡依法依约对诚信市场主体采取信用加分等措施。

4.优化诚信企业行政监管安排

各级市场监管部门应根据监管对象的信用记录和信用评价分类，注重运用大数据手段，完善事中事后监管措施，为市场主体提供便利化服务。对符合一定条件的诚信企业，在日常检查、专项检查中优化检查频次。

5.降低市场交易成本

鼓励有关部门和单位开发“税易贷”“信易贷”“信易债”等守信激励产品，引导金融机构和商业销售机构等市场服务机构参考使用市场主体信用信息、信用积分和信用评价结果，对诚信市场主体给予优惠和便利，使守信者在市场中获得更多机会和实惠。

6. 大力推介诚信市场主体

各级人民政府有关部门应将诚信市场主体优良信用信息及时在政府网站和“信用中国”网站进行公示，在会展、银企对接等活动中重点推介诚信企业，让信用成为市场配置资源的重要考量因素。引导征信机构加强对市场主体正面信息的采集，在诚信问题反映较为集中的行业领域对守信者加大激励性评分比重，推动行业协会商会加强诚信建设和行业自律，表彰诚信会员，讲好行业“诚信故事”。

（二）健全约束和惩戒失信行为机制

1. 对重点领域和严重失信行为实施联合惩戒

在有关部门和社会组织依法依规对本领域失信行为作出处理和评价基础上，通过信息共享，推动其他部门和社会组织依法依规对严重失信行为采取联合惩戒措施。重点包括：

一是严重危害人民群众身体健康和生命安全的行为，包括食品药品、生态环境、工程质量、安全生产、消防安全、强制性产品认证等领域的严重失信行为。

二是严重破坏市场公平竞争秩序和社会正常秩序的行为，包括贿赂、逃税骗税、恶意逃废债务、恶意拖欠货款或服务费、恶意欠薪、非法集资、合同欺诈、传销、无证照经营、制售假冒伪劣产品和故意侵犯知识产权、出借和借用资质投标、围标串标、虚假广告、侵害消费者或证券期货投资者合法权益、严重破坏网络空间传播秩序、聚众扰乱社会秩序等严重失信行为。

三是拒不履行法定义务严重影响司法机关、行政机关公信力的行为。

四是拒不履行国防义务，拒绝、逃避兵役，拒绝、拖延民用资源征用或者阻碍对被征用的民用资源进行改造，危害国防利益破坏国防设施等行为。

2. 依法依规加强对失信行为的行政性约束和惩戒

对严重失信主体各地区、各有关部门应将其列为重点监管对象，依法依规采取行政性约束和惩戒措施。从严审核行政许可审批项目，从严控制生产许可证发放，严格限制申请财政性资金项目。

3. 加强对失信行为的市场性约束和惩戒

对严重失信主体有关部门和机构应以统一社会信用代码为索引，及时公开披露相关信息，便于市场识别失信行为，防范信用风险。督促有关企业和个人履行法定义务对有履行能力但拒不履行的严重失信主体实施限制出境和限制购买不动产、乘坐飞机、乘坐高等级列车和席次、旅游度假、入住星级以上宾馆及其他高消费行为等措施。支持征信机构采集严重失信行为信息，纳入信用记录和信用报告。引导商业银行、证券期货经营机构、保险公司等金融机构按照风险定价原则，对严重失信主体提高贷款利率和财产保险费率，或者限制向其提供贷款、保荐、承销、保险等服务。

4.加强对失信行为的行业性约束和惩戒

建立健全行业自律公约和职业道德准则，推动行业信用建设。引导行业协会商会完善行业内部信用信息采集、共享机制将严重失信行为记入会员信用档案。

5.加强对失信行为的社会性约束和惩戒

充分发挥各类社会组织作用，引导社会力量广泛参与失信联合惩戒。建立完善失信举报制度，鼓励公众举报企业严重失信行为，对举报人信息严格保密。支持有关社会组织依法对污染环境。

6.完善个人信用记录推动联合惩戒措施落实到人

对企事业单位严重失信行为，在记入企事业单位信用记录的同时，记入其法定代表人、主要负责人和其他负有直接责任人员的个人信用记录。在对失信企事业单位进行联合惩戒的同时，依照法律法规和政策规定对相关责任人员采取相应的联合惩戒措施。通过建立完整的个人信用记录数据库及联合惩戒机制，使失信惩戒措施落实到人。

中篇

品味诚信

诚信不仅是人际交往的道德要求，而且被看作是立物、立事、立人、立身之本，是一种道德精神，也是人的道德品格。体现了中国传统文化体用一源、显微无间的思维路径。就个人而言，诚信是高尚的人格力量；就企业而言，诚信是宝贵的无形资产；就社会而言，诚信是正常的生产生活秩序；就国家而言，诚信是良好的国际形象。诚信是一种社会的道德原则和规范，它要求人们以求真务实的原则指导自己的行动，以知行合一的态度对待各项工作。诚信本质上是德性伦理与规范伦理或者说信念伦理与责任伦理的合一。

第四章　古代中国诚信事

中国自古以来讲求诚信。周幽王失信亡国、商鞅“立木为信”、曾子杀猪教子等，无一不告诉我们诚实守信、一诺千金对国家、对个人的重要性。“仁义礼智信”在中国传统文化中代表为人处世的道德底线，人无信，则不知其可也。

一、以信立国

春秋五霸中的第二位霸主晋文公（公元前697—前628年），姬姓，名重耳，是春秋时期晋国的第二十二任君主，晋献公之子，晋惠公之兄，公元前636年至公元前628年在位，谥号文，史称晋文公。晋文公文韬武略，还很遵守诺言，是一位诚信的君主，这也为他开创晋国长达一个多世纪的中原霸权时代奠定了基础。

（一）信守诺言，退避三舍

重耳初为公子时谦虚而好学，喜欢结交有才能的人。但是他的父亲晋献公听信谗言，杀了太子申生，又派人捉拿他，于是他被迫流亡在外，十九年间辗转到了狄、卫、齐、曹、宋、郑、楚、秦八个诸侯国。

重耳流亡到楚国的时候，楚成王以接待诸侯的礼节接待重耳，重耳推辞不敢领受。重耳的随从赵衰说：“您在外流亡十余年，很多小国都轻视您，更何况大国呢？楚国作为一个大国，能以这样的待遇招待您，您就别推辞了，这是老天要让您复国的象征啊！”于是，重耳与楚王以诸侯会面的礼节相会。在宴会期间，楚王问重耳：“假如您回到故国，您准备怎么报答我呢？”重耳说：“羽毛、齿角、玉帛等值钱的东西，您用都用不完，我也不知道用什么来回报您。”楚王说：“即便这样，您总该回报我吧。”重耳说：“如果有一天，我国与贵国不得已交战，我愿意让我国军队避让九十里地。”楚国大将子玉听了非常生气，说：“我们楚王以非常优厚的礼节对待晋公子，如今重耳出言不逊，请让我将他杀掉。”楚成王说：“晋公子虽然在外国受困多年，但他非常贤明。他的随从都是国家的栋梁之材，这是老天的安排，怎么能随便杀掉他呢？”于是，楚王留重耳住了几个月，之后，派人将重耳送到秦国。四年之后，重耳在秦穆公的支持下回到晋国，杀了晋怀公而自立，史称晋文公。

晋文公励精图治，改革弊政、整顿军队，使晋国迅速强大起来，大有称霸中原之势。公元前632年，晋楚之间终因不和发生了战争。当时楚国想要先发制人，就派大将攻击晋国。晋文公得到楚国进攻的消息，命令军队后撤。晋国的军士非常困惑，都说："为什么要撤退呢？"文公解释说："当年我落难在楚国时，和楚王约定后退九十里，如今我怎么能违约呢？"最终，晋国军队后撤了九十里，在城濮与楚国开战，大胜楚国。

周王室听说这件事，认为晋文公退避三舍是守信之举，值得称赞。于是，周襄王亲自慰劳晋军。晋文公也趁此机会主持了践土之盟，与各国诸侯订立盟约。从此，晋文公成了中原霸主。

（二）言出必行，准时撤兵

公元前635年，为了营救周襄王，晋国派兵包围了原国。晋文公对士兵们说："我们只携带了三天的粮食，如果三天之内无法打败原国，我们就撤军回国。"过了三天，原国依然没有要投降的迹象。于是，晋文公决定撤兵。正巧晋国派到原国的间谍从城里出来，对晋文公说："原国马上就准备投降了。"晋国的将领也对文公说："原国很快就能投降了，请您再等待几天，我们一定可以打败原国。"晋文公回答说："我与将士们约定三天撤兵，如果不撤兵，就是失信。信用是一个国家最重要的东西，只有依靠信誉才能庇护百姓。为了得到原国而失去信用，这样的事我怎么会做呢？"于是，晋文公下令退兵三十里。原国的百姓见晋文公如此守信，都说："有这样守信的君主，我们为什么不投奔他呢？"因此，原国百姓纷纷投降晋国。这件事在当时影响很大，孔子听说了这件事，对弟子说："晋文公是因为信誉而战胜的原国啊！"

（三）不忘誓言，封赏功臣

公元前636年，晋文公从秦国返回晋国。秦国为了表示尊重，将他送到黄河边。在渡黄河时，与晋文公一起流亡在外的随从咎犯对晋文公说："臣与您一起流亡在外，一路上犯了很多错误。您现在是一国之君，要有更贤明的人在您左右。我资质鲁钝，难当大任，请您允许我离开。"晋文公听完，将随身携带的玉璧扔到河里，对着黄河发誓说："我回国后一定会封赏与我同甘共苦的人，如果违背誓言，请求河伯惩罚我。”此时，介子推正在晋文公身边，对晋文公说：“上天帮助您重返王位，咎犯身为臣子，竟然以功劳要挟君王。这真令人羞愧啊，我不愿与这样的人同朝为官。”于是，在渡过黄河之后，介子推就以照顾老母为借口，辞官回家。

晋文公即位之后，改革朝政，施恩于百姓。跟随晋文公流亡的功臣也都得到了封赏，唯独没有封赏介子推。介子推耻于谈论封赏，自己也绝口不提这件事。介子推的母亲问介子推：“你为什么不去请求封赏呢？”介子推说：“献公有九个儿子，只有当今国君还在人世。惠公和怀公没有亲信，全国百姓都唾弃他们。老天要想让晋国继续发展，除了当今国君还有谁能当此大任呢？老天要让国君继承晋国的王位，和我们这些亲信有什么关系呢？盗取别人的财产，会被称作盗贼。那些盗取老天功劳的人又会被称作什么人呢？臣子隐匿自己的过错，国君奖赏奸佞的臣子，君臣相互欺骗，我难以和这样的人共处。”母亲又问：“既然这样，你为什么不跟国君说明情况呢？”介子推说：“语言就像刺在身上的图案，既然想把身体隐藏起来，还用得着刺上图案装饰吗？在身上刺上图案，就是为了让别人看的。”介子推的母亲听到这话，便说：“如果你想这样做的话，我同你一起归隐山林。”于是介子推便带着母亲一起归隐绵山，过着与世隔绝的生活。

介子推的随从非常同情他的遭遇，便在晋文公的宫门口挂了一块牌子，上面写道：“龙欲上天，五蛇为辅。龙已升云，四蛇各入其宇，一蛇独怨，终不见处所。”晋文公看到之后，说：“这是在说介子推啊，我竟然忘了他的功劳。”于是派人召见介子推，但介子推已经逃走。晋文公派人打听到介子推归隐于绵山。于是，便把环绕绵山的土地都封给介子推，将绵山改名为介山，并说道：“希望后人能记住我的过失，并以此表彰有品德的人。”

点评： 北宋司马光《资治通鉴》云：“夫信者，人君之大宝也。国保于民，民保于信。非信无以使民，非民无以守国。是故古之王者不欺四海，霸者不欺四邻，善为国者不欺其民，善为家者不欺其亲。不善者反之，欺其邻国，欺其百姓，甚者欺其兄弟，欺其父子。上不信下，下不信上，上下离心，以致于败。”就是说诚信是做人的最大法宝，国家依靠人民，人民依靠信用。君王无信用不能统治人民，失去民心则不能守国，所以古代圣王不欺骗四海，强盛的霸主不欺骗四邻。善于治理国家的人不会欺骗他的百姓，善于治家的人不会欺骗他的亲属。而不善治国的人则正相反，这样，必然会导致失败。

❖ 守法和有良心的人，即使有迫切的需要也不会偷窃。但是，即使把百万金元给了盗贼，也没法儿指望他从此不偷不盗。——克雷洛夫 ❖

二、赵氏孤儿

元代的著名剧作家纪君祥曾创作一部戏剧，叫《赵氏孤儿》，讲述了一个感人至深的故事。故事的主人公叫程婴，春秋时晋国人，与赵朔为挚友。晋景公三年（公元前597年），赵家被灭族，程婴与公孙杵臼冒险保护赵氏后代。程婴为了保护赵氏后代，牺牲了自己刚出生不久的儿子。后来，晋景公为赵家平反，程婴则自杀以报死去的故友。程婴忠于朋友，言出必行，是义士的典范。

（一）赵氏遭祸

晋景公三年，赵朔袭职辅佐景公。景公的宠臣屠岸贾为了争夺权势，诬陷赵盾杀害灵公，准备对赵氏发动攻击。大将韩厥得到消息，向屠岸贾进言说："晋灵公被杀的时候，赵盾还逃亡在外。怎么能说赵盾是凶手呢？胡乱杀人只会导致国家混乱啊，请您三思！"屠岸贾一心只想夺权，根本不听韩厥的话，依旧点齐人马，准备出兵。韩厥见势不妙，赶快骑着快马去赵朔家中，将情况告诉了赵朔，并催促赵朔赶快逃跑。赵朔说："我是晋国的大臣，如果在危急时刻逃亡，这不是为人臣子应该做的事啊！我是不会走的。只求您一件事，希望您能答应。"韩厥说："您是个君子，为国尽忠。您要是有什么要求就告诉我，我一定帮您实现。"赵朔说："我只请求您保护一下我的子女，不要让赵家绝后。"韩厥说："好的，我一定尽我的全力保护您的子嗣。"韩厥说完，便匆匆回家，称病不出。

很快，屠岸贾带领军队前来攻打赵朔居住的下宫，赵朔身边只有几百族人，远远不是屠岸贾的对手。赵朔明知寡不敌众，便将自己已经怀了身孕的妻子叫到身边，对她说："外面敌军已经逼近，我势必难以生还，但你身怀有孕，是我们赵家的希望，希望你一定活下去！"赵夫人含泪点头。赵朔说完，又将自己最信任的门客公孙杵臼叫到身边，对他说："往年先生一无所有，到我门下，我以上宾之礼对待先生。如今事情危急，我又一事相求，不知先生能否答应？"公孙杵臼说："只要是您的命令，赴汤蹈火，在所不辞。"赵朔指了指身边的妻子说："请您保护我的妻子和我的孩子，保存赵家香火。"公孙杵臼点头说道："请您放心，我一定不负所托。"赵朔又说道："您出去之后，可以找我的好朋友程婴帮忙，他一定会全力协助您的。"说完，赵朔就带领自己仅有的几百族人前去迎敌，结果不出所料，赵朔和他的叔叔及族人全被杀害。

（二）舍子救孤

赵夫人原本是鲁成公的姐姐，见到事情紧急，就躲到了王宫里。公孙杵臼知道这个消息很快就会泄露，于是去找程婴商议对策。公孙杵臼对程婴说：古人说“士为知己者死，如今，您的好友冤死，您怎么还能在世上偷生？”程婴说：“我听说赵夫人身怀有孕，很快就要分娩。我要把孩子抚养成人，如果我看到复仇无望，再死不迟。”没过多久，赵夫人分娩，生下一个男婴，但这个消息很快就被屠岸贾知道了。屠岸贾为了斩草除根，直接领兵包围了王宫。

此时的晋景公已经没有任何权力可言，只能躲在宫殿里。屠岸贾守住宫门，亲自进来搜查宫里的男婴。赵夫人走投无路，只好换上了宫女的衣服，并把孩子夹在腿间，对天祷告说：“如果您要灭赵氏，就让孩子哭泣，如果您不想灭赵氏，就别让孩子哭。”说来也神奇，孩子果然一声不出，赵家母子躲过了屠岸贾的搜查。屠岸贾认为孩子肯定被偷偷转移走了，便向城外搜去，赵氏母子因此才得以幸免。等到屠岸贾退兵之后，赵夫人立刻把公孙杵臼和程婴叫来商量对策。程婴对公孙杵臼说：“屠岸贾一次搜查未获，一定会继续扩大搜查范围，我们应该怎么应对呢？”公孙杵臼问程婴说：“您说抚养孤儿与死哪个更难？”程婴说：“当然死容易，抚养孤儿更难。”公孙杵臼说：“我的主人待您如何？”程婴：“赵朔对我就像亲兄弟，他对我的恩情深似海。”公孙杵臼说：“那就请您尽力去做抚养孤儿这件困难的事，死这件事就交给我吧。”

正好，此时程婴的孩子也刚刚出生。为了混淆视听，程婴将赵夫人的孩子藏到了家中，将自己的孩子交给公孙杵臼。公孙杵臼抱着孩子藏到了一个非常隐秘的山洞里。依照计策，程婴找到了屠岸贾，并对他说：“我知道赵家的儿子在哪里，我可以带你去找，不过你们要先给我一千金。”屠岸贾一听大喜，立刻给了程婴一千金，点齐人马，和程婴出发。程婴带着屠岸贾到了公孙杵臼藏身的山洞，公孙杵臼看到程婴，就大声骂道：“程婴你这个小人，你和我说好了一起藏匿孤儿，你却出卖了我！纵然你无力抚养孤儿，又怎么忍心出卖朋友呢？”说完，公孙杵臼又抱着孩子大哭道：“天哪天哪！这个孩子有什么罪？请你们放过他吧，只杀我公孙杵臼就可以了。”屠岸贾立马杀了公孙杵臼和婴儿，并且又大大奖赏了程婴，但这样一来，全晋国的人都认为程婴是一个忘恩负义的小人。程婴只得带着真正的孤儿隐居起来，在非常艰辛的环境下抚养孩子长大。

（三）沉冤得雪

十五年后，晋景公突然生了重病。而屠岸贾把持朝政，倒行逆施，很多将领对他的行为非常不满。眼见国家危如累卵，景公不禁想起以前赵朔在世时，总会力挽狂澜，转危为安。如今，赵氏被奸臣灭门，国家再也找不出这样的忠臣了。看到国君如此感叹，韩厥偷偷觐见景公，并对景公说："陛下您不必担忧，赵家其实并未被灭门，他们唯一的血脉叫赵武，现在由程婴抚养。"晋景公一听大喜，赶快叫韩厥把孤儿带到宫中，并召见对屠岸贾有意见的将领。众人想到赵氏的仁厚，又想到屠岸贾的残暴，群情愤怒，都想为赵朔复仇。于是由程婴率领军队，进攻屠岸贾的府邸，很快将屠岸贾及其党羽全部擒获。赵家的孤儿赵武也继承了赵氏的官爵。就在此时，程婴却对赵武说："当年你家遭遇大难，我没有死，就是要将你抚养长大，替父报仇。今天这个愿望达到了，赵家也恢复了兴旺，我有脸去见赵朔和公孙杵臼了。"赵武哭着对程婴说："您怎么能忍心离我而去呢？"程婴说道："公孙杵臼把生的希望留给我，他自己选择了死，就是认为我能把你养育成人，今天事情办完了，我也该履行我之前的承诺了。"说完，程婴就自杀了。

点评： 赵氏孤儿的故事代代传颂，感动了许多人，至今我们仍然可以在荧幕上看到这个故事的演绎。公孙杵臼为兑现承诺，不惜牺牲自己的性命，程婴为了挚友不惜牺牲自己的孩子，他们的做法不一定正确，但是他们以诚信为人处世之本，舍生践诺，舍生取义，令人钦佩。千百年来，中华文化始终把"诚信"作为做人的准则，义之所在，则言必行、行必果。

三、一饭之恩

韩信是汉高祖刘邦的大将，他原本出身贵族，但后来家境沦落，潦倒不堪，便靠着别人的接济勉强过活。当时，下乡南亭亭长见韩信言谈举止中透出一股非凡的气质，觉得他并非凡夫俗子，便让韩信到他家吃饭。但是接连几个月的吃闲饭，让南亭亭长的妻子对他产生了很深的厌恶。一天早晨，亭长的妻子把饭做好，就张罗家人吃完了，没有留下韩信的饭。韩信一早去赶饭，却扑了个空，而亭长妻子也没有要给他做饭的意思。韩信知道自己蹭饭遭人家嫌弃了，也明白他们的用意，于是一怒之下，一言不发，就跑出去了没有再回来。

离开南亭亭长家的韩信并没有其他地方可以蹭饭，于是他来到城下钓鱼，希望可以钓到几条鱼来充饥。河边正好有几位老大娘在漂洗（她们被称为“漂母”），其中有一位漂母看见韩信面黄肌瘦，就问他家庭情况，韩信就将自己悲惨的经历告诉这位漂母。漂母很怜悯他，就每天将自己的饭分一半给韩信。几十天都如此，直到她们漂洗完毕。韩信知道漂母的生活也好不到哪里去，可是她还这样无私地帮助自己，很感动，于是对漂母说：“我将来富贵了，一定要重重地报答您老人家！”漂母生气地说：“我给你饭吃，是看你可怜，不是为了图你报答！”

在楚汉之争中，韩信因辅佐刘邦夺得天下，被封为淮阴侯。有权有势的韩信没有忘记当年的承诺，他派人四处打听这位漂母的下落，找到她，不但送上了千金，还把她接到自己的宫殿，像对待亲生母亲般孝敬。

韩信功成名就时，依然记得当初的诺言，可见他是个诚信之人。一个人在落魄之时，感激他人的恩惠，这很平常。但当他地位大大提高后，还能记住曾经卑微时许下的诺言，还能够做一个诚实守信的人，这就很令人敬佩。

点评： 历史上评价一个人，关键不在于他的学识和身份，而是他的人品。有德有才者，谓之君子也；有德无才者，谓之贤人也；有才无德者，谓之小人也。用千金报答一饭之恩的韩信使人们明白了：不以位尊而忘卑，对待每个人都应报以诚信。古代，“君无戏言”，是帝王对天下人的诚信；“一言九鼎”，是人与人之间的诚信。韩信被后人铭记的不只是他的功绩，更是他的诚信。

四、推心置腹

东汉初年，社会出现了经济恢复、人口增长的稳定局面，此时期被称为光武中兴，而奠定这一局面的就是东汉王朝的建立者——刘秀。刘秀公元25年登基称帝，作为开国皇帝，他勤于国政，开拓创新，也能以诚信待人，收服人心。

西汉末年，王莽称帝，天下大乱，各地农民纷纷起义。公元23年，王莽被杀，新朝结束。刘玄建元更始，恢复汉朝国号，自称为汉王朝。刘秀因战功卓著，被封为武信侯、破虏大将军，行大司马事，次年四月，受封“萧王”。

公元24年秋，刘秀率兵在鄡（qiāo，今河北辛集）攻打铜马军，后在馆陶县将他们击溃。铜马军受降事宜还没有结束，高湖军、重连军两拨贼人就从东南杀了过来，并于铜马贼部合兵一处。刘秀又与他们在蒲阳山展开大战并获胜，收服他们以后，刘秀封他们的首领为列侯。

被俘后，那些投降的首领仍然感到不安，刘秀便命令他们回归各自营寨集合部队，列队等待检阅。刘秀独自乘坐轻装战马考察巡行各部的阵列。投降的首领们纷纷议论说："萧王对我们推心置腹，我们怎么能不拼死效力呢？"从此以后，他们都对刘秀口服心服。刘秀将投降之人全部分配给众将，于是拥有了数十万人马，所以关西一带又称刘秀为"铜马帝"。

刘秀即皇帝位后，年号建武。一日，在洛阳城（今河南洛阳白马寺东北）与朱鲔军相持不下。刘秀派朱鲔的原部下廷尉岑彭前去说服朱鲔。朱鲔站在城楼上，岑彭站在城楼下向朱鲔陈述利害得失。朱鲔说："大司徒刘演被害时，我曾经参与谋划，后来又劝刘玄不要派遣刘秀北伐。我确知自己罪孽深重，不敢投降。"岑彭返回，把这些话向刘秀禀报。刘秀说："做大事的人不计较小的怨恨。现在朱鲔如果投降，可保全官职和爵位，怎么会治罪呢？有黄河在此作证，我绝不食言！"岑彭又前去向朱鲔转告刘秀的话。朱鲔从城上垂下一条大绳子，说："如果你说的是真的，请攀缘绳子上城。"岑彭向前准备攀登，朱鲔看他确有诚意，就答应投降。朱鲔把自己五花大绑，和岑彭一起到达河阳。刘秀亲手解下朱鲔身上的绳索，让岑彭连夜把他送回洛阳。第二天早晨，朱鲔和苏茂等带领全体官兵出城投降。刘秀任命朱鲔为平狄将军，并封他为扶沟侯。

点评： 北宋周敦颐《周子全书·诚下》中载："诚为五常之本，百行之源也。"诚信是五常（仁、义、礼、智、信）的基础，也是人的其他行为准则的根源。为人处世敞开心胸，以诚相见，不用言说就会得到信任。刘秀宽厚待敌，说到做到，所以他能得到降臣的真心归附，这就是诚信的魅力。

五、七擒七纵

公元223年，蜀汉皇帝刘备因为在夷陵之战中被吴国打败，羞愤难当，最终病倒在白帝城永安宫。刘备病危之际，诸葛亮跪在刘备床前说："臣一定会竭尽全力，辅佐少主。鞠躬尽瘁，死而后已。"自此之后，诸葛亮全心全意辅佐后主刘禅，实现了自己"鞠躬尽瘁，死而后已"的诺言。

众所周知，诸葛亮（公元181—234年），字孔明，号卧龙，三国时期蜀汉丞相，杰出的政治家、军事家。诸葛亮是我国传统文化中智慧与忠诚的代表人物之一，这与他一生辅佐蜀汉政权，鞠躬尽瘁，死而后已，忠贞不贰的经历有关。关于他守信的故事，除了"鞠躬尽瘁"，最出名的就是降服孟获，以信平乱了。

刘备去世后，益州豪强雍闿乘机起兵反叛。雍闿为了得到蜀国南方少数民族的支持，就拉拢孟获一起起兵。孟获也是蜀国南方的豪族，在少数民族中颇有威望。孟获游说各个少数民族，许多部落的酋长非常信任孟获，都答应与孟获一起起兵反蜀。诸葛亮听说孟获驻扎在南中，便亲自领兵平叛。诸葛亮离开成都时，参军马谡对诸葛亮说："用兵之道，在于使敌人心服口服。您只有使南方叛军信任，才能彻底平定叛乱。"诸葛亮说："谢谢您的计策，我一定会听从您的建议。"

诸葛亮很快平定了叛乱，将雍闿斩首，并俘虏了孟获。诸葛亮知道孟获在当地颇有威信，便想通过生擒使他归顺，从而收服民心。于是，诸葛亮领着孟获观看士兵布阵操练，对孟获说："您看我的军队如何？"孟获说："我以前不知道虚实，因此战败。今天您带我参观了您的军队，我知道了虚实，如果再交战，我一定能战胜。"诸葛亮听完大笑，对孟获说："您现在可以回去重新收拾兵马，只要您觉得不服气，我都会放你回去，我们重新较量。"诸葛亮说完，便释放了孟获。孟获又重新排兵布阵，与诸葛亮交战，结果又被诸葛亮俘虏。诸葛亮履行诺言，又释放了孟获。就这样，诸葛亮将孟获俘虏了七次，又释放了七次。最后，诸葛亮还要放走孟获，孟获跪下对诸葛亮说："您的威力如同天神一样，我孟获从此心悦诚服，再也不敢反叛了。"诸葛亮平定叛乱之后，依然任用少数民族的酋长管理这些地区。有人对诸葛亮说："他们一定会再反叛的。"诸葛亮说："第一，如果我留下其他官员管理这些地区，那一定还要留下一部分军队，这些军队的粮草供应也成问题。第二，这些叛军刚刚战败，如果留下我们的军队，一定会激化矛盾。第三，这些地方以少数民族为主，与我们有很大的文化差异。如果留下我们的人管理，一定难以获得信任。既然我已经让孟获心悦诚服，我相信南方也不会再有叛乱了。"最后，诸葛亮又将南方的一些豪族迁往成都，彻底解决了南方的叛乱问题。

点评：《臣轨》有云："虽有仁智，必以诚信为本。"诸葛亮可以称得上仁智之人，他辅佐幼主，一诺千金，用兵打仗，以诚治军。孔子的学生子贡曾问孔子怎样治理政事，孔子回答："足食，足兵，民信之矣。"所谓"民信"指的就是获得百姓的信任。诸葛亮履行诺言，一连七次释放孟获，最终使孟获心悦诚服。正是因为诸葛亮恪守诚信，言出必行，百姓才会信任他。

六、千里践约

范巨卿，即范式，东汉时期做过荆州刺史。据说，范巨卿在太学读书时，和同学张元伯是真诚相待，无话不谈的好朋友。范巨卿是山阳郡人，张元伯是汝南郡人。

大学结业后，他俩结伴返乡，一路上，他们谈论着在一起读书时互相帮助、互相照顾的件件往事，难舍难分。

一同走过了多日，终于有一天，他们两人要分别了。分别时，他们两人依依不舍，张元伯说道："我们同学一场，情同手足。今日一别，不知何年何月才能再见面！"说着说着，竟流下了悲伤的泪水。范巨卿安慰他说："元伯兄弟，你我是生死之交，生当再见，死当送行。你不要悲伤，咱们这只是暂时的分别。今天是七月十六，两年后的今天，我一定会到汝南郡来与你欢聚！"听范巨卿这么一说，张元伯止住了哭泣，说："一言为定，那我们就两年后的今天再相见！"说完，他们两人挥泪而别，各自踏上了回乡的路。

张元伯回到家乡后一直记着范巨卿临别时说过的话。一晃快两年了，离他们俩约定的日子越来越近了，张元伯开始忙着酿酒和整理房间，张元伯的母亲不知缘由，看到儿子忙里忙外，觉得有点奇怪，于是就问儿子："元伯啊，你这样忙着酿酒和整理房间，难道是有贵客要来吗？"张元伯回答母亲说："是的，母亲，我忘记跟您老人家说了，我与在太学读书时的好友山阳郡的范巨卿在两年前分手时约好了，他在今年的七月十六要来咱家，眼看这日子快要到了，所以我要赶紧准备一下啊！"母亲听后笑着说："你真是个傻孩子！山阳到汝南，千里迢迢，同学两年前分别时的一句话，还不是在当时的那种场合随便说的，你怎么能这么认真呢？"张元伯说："母亲，我是认真的。因为我和巨卿是同学，我了解他，他是一个非常讲信用的人，两年前他说今年的七月十六要来，就一定会来，他是绝对不会失约的。"母亲见儿子这么认真，就说："照你这么说，巨卿肯定会来呀？既然这样，那我就赶紧帮你把酒酿上，把房间收拾收拾吧。"说着，就帮儿子忙乎起来了。很快，七月十六这一天来到了。

天刚蒙蒙亮，张元伯就起来跑到村头去等候，在太阳刚一出来的时候，范巨卿就风尘仆仆地赶来了。久别重逢，两人的手紧紧地握在一起，一时不知说什么才好。过了一会儿，范巨卿才说："我这次晓行夜宿，走了半个多月，可总算在约定之日赶到了。咱们别在这儿站着了，赶快到家里去拜见伯母吧！"张元伯和范巨卿刚进院门，元伯就高兴地喊："母亲，我的好友范巨卿已经来了！我说过他不会失约的，这回您老人家该相信了吧！"张母赶紧出来把范巨卿让进屋里，一边嘘寒问暖，一边高兴地说："巨卿啊，你千里迢迢来践约，可真是个信义之士呀！我儿有了你这样的朋友，是他的福气啊！你赶快洗漱一下，马上就摆酒席为你接风。"范巨卿在张元伯家住了十多天，在这些日子里，他们两人各自叙说了分别两年来的生活状况及对对方的思念，既回忆了已经渐去的美好时光，又畅谈了对未来生活的憧憬。这期间，范巨卿发现张元伯不断地咳嗽，身体状况大不如前，因此在离别时一再嘱咐他要保重身体。张元伯也拉着范巨卿的手不无伤感地说："巨卿啊，咱俩是生死之交的挚友，如果我走完人生之路先你而去了，你可一定要来送送我啊！"范巨卿看着张元伯悲伤的样子，心如刀割，他忍着泪点头答应道："元伯，你千万不要这样悲观，只要注意调养，你的身体会慢慢好起来的，同时也请你放心，如果真有那么一天，我是一定会来送你的！"说完，两人又一次挥泪而别。

范巨卿回到家中不久，就得到了张元伯不幸病逝的消息，这时，范巨卿由于旅途劳累而觉得十分疲劳，但仍然立即启程，日夜兼程地赶赴汝南。而张元伯临终时也有话在先，说一定要等到范巨卿来后才能下葬，因此，当范巨卿赶到邵家时，张元伯的灵堂还没有拆，棺木仍然安放在那里。

范巨卿一见棺木，便号啕大哭。他双手拍打着棺木，边哭边说："元伯啊！你才华出众，志向远大，但壮志未酬，就这样走了，怎不让人痛断肝肠！元伯啊，你虽然不在了，但你我的友情还在，你将永远活在我的心里。今后，我一定要经常想着你我共同的志向，为国为民多做好事，以告慰你的在天之灵！"

范巨卿祭奠完毕，又去拜见了元伯的母亲，请她老人家节哀保重。在出殡的那天，范巨卿和众人一起拉着系在棺木上的绳子，把张元伯送到墓地安葬。

点评： 诚实守信是中国传统的交友之道，孔子的学生子夏提出"与朋友交，言而有信"(《论语·学而》)，并把与朋友交往是否诚实守信，作为自己每天反省的重要内容。范巨卿恪守诺言，践行生死之约，他对待朋友的这种真诚值得千古传颂。

七、不卖病牛

孟信是北魏孝武帝永熙年间的官员，为官期间宽容仁慈，爱民如子，深得老百姓的拥戴。他从小家境贫寒，以博学出名，不管是官至朝奉还是辞官归田，始终恪守诚信为人的准则。

孟信辞官后，家里很贫困，难以度日。他的侄子就打算将家中唯一的一头牛卖掉换些柴米，以供生活，因为这头牛不能耕田，也没什么用处。侄子与买牛人已经写好买卖券契，这时孟信从外面回来，他知道了这事，便对买者说："这头牛本来有病，不能劳作，您买回家去，没有什么用处。我不能将这头没用的病牛卖给您啊！"孟信还将侄子斥责一顿，打了二十杖，以示惩罚。买者见此情景，赞叹良久，对孟信说："孟公，我就买您的这头牛，病也不要紧。"面对买主的苦苦请求，孟信还是不答应，买牛人只得放弃。买牛人是北周文帝的手下，将这件事告诉了文帝。文帝认为孟信是一个讲诚信的君子，就征召孟信做了太子少师。

不卖病牛，不欺诈别人，不损人利己，这是非常令人尊敬的高尚品德。

点评： 古人云"治家而无信，不可行于家；治国而无信，则不可行于国"，意思是：管理家庭没有诚信，则自己的命令在家里行不通。治国如果没有诚信，政令在国内也行不通。诚信是我们为人处世的基本原则，只有诚信待人，才能得到别人的尊重。孟信宁可穷困，也不欺骗别人，这正是诚信的体现。

八、商道不欺

（一）陶四翁烧紫草

宋朝有个陶四翁，开了一家染布店。陶四翁做生意非常讲诚信，在同行中有很高的声望，后来又发生一件事，让大家对陶四翁的人品更加信服，对他的敬佩更深了。

一天，陶四翁花了四百钱从一个小贩那里买了一车染布用的紫草。买之前，他亲自体验过这批紫草，感觉这些草非常结实，看起来不像假货。因为价格确实便宜，陶四翁就买下了这一车草。没想到过了一段时间，有一个商人到四翁的店里买布，看到了这批紫草，就对四翁说："最近出现了一种假紫草，与真的非常像，也有一定的染色功能，只是染出的颜色不能保持很久，经过多次水洗就会掉色。如果我没有看错，您买的这批紫草很有可能是假的。"四翁一听，赶快拿了一匹布做实验。果然，在用水洗了几次后，用假紫草染的布颜色褪得非常厉害。

看到陶四翁眉头紧锁，商人对四翁说："您要不把这批紫草给我好了，我帮您低价卖出去，这样您还能赚一点钱，也不会损害您的名声。"四翁听完，说："我自己已经吃亏受损了，又怎么能去耽误别人呢？您的建议恕我不能接受。"送走了商人，四翁彻夜难眠。他想，这批假的紫草价格这么便宜，一定会有其他的商家上当。

第二天，他把全城的布匹商人都请到了自己的店中。四翁命人推出这一车假紫草，对众人说："各位同行，我前些天贪图便宜，买了一批假的紫草。这些假紫草虽然也可以染色，但经过几次水洗，颜色就会褪掉。把大家召集在这里，就是想提醒大家注意分辨，不要再上当。我们做生意的人最重要的就是诚信。在这里，我也恳请大家，不要使用这种假的染料欺骗老百姓。"说完，四翁点燃了火把，将这一车假紫草全部烧掉。

布匹的质量好坏很难从表面上分辨，只有经过多次水洗或者暴晒才能看得出。陶四翁烧掉假货，坚持内不欺己，外不欺人，他的正直与诚信值得别人的尊敬。

（二）乔致庸回收胡麻油

山西祁县富商乔致庸，把经商之道排列为：第一守信，第二讲义，第三才是取利。他把“人弃我取，薄利广销，维护信誉，不弄虚伪”作为自己的经商思想，并且始终如一地将其落实到自己的经营活动中。

有一次，乔家复字号名下通顺店卖的胡麻油掺假。乔致庸知道后，非常气愤，当即辞退了通顺店的掌柜和伙计。为了挽回商誉，他让人连夜写出告示，贴遍包头城，向客户们说明通顺店掺假事宜，凡是近期到通顺店买过胡麻油的顾客，都可以去通顺店里全额退还银子，并可以低价购买不掺假的胡麻油。同时，他将掺假的胡麻油以每斤一文的价钱卖做灯油。

这个告示不仅向客户们表示了真诚的歉意，而且是一个无形的广告，将乔家重信誉、讲诚信的为商之道告知了包头城的所有百姓，让人们认识到，买乔家的商品就是买放心。乔致庸的做法虽然给自己造成一定的经济损失，但是却维护了自身良好的品牌形象。乔家的生意在他的精心打理下数十年后，其祖业包头商号获利倍增，于“复盛公”之外，又增设“复全”“复盛西”等多处，成为包头整个市场中最有实力的商家，因此后人有“先有复盛公，后有包头城”之说。

点评： 自古以来，“货真价实，以质取胜”“童叟无欺，信誉至上”是中国传统商业道德所提倡的，也被众多为商者奉为圭臬，融入他们的经营理念之中。“君子爱财，取之有道”，只有讲信用，重商德，不欺不诈，才会有越来越多的人同你做生意。古人云“自谋不诚，则欺心而弃己；与人不诚，则丧德而增怨”，诚信不仅是创业之本，更是立身之本。

第五章　当代中国诚信事

诚实守信是中华民族的传统美德，是中华文化的核心思想，也是全人类共同追求的价值观。言必信，行必果，是中国人为人处世的人生哲理。这样的思想和观念，不论是过去、现在还是将来，都具有永不褪色的价值，是我们要坚守的文化自信。

一、“抱诚守拙”钱学森

钱学森，世界著名科学家，空气动力学家，中国载人航天奠基人，中国科学院及中国工程院院士，中国“两弹一星”功勋奖章获得者，被誉为“中国航天之父”“中国导弹之父”“中国自动化控制之父”和“火箭之王”。由于钱学森回国效力，中国导弹、原子弹的发射向前推进了至少20年。

在上海交通大学的图书馆里，珍藏着一份96分的水力学试卷，这份试卷的主人就是钱学森。在这样一份普通的试卷之后，却有着一个感人的故事。原来钱学森在上海交通大学就读时，品学兼优，各门学科都90多分。在一次水力学考试中，钱学森答对了所有的6道题，他的任课老师金老师很高兴，给了钱学森100分的满分成绩。但钱学森却发现自己答题时把一处符号“Ns”误写成“N”了。钱学森主动把这个小错误告诉了老师，老师也把100分的试卷改为了96分。任课老师金老师一直保存着他的爱徒的试卷，即使在战乱的迁徙中也一直保存在行李箱中。在20世纪80年代，钱学森再次回到母校的时候，金老师拿出了这份珍贵的试卷，赠予了母校。这份小小的试卷也反映了一位世界著名科学家对自己的严格要求，对学习、科研的一丝不苟、虚心诚实。

1935年9月，钱学森进入美国麻省理工学院学习。入学一周，史密斯教授来到教室，跟同学们说：“这里有一些试卷，请认真做完，明天下午放学前全部交齐。”看着发到手里的十几张试卷，同学们全都惊呼起来：这简直是不可能完成的任务嘛！

钱学森没有抱怨，赶快拿起试卷做了起来。史密斯教授出的题目量大且很有难度，做起来很是费劲。同学们一个个急得抓耳挠腮，苦不堪言。突然，一个叫迈克的同学在教授的办公桌抽屉里发现了一份文件，那竟然是史密斯教授试卷的答案！

教室里沸腾了，同学们悄悄地传递着答案，飞快地在试卷上抄写。

答案传到钱学森手里时，他却出人意料地摆了摆手："我不用。""你可以完成这些试卷吗？"迈克吃惊地问。"可能完不成，但我想依靠自己的能力来做。"钱学森平静地回答。

第二天，其他同学全都完成了作业，只有钱学森还有将近一半没有做完。史密斯教授问道："你为什么没有完成？""时间太紧迫，有些题太难，我确实不会做。"钱学森回答道。隔天，史密斯教授宣布了一个令所有人意外的考核结果：钱学森获得满分，其他同学都是零分。史密斯教授接着说："那份答案是我故意放在那里的，更重要的是，上面的一些答案是我故意写错的。你们的试卷全部都是统一的错误答案，只有钱学森的答案跟你们的不同。虽然他没有做完，但在诚实上他得了满分。"同学们都惭愧地低下了头。

点评： 巧伪不如拙诚，再怎么巧妙地掩饰都不如笨拙的诚实来得靠谱。钱学森的"拙诚"彰显了他的品格，说明诚实守信本就是他为学修身的根本，是日常不觉得自律，这恰恰是一个人成功的最关键因素。我们要将诚信放在为学致仕之前，日常诚信而不自知，才能收获高尚的品德和真正的成功。

二、"诚信奶奶"陈金英

浙江丽水有位陈金英奶奶，80岁时创业失利让她负债两千多万元，为了把钱还给债主，她卖掉厂房和房子，重新创业打拼，终于在10年后还清了债务。许多人亲切地称呼她为"诚信奶奶"。

"诚信奶奶"还债的故事到底是怎样的呢？

20世纪80年代，53岁的陈金英从乡镇卫生院退休后，投资3000元创办中老年羽绒制品厂。产品物美价廉，生意一度火爆，兴盛时年销售额达到千万元。后来，陈金英通过银行、民间借贷以及向亲友借款，筹资新盖了近6000平方米的厂房扩大生产。然而，新厂投产没多久，因行业竞争激烈，款式更新不及时，产品开始滞销。2011年，厂里资金链断裂无法再维系，陈金英也背上了巨额债务。她算了笔账，负债总额达到了2077万元，其中光利息就有1300多万元。

为了还债，她卖掉了厂房和名下两套房子，但账本上还有80多笔共计300多万元的欠款。卖厂不到两个月，陈金英的老伴去世了。有人劝她申请破产规避债务，但被她拒绝了。她说，这些钱，有的是卫生院的退休工人借她的，还不掉的话，对不起人家。年过八旬的陈金英不愿麻烦儿女，决定重新起步继续做羽绒服还债。她又凑了10万元，租了间小厂房，雇了12名工人。可是，羽绒服销路不畅产品被积压，困难时，陈金英甚至开不出员工工资，还有人来讨债，春节也过不安宁。

“苦是苦的，但是我的思想很开朗，不要想到苦的地方，只想着去做事情，努力做事总会出头的，不去愁自己多可怜，钻牛角尖我不会的，只能坚持下去。”陈金英说。陈金英亲自去上海、杭州看布料进货，冬天5点多起床拉货到街头摆摊售卖。过年前，她将凑齐的12万元交给12名工人，“不能叫人家两手空空回家”。

2016年，这间小厂房也被迫关停，陈金英的债却还没还完。她把在丽水租住的房子腾出来，就地卖起了剩余的羽绒服。2021年2月5日，年过九旬的陈金英递给侄子7万元现金，在春节前还清了她的最后一笔债务。

“诚信奶奶”恪守承诺，10年还债的故事告一段落，但是陈金英的故事还在继续。还清债务后，还有100多万元货款的羽绒服在仓库。陈金英也没闲下，把店搬到了丽水大厦商城，打出“促销大清仓”的招牌，一条裤子20元，大衣300多元。如果能将库存羽绒服售完，92岁的陈金英或许就真的“退休”了。

陈金英还热心公益，羽绒制品厂还在时，她就曾捐出57万多元的善款和数十万元的羽绒制品。偿还银行贷款后，她又为敬老院的老人送去了价值2万多元的羽绒服，她经常向敬老院、学校等单位捐赠羽绒服，有时碰到残疾人来买衣服则直接送给对方。

陈金英总是强调“诚信”，她说：“做人，背可以驼，但腰不能弯！一定要讲诚信，才能无愧于心。”

点评：“全国十大守信人物”“最美浙江人·浙江骄傲”“浙江好人”是陈金英的新标签，也是社会对她的褒奖。“守信义”是她身上最突出和独特的品质，也是社会主义核心价值观的重要内容。如果每一个公民都能像陈金英一样，无论境遇如何，将诚信作为做人做事的道德底线，用实际行动践行和弘扬中华传统美德，那么我们的社会一定会更加和谐稳定美好。

三、“诚信老爹”吴恒忠

吴恒忠，小个子，精瘦，四条皱纹深嵌在额头上，这是一个能干的庄稼人，一个人种了72亩地。这个很犟的老头儿，硬是用10年做成了一件谁都觉得做不成的事。他做的一切，不仅是为自己，更是为他逝去的儿子。

（一）“人就是讲个信字”——为儿子做最后一件事

重庆市潼南区花岩镇坐落在一块形如莲花的山岩上，半山腰的绿树丛中，是吴恒忠家的二层小楼。小楼建于2002年，是村里最早盖起的楼房，曾让不少村民邻里羡慕。那时，村里人说，这家的两个男人都能干，儿子吴君开车跑运输走南闯北，父亲吴恒忠地里的活样样拿手。父子俩相信，不出几年，买车建房的钱都能还完。

一场突如其来的车祸改变了一切。房子盖好的第二年，儿子出事了。那天，在一个被撞扁的摩托车旁边，吴恒忠看见躺在地上的儿子，任凭他呼天喊地，老泪纵横，怎么也唤不回不满30岁的儿子。

处理完后事，吴恒忠想到，儿子生前借的钱还没有还完。村里的习俗，儿子借钱不一定要打借条，但必须有家里长辈当见证人，儿子借的每一笔钱，吴恒忠都在场，他对着账本算了一下，欠了19万元。

这不是一笔小数目，吴恒忠和老伴一年到头在地里辛苦，省吃俭用，也存不下几个钱，那段时间，他每晚都坐在儿子坟前，琢磨着怎么办。借钱给他的亲戚朋友也知道他家的情况，没有一个人上门要债。“老吴，欠账就算了，娃欠的和你没关系。”“老吴，这事你就别逞能了，你拿啥子还钱？”……大家纷纷劝他，但老吴决定，必须要替死去的儿子还钱。“我是当过兵的人，过去当通信兵送信，要求我12点钟把信送到，我就绝不会晚到1分钟，人就是讲个信字。儿子和我一起借的钱，他还不了就我来还，要是不还完，对不起儿子。”

“我的儿，你安心走吧，爸一定都帮你还上。”当时年近花甲的吴恒忠对儿子默默承诺。他知道，这是他作为父亲，为儿子做的最后，也是最重要的一件事。

（二）“还一点就少一点”——一个农民的极限付出

吴恒忠打定主意，早一天把钱还完，早一天完成对儿子的承诺，他就早一天心安。盛夏时节，太阳把土地烤得龟裂。吴恒忠出了院子顺着坡向下走，穿过一大片绿油油的花生田，来到自家蔬菜园，绕在架子上的四季豆可以收获了，第二天要赶场，他摘了满满一背篓豆子。他一次背100斤去卖，1元钱1斤。

为了赚钱还债，吴恒忠想到的办法就是扩大生产多种地，他把每一分土地抠着用，房前房后见缝插针种满了果树和蔬菜，村里的荒地也种上了庄稼。这样还不够，他又开了一大片荒山，将原来的5亩承包地增加到72亩，在大面积机械化耕种难以实现的西南山区，这几乎是一个农民的极限。老伴患病多年，地里干活几乎全靠吴恒忠一个人，他早上天不亮就下地干活，晚上天黑打着手电筒接着干，回到家经常是又困又乏，晚饭不吃倒头就睡。有一点收入他就去还钱，最少的一次还了50块钱。一年下来，吴恒忠还了1万多元。“还一点就少一点，总算有个盼头。”吴恒忠说。

2013年冬天，吴恒忠还剩下最后一笔2000元的欠账。他坐车去四川泸州，没有提前与对方联系，因为以前他还钱时提前给债主打电话，结果对方无论如何也不要他的钱，有的甚至还躲着他。为了让对方收下钱，他只能“突然袭击”。这一次，钱收下了。就这样，儿子留下的19万元欠账，在10年后，终于由父亲全部还完。那一次，对方想留他在泸州休息几天，可他急着赶回老家——他要告诉儿子，父亲做到了。

（三）“我宁愿再苦10年”——父爱之花芬芳人间

吴恒忠替儿还钱在当地传为佳话。2013年，他被评为第四届全国道德模范，被称为“诚信老爹”。

镇上给他做了一套新衣服去北京领奖，乡亲们在春节联欢晚会上看到了他。回到村里，他换上干活的衣服，挽起袖子扛着锄头，又下田去忙活了。72岁的他，还在种地。“我是一个庄稼人，干活习惯了，人老了睡眠也少，让我不干活我还难受。”吴恒忠说，为了增加产量，他把蔬菜大棚加高了2米。村民说这么改行不通，他的犟脾气就上来了，“万一我就成功了呢？”

相关部门前来慰问，他提前把一楼屋内的墙重新粉刷了一遍，自己住的二楼为省钱没有粉刷，他向领导提了一个要求，取消他建卡贫困户的资格。“把扶贫资金给更需要的人，我自己还能养活自己。”

他用政府给的奖金买了几头小猪精心伺候，每天喂两次，都是玉米，细糠和麦麸。“等到腊月，我把养好的肥猪送人，送给谁现在我不说，到时候你们就知道了，我不能放空炮。”吴恒忠说。他走到儿子的坟头前，左侧一丛红色的美人蕉如火一般艳丽，右边一丛白色的栀子花淡淡绽放。“这是我儿子最喜欢的两种花，我专门给他种的，陪着他。”吴恒忠说。

父亲告诉儿子，自己有一个新目标。“债还完了，我还要把这个家带起来，我还要帮助更多人，我宁愿再苦十年。”吴恒忠说。

点评： 世上有两把尺子，一把在明，一把在暗。明的是法律，暗的是道德。吴恒忠的故事从法律上来说或许平平无奇，但从社会道德层面，正说明了诚信对于现代社会的价值和意义。这是一个用生命去守护诚信、维护做人基本原则的感人故事，践行社会主义道德观，用我们的诚信美德去净化和影响社会氛围，让整个社会充满正能量，是每一个公民应尽的责任。

四、公交司机的职业诚信

2022年6月8日，崔慧在执行营运任务途中遇到了四年级小学生刘铭（化名）同学。刘同学上车打卡时发现余额不足，且身上没有携带现金，转身想要下车。见小学生独自乘车，细心的崔慧叫住了她，并说道："没事小朋友，先上车吧。"随后拿出自费充值的公交卡，为小学生支付了1元车费。懂得感恩的小学生下车时将一张纸条塞给崔慧，上面书写着"欠条：很遗憾公交卡没钱了，K23路公交车阿姨帮我付的钱，感谢"。

几天后，刘同学的妈妈周女士向真情节目拨打表扬电话，并将一张充有100元钱的公交卡赠送给崔慧，希望下次再遇到需要帮助的乘客时，这张卡片能将崔师傅的爱心传递下去。崔慧与小乘客的暖心互动先后被《人民日报》、新华社、央视新闻等媒体报道，仅新浪微博平台浏览量达6848万次。白岩松在节目中这样评论道："如此懂得感恩，孩子的举动在小事当中给我们上了一堂大课，而驾驶员对孩子的关爱，也成为对孩子的一种爱的教育，我们真需要有更多这样的大课。"

曾有记者问崔慧："作为一名驾驶员为什么要备用一张自费充值的公交卡？为什么不选择直接让小学生免费乘车？"崔慧回答道："在车里准备的公交卡是为了帮助遇到突发状况的乘客顺利乘车。作为一名公交驾驶员，拥有的也许只是'1元钱'的岗位权力，但无论是1元钱还是1万元钱，每个岗位都应该有职业诚信，也应该遵守规章制度，办好事不是违规的借口，我的亲友乘坐我的车也一样要付车费。"

在工作中，崔慧坚持以"立身处世、诚信第一"为做人做事准则，坚守"保障乘客美好出行"的职业诚信，始终保持零事故零投诉。她坚持拾金不昧，打造诚信车厢，让公交车成为乘客的"保险柜"。

2019年，刚刚入职的崔慧主动加入公司志愿服务团队。仅2022年以来，崔慧累计捡拾到乘客遗留物品20余件归还失主。她曾因归还乘客价值4000余元的黄金首饰被《青岛早报》等媒体表扬。她坚守志愿精神，传播真情大爱。2022年以来，她组织参与各类志愿活动80余次，服务时长超200小时。2022年9月，崔慧收到"天天正能量"公益基金2500元奖金，她转手就购买学习用品捐赠给了一直对接帮助的聋儿语训中心。"守信于己、诺信于人、践信于行。"作为一位平凡的公交驾驶员、一名普通的志愿者，崔慧以实际行动释放出守信重诺的巨大能量，用正能量带动"大流量”，成为社会文明风尚的引领者。

点评： 诚信是立身之本，事业之基。任何一种职业，都有其规则要去遵守，这既是职业标准，也是职业道德。不论什么职业，都能为社会创造价值，传播正能量。崔慧在平凡的岗位上坚持遵守规则，在不违背职业要求的前提下，用爱心和真诚服务乘客，既做到了对岗位的忠诚，也做到了对乘客的关怀，向我们展示了她崇高的职业精神和职业道德。

五、诚信考试警钟长鸣

2021年5月，全国二级建造师考试开始之前，相关试题发生泄露，试题的内容在网上被传播、贩卖。警方在得到线索介入侦查后发现事态极为严重，这是一起有组织、有预谋的特大考试舞弊案。经过调查，警方发现该案件波及9省16市。

案件细节被披露后我们得知，在考试前，有考生在社交群看到一些培训机构发布的信息，称发在群里的题目是即将考试的部分内容，只要付几百元就能帮助考生获得全部试题及答案，顺利通过考试。当时，有的考生半信半疑，以为机构只是在临考前发布一些所谓的“押宝题”帮助考生“热热身”，以更好的状态应对考试。但当这些考生走上考场，看到试卷后才发现，在群里发布的相关题目和正式试题的部分内容竟然一模一样。

考试结束后，很多了解“内情”的考生在社交群中发布自己的考试感受，备考群中炸开了锅，有兴奋的、有慌乱的，也有困惑的。有的考生当时相信了培训机构，果断交了相关费用，购买了相关考题，拿到了“内部题”，这些考生如愿在考试中全部“押中”。

那么试题被提前“剧透”，到底是哪个环节出了问题？

案情细节透露，一位负责考题试卷分发的高校工作人员被组织舞弊的犯罪团伙拉下水。在考试开始之前，组织舞弊的人员以45万元的高额费用诱惑一名高校工作人员“上钩”，该高校工作人员收到组织作弊人员寄来的塑封机、塑封袋、拍摄手机等设备，然后将拆封后的试卷拍摄，并用塑封机重新密封。工作人员将偷拍试题的手机交给组织作弊的人员，并拿到45万元。组织舞弊者在拿到试卷后，再找“枪手”准备试题答案。舞弊行动被划分为答题组、编辑组、工具组和投递组四个组别。答题组的枪手答完题后将答案交由编辑组；编辑组将答案进行“缩字”处理方便考生抄录背诵；为确保隐秘性，试题及答案全部由人工抄录；投递组负责将纸质答案送至考生住所，并全程监督确保无人偷拍试题及答案；电脑器材及场地预订等工作全部由工具组完成。

经过舞弊组织“一通忙活”，2021年5月30日考试结束，舞弊考生均顺利“过关”。

近年来，很多在职人员热衷于考试拿证，为自己职场晋升增加一份“筹码”，这一方面推动了职业资格考试热度不断攀升，另一方面也吸引了一些组织舞弊违法人员从中“牟利”。考试舞弊对社会的影响无疑是巨大的。它不仅涉及众多考生的切身利益，关乎考试公平，同时严重违背社会主义核心价值观，对诚实守信公平正义的社会风气产生极大的破坏，在社会上造成非常负面的影响。

随着考试舞弊行为不断增多，手法不断翻新，情况日趋复杂，国家也在不断修订明确相关法律依据，加大惩处力度。2015年11月1日起施行的《中华人民共和国刑法修正案（九）》明确规定，在高考、全国硕士研究生招生考试等法律规定的国家考试中，组织作弊的，属于犯罪行为，处三年以下有期徒刑或者拘役，并处或者单处罚金；情节严重的，处三年以上七年以下有期徒刑，并处罚金；提供作弊器材，向他人非法出售或者提供国家考试的试题、答案的，也要按上述规定处罚。替考的，处拘役或者管制，并处或者单处罚金。此外，一些高科技作弊团伙非法生产、销售专用间谍器材或者窃听、窃照专用器材，擅自设置、使用无线电台（站），也属于犯罪行为。

考试舞弊问题之所以时有发生，一方面是由于互联网、人工智能技术的发展使考试作弊的手段更加隐蔽、便捷，一些人企图借助高科技手段蒙混过关；另一方面，个别人为了获得不法利益不择手段，铤而走险，这是漠视他人利益、法治意识淡薄、诚信观念缺乏的外在表现。因此，加大处罚力度，对考试舞弊犯罪行动零容忍，让违法者接受法律的制裁；但同时，更应该防患于未然，警钟还需长鸣，诚信中国建设任重而道远，要通过加强社会主义核心价值观教育、文化熏陶等方式让那些不诚信的人无法在社会立足，营造一个人人讲诚信的良好氛围。

点评： 考试舞弊案的发生，让整个社会对诚信的呼唤愈加迫切，对社会诚信缺失的担忧日益加重。参与考试的都是考生，很多是年轻人，或者刚入职场的人，考试都不诚信，很难想象，这样的人会尊重自己的职业，努力工作，为社会创造价值，因为这些人的诚信素养体现了一个社会的文明程度，也代表着社会的未来和民族的公信力。

六、令学术界蒙羞的“知网事件”

2019年1月31日，演员翟天临在自己的微博上晒出北京大学光华管理学院的博士后录用通知书，立刻得到了众多好友和粉丝的祝贺。然而半个月之后的2月14日，翟天临主动退出北大博士后科研流动站。2月19日，翟天临被北京电影学院撤销博士学位。事情的发生令整个学术界蒙羞，这中间到底发生了什么？

起因：2019年2月8日，翟天临在某直播中，面对网友的提问，竟不知道知网是什么。翟天临作为北京电影学院的博士、北大光华管理学院的博士后，竟然不知道知网，这一消息迅速引爆网络。“翟天临问知网是什么”登上了微博热搜。

发酵：随后，广大网友扒出作为北大博士后的翟天临，知网上竟然搜不到他的博士论文。既然博士毕业论文查不到，那公开发表的文章总有吧，但是搜遍全网也找不到翟博士的论文。有网友在北电图书馆里检索，发现署名翟天临的一共两篇文章：《谈电视剧（白鹿原）中“白孝文”的表演创作》（《广电时评》2018年第8期）和《演员翟天临讲述如何用“下意识”让表演重生动鲜活》《综艺报》2018年5月）。翟天临2014年开始攻读博士，按照北电2013年发布的博士学位授予细则，答辩前要求先公开发表2篇学术论文，且一篇需要发表在核心期刊，用稿通知也不行。可是，《广电时评》和《综艺报》均非国家认可的学术期刊更谈不上国家核心刊物。而且，《谈电视剧（白鹿原）中白孝文的表演创作》这篇文章，总字数2783，重复字数1125，文字复制比达40.4%，涉嫌抄袭，要知道，“白孝文”还是翟天临自己塑造过的角色。结果一出，全网哗然。网友们继续搜索跟翟天临同期毕业的其他19人，他们的文章均能在知网查到，而独独没有翟天临的文章。“翟天临同期19人论文”等相关话题再次冲上微博热搜榜，合计阅读量达上亿次。其间，广大网友不断找到新的证据，而翟天临这方却一直在狡辩打脸，形成鲜明对比。

翟天临为“非定向（全日制）”博士研究生学历，要求脱产全日制学习，然而在翟天临读博期间却频繁演戏、代言、参加活动。自2014年入学到2018年毕业，读博期间翟天临至少主演了11部戏，参演了7部戏，参加录制了17个综艺节目，并有24个代言。

对此，大家质疑翟天临“哪有时间搞学术研究？”

2019年2月10日，有媒体截图四川大学学术诚信与科学探索网（四川大学官网下二级网站）将翟天临列入学术不端案例公示栏。

这再也不只是娱乐圈的事，翟天临事件引起了教育部的高度重视。

2月11日，北京电影学院成立调查组。北大光华学院发声明表示将根据调查结论作出处理。

2月14日，翟天临通过个人微博发表致歉信。

2月16日，北京大学发布关于招募翟天临为博士后的调查说明：确认翟天临存在学术不端行为，同意翟天临退站，责成光华管理学院作出深刻检查。

2月19日，北京电影学院发布关于“翟天临涉嫌学术不端”等问题的调查进展情况说明，宣布撤销翟天临博士学位，取消其导师博导资格。

翟天临事件因为涉及教育公平问题而备受网友关注，在网上发酵，但值得注意的是，翟天临本人确实存在学术不端、不诚信的问题，这是无可否认的事实。他在微博上打造“学霸+演技”人设，最终自招祸患，归根到底，是不诚信导致的。欲戴冠冕，必承其重。无论是普通人还是明星，无论是学生还是社会人士，有真才实学就不怕别人质疑，弄虚作假一定经不起推敲。

点评： 子曰：知之为知之，不知为不知，是知也。知道就是知道，不知道就是不知道，这才是真正的智者。自我吹捧、夸大其词的人，表面上看起来很牛，但其实是空心的萝卜。我们都知道，治学是一个循序渐进的过程，需要的是扎实的基本功，不能取巧，也做不得伪。不懂装懂，强充内行，只会贻笑大方。其实孔子说治学之道，也是为人处世之道，人行走于世，应该有“三人行必有我师”“不耻下问”“功成不必在我”的谦逊低调，待人以诚，对事以真，翟博士应该明白，头衔只是一时的，精湛的演技、优秀的素质才是长久的。

七、河南村镇银行和中原诚信博物馆

（一）“爆雷”事件

2022年4月18日，河南禹州新民生村镇银行发布公告称：“为向您提供更优质的服务，我行将于2022年4月18日8：30对系统进行升级维护，我行网上银行、手机银行将暂停服务。”当日显示的系统升级预计完成时间为4月22日24时。次日，上蔡惠民村镇银行、柘城黄淮村镇银行、开封新东方村镇银行和固镇新淮河村镇银行、黟县新淮河村镇银行先后以系统升级名义发布“暂停线上服务”的公告，恢复日期为4月22日、23日不等。然而两天后系统并未恢复，升级公告中也均不再显示系统升级的完成日期。

面对储户的咨询，几家村镇银行的客服答复从“系统维护，何时恢复等通知”变成了否认与第三方互联网金融平台有任何线上合作、否认“掌上银行”小程序的线上存款，最后甚至否认银行存在“掌上银行”小程序。线上取款受阻的外地储户只好赶往银行欲通过线下网点取款，但银行关闭了ATM取款，仅支持柜面支取；柜面取款金额不得超过5万元，且不可连日支取。因而不只是外地储户，本地储户取款同样受限。

其实，从4月18日起，河南（许昌农村商业银行股份有限公司、禹州新民生村镇银行有限公司、上蔡惠民村镇银行股份有限公司、柘城黄淮村镇银行股份有限公司、开封新东方村镇银行股份有限公司）、安徽（安徽固镇新淮河村镇银行股份有限公司、安徽黟县新淮河村镇银行股份有限公司）两地的几家村镇银行的线上系统突然关闭，网上银行、手机银行App和微信小程序上电子账户中的存款，以及部分通过度小满等第三方互联网金融平台进行的存款，都不能取出。

这不寻常，一定有问题!

2022年7月10日，河南省许昌市公安局发布一则警情通报：

经我市公安机关全力侦查，现进一步查明：2011年以来，以犯罪嫌疑人吕奕为首的犯罪团伙通过河南新财富集团等公司，以关联持股、交叉持股、增资扩股、操控银行高管等手段，实际控制禹州新民生等几家村镇银行，利用第三方互联网金融平台和该犯罪团伙设立的君正智达科技有限公司开发的自营平台及一批资金掮客进行揽储和推销金融产品，以虚构贷款等方式非法转移资金，专门设立宸钰信息技术有限公司，删改数据，屏蔽瞒报，上述行为涉嫌多种严重犯罪。

据悉，警方通报中的吕某，就是河南村镇银行案中的主谋，他通过影子股东层层控股，操控了10多家村镇银行后，又借助互联网金融平台，在网上揽储，主要是百度旗下的度小满和小米旗下的天星金融。对度小满和天星金融而言，它拿到的银行资料是真实的，它发行的也是正规银行存款产品；对储户而言，它存的银行是真实的，相关手续也是真实的。原本，这些钱应该要进入银行系统的，但经过犯罪集团一番操作后，钱直接被河南新财富集团划走了。涉案金额高达397亿元，逮捕234人！这里面有储户的养老钱、治病钱、彩礼钱、拆迁款、购房款、学费等，是有些人大半辈子的积蓄。

怎么办？当然要追讨!

（二）“红码”事件

存款无法取出，积蓄化为泡影，储户心急如焚赶往郑州，但却被“精准”赋红码！

2022年6月，多名前往郑州沟通村镇银行“取款难”的储户、烂尾楼业主健康码被赋“红码”，此事迅速引发舆论关注。经调查后发现，郑州市委政法委常务副书记、市新冠疫情防控指挥部社会管控指导部部长冯献彬，团市委书记、市新冠疫情防控指挥部社会管控指导部副部长张琳琳，擅自决定对部分村镇银行储户来郑赋红码，安排市委政法委维稳指导处处长赵勇，市大数据局科员、市疫情防控指挥部社会管控指导部健康码管理组组长陈冲，郑州大数据发展有限公司副总经理杨耀环，对储户在郑扫码人员赋红码。

荒唐至极！为了一己之私弃他人于不顾，损害政府公信力，这种损失绝非惩处几个涉事官员就能弥补的，代价之大，难以估量！

（三）结局和反思

事情发生以后，警方在三个月内就将事实基本查清，人民银行和银保监会等相关部门也积极配合地方政府稳妥应对，陆续启动客户垫付工作，指导分支机构履行维护区域金融稳定的责任，做好流动性风险监测和应急保障，这已属亡羊补牢的无奈之举。储户的钱如何进了犯罪集团的口袋？银行高管监守自盗，监管部门难辞其咎，这些自有法律来审判裁决，但是，从这起惊天大案中，我们看到了中华传统美德诚信的缺失，一环套一环，从银行高管到政府官员，在利益面前，很多人选择了埋葬良心、丢弃诚信，这是整个社会的悲哀，值得我们每一个人警醒和深思。

（四）诚信博物馆

同样是在河南，新乡市凤泉区有座中原诚信博物馆，1000平方米的展厅里馆藏、陈列着300余件展品，涵盖石器、票据、钱币等九大类，一件件实物讲述一个个诚信故事，集中描绘了我国历代诚信史迹。博物馆分为序厅、信御华夏厅、忠党为民厅、信仰坚定厅、思诚厅、诚信天下厅6个部分，讲述历代有关诚信的故事，展现党和国家推进诚信社会建设的重大举措和丰硕成果，主题鲜明，内容丰富。

进入中原诚信博物馆，一如开启诚信的时光之隧。乔家商训、“戒欺室”匾、古代地契……每一幅照片、每一段文字、每一件实物、每一个复原场景，都有一段诚信的故事。站在“论道诚信”互动屏幕前，用手指轻轻一点，就开启了我们与孔子关于诚信的“跨时空对话”。在情景房间里，与铜质“诚信宝宝”手指拉钩，一句句诚信名言便在大屏幕上“跳动”起来——“人而无信，不知其可也”，“诚者，天之道也；思诚者，人之道也”。

“诚信不是虚的，而是身边实实在在的事。希望通过博物馆把诚信思想体现出来，把诚信力量发扬光大。”全国劳动模范、诚信博物馆馆长邓志军建设博物馆的过程就是一个鲜活的诚信故事。

2018年11月，建设诚信博物馆的提议、方案拟定。第一次建馆筹备小组会上，邓志军提出博物馆的建设资金，全部由他创立的诚城集团负责。可预算一出，反对声一片——仅设计建设、内部装修，就达上千万元。“有人说，博物馆不是正业，是赔本买卖。我反复解释，终于得到了大家认可。”邓志军说。

2019年12月，占地3000余平方米的博物馆装修完毕，准备布展。正在此时，接到通知：因南水北调工程建设需要，博物馆和配套设施要限期拆除。国家重大工程面前，诚信博物馆建设者忍痛割爱。

拆了还建吗？“说过的话要算数。”邓志军说。博物馆建设小组重新寻找馆址，设计装修。2021年7月，博物馆重建，开馆日期定在7月23日。不承想，7月20日，河南遭遇特大暴雨灾害，博物馆被黄泥水一连泡了12天。洪水退去，场馆内很多物品受损，建馆心血又一次付诸东流。

“别建了！”朋友劝、家人说，但邓志军建博物馆的决心不变。2022年3月16日，新的诚信博物馆试运行。

中原诚信博物馆的建设过程，让我们看到“诚信”的魅力：新乡市收藏家协会将一件件珍贵历史文物陆续捐来；80多岁的李秋泉老人骑着三轮车，穿过半个城，捐赠珍藏的老照片；剪纸艺人马利敏精心完成“诚”系列剪纸，无偿捐赠，并代孙子捐助，说“要把诚信传承给下一代”；河南省陨石收藏家协会捐赠了价值不菲的陨石，称“诚信重于千金”。

点评： 古语有云：索物于暗室者，莫良于火；索物于当道者，莫良于诚。有了火光，才能照亮黑暗；有了诚信，才能立足社会。诚信是人的脊梁。人无脊梁，银行就成了犯罪集团非法吸储的工具。政府失去诚信，社会就要塌方。为什么一定要建诚信博物馆？因为诚信是人心所向，值得为它努力一辈子；因为说到就要做到，对事以诚，事无不成。

八、精诚所至，金石为开

2016年3月，李亮通过浙江金融职业学院订单班进入泰隆银行常山支行工作。常山人口只有30万，却进驻了四大国有银行、信用社、商业银行等数十家银行，基本处于饱和状态。作为一个刚踏入金融领域的职场新人，可想而知，李亮的压力有多大。但是，他愣是带着一股不服输的劲，一步一个脚印杀出了一条血路，成为新员工中的佼佼者。他说，做事先做人，关键要有一颗真诚的心，真诚向前辈们请教，用真诚去打动客户，这就是他的职场小妙招。

作为客户经理，存贷是立身之本。在入行培训时，李亮就接到了第一个看起来不可能完成的任务：两个星期拉到存款10万元以上，存款至少为5000元的有效客户6户。由于常山地区同行之间的竞争非常激烈，人们更愿意相信国有银行，对泰隆这样的新面孔还不是很信任，尤其是对于一个刚刚起步的新人来说，还是挺有难度的。

但是李亮很快就调整了心态，再难走的路，也必须跨出第一步。有人的地方就有存款，抱着这个想法，李亮进驻的第一站是贺村，寻找的目标恰恰是同事们望而止步的菜市场、杂货摊，那些小商、小贩就是他最初瞄准的目标客户。

（一）真诚打动客户

李亮的营销就是从菜市场起步的。万事开头难，李亮刚起步就遇到了挫折。大家看李亮年纪轻轻，又是一个陌生的民营银行，都摇摇头，表示要考虑考虑。面对一连串的拒绝，李亮没有气馁，没有退缩，而是苦思对策，最后，他决定要以真诚打动客户。

“营销，并不是一味地把产品推出去，而是要用自己的真心为客户服务，想客户所想，急客户所急。因此，无论是介绍一款产品，还是售后跟踪服务，都要真心地把客户当朋友，当作亲人，把客户的利益当作自己的利益，发自内心地真诚对待每一个菜场的阿姨和大叔。”李亮对自己说。

以诚待人，以信取人。李亮的第一单业务来自一位卖菜的阿姨。这位阿姨的蔬菜店跟当地多所学校的食堂有合作，生意做得红红火火。生意好了，阿姨的烦心事也来了，每天要找给顾客的硬币总是供不应求。为了能给阿姨多换点硬币，李亮特意向行长申请到当地的汽车站兑换。阿姨是个爽快人，听说李亮能帮忙兑换硬币，当即拿钱给李亮。李亮被阿姨的信任感动了，想了想说：“阿姨，这是我们的第一次合作，我们之间并不了解，等我将硬币拿来了，您再把钱给我吧。”

第二天一大早，李亮冒着雨如约将2000元硬币送到店中，阿姨感激不尽。这样送了几次硬币后，阿姨对李亮的认可上升为对泰隆银行的认可：一个诚实守信踏实肯干的员工必定来自一家同样优秀的企业。以真心换真心，阿姨决定把所有的营业款都交给李亮打理。

之后，每当经过阿姨的店，李亮总会过去亲切地打招呼，问她有什么需要帮忙的。一天下午，李亮看到阿姨的婆婆正弯着腰在剥蚕豆，于是也加入了剥豆子的行列，边剥边聊。在聊天中李亮得知阿姨这家店一共有五个人在经营：阿姨、叔叔、爷爷、奶奶，还有阿姨的弟妹。经营蔬菜店非常辛苦，每天凌晨2点阿姨和叔叔就开着两辆车去城里的农贸市场进货。回来时大约在凌晨5点，叔叔负责把蔬菜送到镇上的各个学校，阿姨则将蔬菜送到店里。叔叔不在，爷爷的腿脚不方便，阿姨要把整车的蔬菜卸下来一般都要到早上6点半之后。

得知这一情况，李亮告诉阿姨他会来帮忙。第二天凌晨5点，李亮准时到达阿姨的店里等她回来，帮她一起卸菜。从驻地到贺村有35公里的路程，来回要70公里，但李亮从来不因路远而食言，每天凌晨5点都会准时出现在阿姨的店门口，直到他培训实习结束。时间一长，李亮跟阿姨一家都成了好朋友，阿姨家有个读小学的儿子，也把李亮当成了自己的亲哥哥。有一天，阿姨对李亮说：你到哪里，我的钱就存到哪里。阿姨不仅自己在泰隆银行存了15万元，还陆陆续续给李亮介绍了许多客户。在阿姨的帮助下，李亮总计完成存款任务30万元、有效客户15户，被评为该批次的优秀员工。

“真者，精诚之至也。以信接人，天下信之。做一个真诚的人，很多机会就会在不经意中出现。”李亮从力所能及的小事做起，从毫不起眼的小摊小贩那里做起，用真诚的服务，赢得了客户的信赖。

（二）真情感动客户

中小银行相对于几大国有银行而言，自身的短板不言而喻，怎样才能体现出中小银行的优势，靠简单模仿对手是没有出路的，要提升沟通能力和技巧，依靠自身与客户的贴近程度，为客户提供更有竞争力的融资工具、业务组合。

有个村庄位于常山的西南部，主要以苗木种植为主，李亮刚去这个村时一个人都不认识。李亮首先通过“党建加金融”这个产品“敲门砖”敲开了村两委的门，前期业务进展很顺利，反响很热烈，但是到了第三个星期，李亮就遇到了瓶颈，在村里非常有号召力的村主任对此不感兴趣，凡是银行的业务员都拒之门外。遇到这个困难，李亮并不气馁，经过了解他得知村主任有位92岁高龄的父亲，是退役军人，平时喜欢下棋。于是，李亮每天有空就去陪老爷子下棋，看老爷子牙齿都掉光了，就带些软糯的香蕉给老爷子吃。每次去时，李亮还不忘带上碗和勺子，把剥了皮的香蕉放在碗里剁成泥再喂给老人吃。

李亮的善行感动了老人，也感动了村主任。感动转化为信任，从此，村主任不断地把村里的优质客户介绍给李亮。有时，李亮因为业务繁忙没时间去村里，村主任还亲自送村民来办卡签合同。他还对上门推销的其他银行业务员说："我们只认泰隆。"这份信任，源自感动，但正是李亮真诚有爱心的劳动品德和人格魅力才为他赢得了这份信任，他也值得这份信任。

一路走到今天，李亮坚信自己跟客户之间不是一锤子买卖的简单交易，而是长期的信任与合作。

点评： 浙江金融职业学院的学风是"诚信、明理、笃行"，我们倡导的诚信，应该指的是要以诚待人、以信取人、以情感人，端正劳动创造的态度，说老实话、办老实事、做老实人，遵信守诺，坦荡真实，才能激发真诚的人格力量，用真诚换真心，为创造一个诚信有序的社会环境，营造一个诚信光荣的社会氛围，创造一个更加美好的明天贡献自己的微薄力量。

第六章　世界各国诚信事

东方国家的“无信不立”，西方国家的“契约精神”，无论中外，诚信都是人们一直推崇和共同遵守的一种美德。尽管诚信很重要，但是不论古今中外，诚信危机始终存在，已经成为世界各国共同面临的问题和挑战。世界需要诚信，让我们从那些经典的故事中品味诚信的价值，感悟诚信的力量。

一、“最诚信国家”是怎样炼成的？

位居北欧的童话王国——丹麦，不仅有着美妙的童话故事，还被国际经济合作与发展组织评为“世界上最诚信的国家”。报告称，丹麦人相互信任的指数高达89%，诚信度位列世界第一。

一次，一名记者应邀参观丹麦的海军潜艇。与丹麦国防部联络官沃尔夫海军中校交谈：“你们的潜艇能潜多深？”沃尔夫中校坦诚地回答：“长官，我不能告诉你，因为这是秘密。”他的回答直截了当，比假装说“不知道”更能赢得对方的信任。与丹麦人打交道过程中，记者发现他们计划性强，效率高，能办的事一定办，办不了的事一定坦诚相告。不仅丹麦高层如此，大部分普通丹麦人对家人、朋友和同事都有着很高的信任度，他们以诚相待，既不欺骗，也不无端怀疑。这种信任，让人们在生活和工作中都备感幸福与快乐。

哥本哈根商学院副教授奥勒说：“我们丹麦人讲诚信，我想这首先与从小接受父母的诚信教育有关。从小，父亲就告诉我，做人一定要诚实，千万不要骗人，否则，你就很难在丹麦生活。等我生儿育女后，也遵循这样的教育理念。我们最瞧不起的就是撒谎的人。每个人都诚信，国家才能和谐。诚信关系到一个人、一个单位、一个国家的声誉。除家庭培养孩子讲诚信外，丹麦从幼儿园直到大学都高度重视诚信教育。让每个丹麦人养成诚实的习惯。我们的诚信教育很具体，不唱高调。此外，学校也有严格的惩罚规定，严惩抄袭论文等弄虚作假行为。”

丹麦民众对政府的信任也是其他国家不能比的。丹麦人愿意缴税，因为相信政府能妥当地统一支配、使用税收，将其用于维持高福利社会的运转。丹麦明确规定了政府官员的职责，而且受到媒体和议会的监督，只要不是涉密内容，官员的收入、缴税情况也都对媒体公开、透明，违规者将受到处罚。严格的信用监管机制，也令丹麦人绝对不敢偷税和贿赂税务官。

诚信被视为一个国家强大的特质。丹麦完善的法律与道德规范，促使丹麦成了诚信度最高的国家。一位丹麦制药公司的老板说："我们绝对不敢生产假药，否则将会受到重罚，甚至有可能永远退出制药业，所以没人敢以身犯险。"

社会信任给丹麦人带来的幸福感在商家与顾客间也有着直接体现。"我们对丹麦超市里出售的食物完全放心，一般不会有假冒伪劣产品。只要能进入超市的食品，农药检测肯定是过关的。而且，假如买10个苹果20克朗（约合人民币22元），付款时，收银员只会问我有几个苹果，不会自己去数，因为他相信顾客。同时，收银员找钱时顾客一般也不会数，因为我们彼此信任。"

丹麦每位公民都有一张"个人中央登记卡"（相当于中国的身份证），卡上有个人诚信等信息。若一个人有严重违规、违法行为，就会被警方在卡上记上一笔，它就像档案一样，伴随着丹麦人的一生。一位亚裔留学生曾因两次乘公交车逃票而被记录，博士毕业后，到丹麦的几家公司求职，3次遭拒。最后一次，他问公司人事主管："我的成绩很好，为什么不用我？"人事主管礼貌地答道："因为你的'个人中央登记卡'记录你有两次逃票经历。这关乎你的诚信，所以我们公司不能录用你。"

点评： 诚信是构建健康和谐社会的基石。丹麦多次被评为"世界上最幸福的国家"，与其完善的社会诚信制度和信用体系密不可分。讲诚信、重信用的价值观念渗透到丹麦社会的每个角落，无论是个人还是政府，都自觉地做到诚实守信，个人隐私能够得到保护，失信者寸步难行，社会才能健康发展，人民才会感到真正的幸福。

二、伟大的总统林肯

1809年2月12日，亚伯拉罕·林肯出生在一个农民的家庭，他是美国政治家、思想家，黑人奴隶制的废除者，曾位列最伟大总统排名第一位。

小时候，家里很穷，林肯没机会上学，每天跟着父亲在西部荒原上开垦、劳动。他说："我一生中进学校的时间，加在一起总不到一年。"但林肯勤奋好学，一有机会就向别人请教。即使没钱买纸、笔，他放牛、砍柴、挖地时怀里也总揣着一本书，休息的时候，一边啃着粗硬冰凉的面包，一边津津有味地看书。晚上，他在小油灯下常读书到深夜。长大后，林肯离开家乡独自一人外出谋生。他什么活儿都干，打过短工，当过水手、店员、乡村邮递员、土地测量员，还干过伐木、劈木头的重力气活儿。不管干什么，他都非常认真负责，诚实而且守信用。他十几岁时当了村里杂货店的店员。有一次，一个顾客多付了几分钱，他为了退这几分钱跑了十几里路。还有一次，他发现少给了顾客二两茶叶，就跑了几里路把茶叶送到那人家中。

林肯还曾经和一个传教士的儿子合伙做过一点生意，但是最终店铺倒闭了，合伙人因酗酒而身亡，林肯背了1100美元的债务。他跑到债权人那里表示一定会连本带息把钱还上，只是需要一点时间，直到1848年，当他成为国会的议员，他依然把自己薪水的一部分寄给在老家的最后一位债主，从而还清了当年店铺全部的欠债。

1834年，25岁的林肯当选为伊利诺伊州议员，开始了他的政治生涯。1836年，他又通过考试当上了律师。林肯当上律师以后，由于他精通法律，口才很好，渐渐有了很高的声望。很多人都来找他帮着打官司。但是他为当事人辩护有一个条件，就是当事人必须是正义的一方。许多穷人没有钱付给他劳务费但是只要告诉林肯“我是正义的，请你帮我讨回公道”，林肯就会免费为他辩护。

有一次，一个很有钱的人请林肯为他辩护。林肯听了那个客户的陈述，发现那个人是在诬陷好人，于是就说：“很抱歉，我不能替您辩护，因为您的行为是非正义的。”那个人说：“林肯先生，我就是想请您帮我打这场不正义的官司，只要我胜诉您要多少酬劳都可以。”林肯严肃地说：“只要使用一点点法庭辩护的技巧，您的案子很容易胜诉，但是案子本身是不公平的。假如我接了您的案子，当我站在法官面前讲话的时候，我会对自己说‘林肯，你在撒谎’，谎话只有在丢掉良心的时候，才能大声地说出口。我不能丢掉良心，也不可能讲出谎话。所以，请您另请高明，我没有能力为您效劳。”那个人听了，什么也没说，默默地离开了林肯的办公室。然而，林肯的一个合伙人接了这个案子，并且胜诉了，得到了900美金的代理费，但是林肯拒绝接受本该属于他的那一半。

点评： 俗话说，君子一言，快马一鞭。修身处世，以诚为先，诚信能令人坚毅、忠贞、谦虚、豁达，更如一盏明灯始终照亮指引人生的航程。在林肯的心中，有一座灯塔，令他不忘初心、始终如一、坚持理想，最终成就了他的伟大。

三、一名乘客的航班

有一天，一架英国航空公司波音747客机仅搭载了唯一的一名日本女乘客从东京飞往英国伦敦。在这趟历经13小时，全程8000英里，从东京到伦敦的飞行旅途中，她一个人独享该机的353个飞机席位、六部电影、美味的食物和饮料及6位机组人员和15名服务人员的周到服务。这位“特殊”的乘客是山本太太，她此前订了一张英国航空公司经济舱机票。

英国航空公司的这架大型波音747客机由于技术故障，从成田机场起飞的时间要延迟20多个小时。为了不让在东京等候此班机回伦敦的乘客耽误行程，英国航空公司及时帮助这些乘客换乘并提供给他们飞往伦敦较早的其他航空公司的飞机。有190名乘客欣然接受了英国航空公司的妥当安排，分别改乘别的班机飞往伦敦。但其中有一位日本的山本太太，说什么也不肯换乘其他班机，坚持要求乘坐英国航空公司的008号班机。事实上，对于只有单个或较少乘客的行程，航空公司是不提供业务服务的，因为飞行管制的放松会导致天空更加拥挤，而且国际竞争的加剧也使航空公司的每一次飞行行程要保有较高的上座率。但是，英国航空公司为了守信用，宁可损失巨额费用，也要为这一位乘客照常飞行。

那么这趟飞行行程对英国航空公司造成了多少损失呢？这架大型喷气式行机的发动机大约每小时要燃烧3000加仑的燃料，每加仑的成本大约是65美分，而飞机燃料成本通常只占整个飞行成本的1/5。据估算，这次只有1名乘客的国际航班使英国航空公司至少损失10万美元。

“她可能得到了航空飞行历史上最划算的交易。”全球各大航空公司的贸易团体代表——国际航空运输协会的一位日内瓦官员大卫基德如此说道。英国航空公司发言人约翰希尔弗说：“这个航班原本有191名乘客，由于航班延误，除了山本太太，其他190名乘客接受了航班调整，乘坐其他航班前往伦敦。山本太太选择了等待和坚持。所以，我们非常高兴可以给予她最好的服务，这样的旅程应该是每一位乘客的梦想。”

点评： 一趟航班只为一个乘客而飞，这在正常情况下是不可想象的。但是英国航空公司本着“信誉第一”“乘客第一”的经营理念，完成了这次美丽的旅程。这是一次非常棒的品牌营销，是一次成功的公共关系处理，没有了信誉的公司就是一个空壳，信誉是企业的生命，是立业之本，成功之源。

四、日本雪印丑闻

如果说第二次世界大战以后还有什么事件最深刻地刺痛日本人的神经的话，那一定是“雪印丑闻”。曾几何时，雪印曾是日本人心中的白雪公主，几乎每一个日本人说起雪印的名字时都面带自豪，雪印公司的标记甚至被印在介绍风景名胜的旅游杂志上。正因为如此，当雪印食品公司将进口牛肉充当国产牛肉交国家收购以骗取津贴的丑闻被媒体曝光后，事件立即轰动了整个日本。日本舆论乃至政府都以少见的严厉措辞谴责该公司丧失职业道德，辜负了消费者的信任。故事的主角当然立即成为人们唾弃的对象。2002年1月23日，丑闻被揭发后的第二天，日本各大商场纷纷停止销售雪印公司的产品。1个月内，该公司的股价暴跌44%。雪印公司估计，截至2002年3月底，公司亏损7600万美元，是2001年11月预测亏损额的4倍。尽管雪印食品的母公司雪印乳业制品公司出售部分资产向其输血，但日本各界根本不领情。投资者继续抛售雪印食品的股票，信贷评级机构调降其信贷评级唯恐不及时。最后，雪印乳业只好将不肖子清盘，并把雪印食品从东京股市除牌的时间定为5月23日。

毫无疑问，如果仅仅是一件不道德的骗案，是绝不会引起日本各界如此强烈的愤怒的。正如日本政府发言人所说，雪印公司之所以落得如此下场，“完全是它出卖公众信任”的结果。事情得从日本发现疯牛病说起。2001年9月10日日本发现疯牛病后，日本政府决定由国家出资收购未经安全检查的国产牛肉。日本政府制定的收购价为每千克1114日元，远高于每千克400日元的市价，也高于每千克600日元左右的进口牛肉价。雪印食品公司下属的关西肉食品中心趁机将13.8吨澳大利亚产牛肉装进日本国产牛肉的包装盒、贴上国产牛肉标签，冒充国产牛肉出售给政府。谁都知道，日本经济长期低迷，日本政府决定拿出大笔资金回收国产牛肉实属不易，而且还承担着国际社会的压力。谁也没想到雪印公司这样一个行业巨头竟会钻政策的空子，干出这种偷梁换柱、将损失转嫁给国家的不光彩的事情。仅此一事还不足以解释日本人的愤怒。原来，雪印铤而走险有深层的原因，它是为了解决因食物中毒事件引起的经营困难才行此下策的。2000年6月下旬，不少喝了雪印乳制品的日本人出现中毒症状，人数达万人以上。这一近年来罕见的食物中毒事件，引起了日本全社会的震惊。调查结果显示，中毒事件是因雪印大阪工厂的人为原因所造成。随后，日本媒体又曝出另一件丑闻，原来雪印公司竟把退货的过期牛奶作为原料重新利用。日本人根本无法相信，一个在消费者心中有着崇高地位的公司竟会作出这种不道德的事情。雪印产品中毒事件立即产生了极为严重的恶果：日本各地的大型超市从货架上清除了雪印产品。在两周不到的时间内，雪印公司的名誉扫地，雪印的产品陷入无人问津的地步。2000年7月26日，雪印公司在报纸上刊登全版广告向消费者道歉。随后，其社长辞职。然而，这一切并不能消除事件的恶劣影响。同月，中国禁止雪印产品进口。2001年年初，美国《时代》杂志将雪印食品中毒事件评为2000年十大丑闻之一。这次事件也令雪印这个拥有75年历史的老字号陷入自创业以来最深刻的危机之中。2001年1月，该公司宣布关闭5间工厂，并且裁员1300人。

点评： 企业的诚信，是社会责任。诚信不仅是一种经营理念，还是一条道德底线。为商之道，要义中取利，才能事业永固。雪印忽视诚信，弄虚作假，消费客户的信任胡作非为，咎由自取，除了叹一声惋惜，我们只能吸取教训，让同样的事情不再发生。

五、捍卫诚信的名校

美国堪萨斯城郊的一所名叫Piper的高中，118名二年级学生被要求完成一项生物课作业，其中28名学生从互联网上抄袭了一些现成材料。此事被任课教师Pelton发觉，判定为剽窃，于是28名学生的生物课得分为零，并面临留级危险。在一些当事人家长的抱怨和反对下，校方要求女教师提高那些学生的得分，这位27岁的女教师愤而辞职。

面对社会舆论压力，学校董事会不得不在体育馆举行公开会议，听取各方意见。结果绝大多数与会者支持女教师。该校近半数教师表示，如果校方降格满足少数家长修改成绩的要求，他们也将辞职。他们认为，教育学生成为一名诚实的公民远比通过一门生物课更加重要。Pelton则说，她在带学生的第一天，就和学生定下规矩并由家长签字认可。规矩称："所有布置的作业都必须完全由学生自己独立完成，欺骗或剽窃将导致课程失败。"

事情发生以后，女教师每天都接到十几个支持她或打算聘用她的电话。一些公司已经传真给学校索要当事学生的名单，以确保公司今后永远不会录用这些不诚实的学生。一所大学在入学考试中对一位身着Piper学校T恤衫的女孩子说："不要欺骗啊。"

Piper穿上了不诚信的外衣，而另外一所学校却因注重培养学生诚信而闻名。

弗吉尼亚大学校园里充满诚实信赖之风，恪守信用给学生带来无限的愉悦和尊荣。这一切均源于学校于1842年就开始正式建立的荣誉体系。

学校非常重视学生品格的培养，倡导诚信。每个新生进校时都会自觉地站在杰斐逊铜像前宣誓遵循荣誉体系，它像人的生命般宝贵。在这里，大考小考都没有监考老师，开卷闭卷都无关紧要，学生在每次考试前都会写下誓言："我以我的荣誉保证我没有在这次考试中给予或接受任何人帮助。"荣誉体系除对本人有着严格的约束之外，它还带有第二种义务：在任何考试过程中，每位学生在看到别的学生舞弊时也有责任向学生荣誉维护委员会反映。违反荣誉体系的学生（如抄袭、欺骗和不诚实等），无论家庭背景、学习成绩，荣誉委员会都将毫不留情地给予最严厉的处分，包括短期的禁闭或永久性的开除。即使已经毕业，一旦丑闻暴露，也将受到追回文凭的惩罚。

2009年，一位来自澳大利亚在弗吉尼亚大学就读的女留学生林西，在期末社会学考试的那一天不得不回家治丧。临行前，老师将考卷交给她说："回去吧，在飞机上把它完成。"老师并未要求她做任何证人监督的事。这位女生真的在飞机上于规定的时间内独立完成了考卷，然后将其封好后交给一位空姐请求其代为寄出。受委托的空姐在信封的一角写下了两行字："林西小姐在旅程中用3个小时独立完成了这场考试，美国联合航空公司第1433号航班的全体服务人员可以作证。我们以我们的名誉担保，并祝贺贵校拥有如此卓越成效的荣誉体系和信誉卓著的学生。"

20世纪初，弗吉尼亚大学学生小詹姆士·海（James Hay Jr.）所著著名之诗《荣誉之人》（The Honor Men）中有这么一段话：弗吉尼亚大学将它最高的学位写在她的孩子们的心灵之中。记住那落在校园草坪上的紫色树影、那宁静而庄严的长廊，以及你年少时的梦想。你可以带着崇敬和感恩的心情说："我已佩戴上代表荣誉的勋章，我毕业于弗吉尼亚大学。"

点评： 学校是传播知识、立德树人的神圣场所，也是诚信教育的重要阵地。古今中外，凡是能称得上名校的，必有其独特的校园文化、精神谱系，而诚信应该是校园文化当中最根本、最重要也是最普遍的价值追求。凡是不讲诚信的学校和学生，在社会上都无法立足，更别谈为社会作出多大的贡献。

六、不诚实的科学家

美籍华裔物理学家、诺贝尔物理学奖得主丁肇中曾说："科学家最重要的道德观念就是诚实。"然而，世界各国科学界、学术界造假的事件却层出不穷，件件案例都在向我们敲响警钟。

（一）化石骗局

1911年，英国的陶逊律师声称，他在辟尔唐发现了一个猿人头盖骨的残片和半个下颌骨，他把这两样东西送给了当时有名的人类史学家、大英博物馆博士伍德华进行考证。伍德华接到陶逊的报告，来到辟尔唐，和陶逊一起在砾石坑中进行挖掘。1913年，他们又在那里发现了动物化石、石器以及人类的犬齿化石。如果他们如实地报告发掘结果，也许在考古和人类学史上不失为有一定的意义。然而他们被利欲驱使，竟然宣布他们发掘出了一种半猿半人的生物头盖骨，并说这种生物生活在大约50万年以前。由于伍德华的权威地位，他的宣布就成为一时定论，他们的发现在人类学上被命名为“辟尔唐人”。而这种“发现”又被当作达尔文生物进化论的一个有力证据。一时陶逊由一个不出名的律师而成为闻名遐迩的伟大发现者。

科学必须经得住推敲。有的科学家对辟尔唐人那似近代人的头骨、似猩猩的下颌表示了怀疑。这场争论多年不休。1928年，科学家采取了用含氟量测定古化石年代的办法，从而查出“辟尔唐人”的头盖骨不早于新石器时代，下颌骨乃是属于一个未成年的黑猩猩，他们还发现头盖骨、下颌骨全经过了染色处理。一场精心制造的骗局终于真相大白。

（二）索曼案、达西案

1980年，耶鲁大学维贾伊·索曼涉嫌伪造数据，他将伪造数据的论文投往《新英格兰医学杂志》。该杂志送往同行专家罗思进行评议，罗思的助手劳·巴德发现论文数据存在问题后，写信给杂志主编阿诺德·雷曼报告。而主编雷曼认为，这篇论文只有微小的欺骗，于是论文照常发表。随后的调查发现，索曼有意识地丢弃不符合实验的原始资料，最终撤销他的12篇论文。

1981年，达西即将获聘担任哈佛大学助理教授之际遭举报涉嫌伪造实验数据。哈佛大学经过调查后收回了聘书，却允许他继续在布劳恩瓦尔德实验室工作。1982年年底，美国国家卫生研究院的调查发现达西涉及多篇论文数据造假，最终，撤销达西发表的17篇论文，禁止达西十年内申请或参加美国国立卫生研究院的科研项目，哈佛大学也应为公正对待达西事件而遭受非议。

两起事件的发生引起了科学界的关注，实质推动了美国科研诚信制度的建设。

（三）舍恩案

“舍恩事件”是有史以来最严重的科研不端行为之一，它在全球科学界造成了一场强烈的地震。

舍恩在美国贝尔实验室工作，他的工作涉及科学研究最前沿领域——创造分子层次的晶体管。2001年10月18日，舍恩在《自然》杂志宣布制造出世界上最小的纳米晶体管，美国《科学》杂志将其列为2001年世界十大科学成就的首位。舍恩的工作发表后，全世界的科学家都无法复制他的实验，因此引发越来越多的质疑。普林斯顿大学和康奈尔大学的物理学教授发现舍恩竟在三篇毫不相关的论文中使用完全相同的图表。经过贝尔实验室的调查，舍恩至少有9篇论文存在数据问题，至少存在16处学术行为不检。在事实面前，他承认自己许多数据不正确，作假是为了展示自己观察到的现象。

最终，他成为贝尔实验室第一位因为科研不端行为而解雇的科学家；德国马普研究所撤销了给他的聘书；康斯坦茨大学则收回了他的博士学位；各大期刊也将他的论文撤销。

舍恩栽了！栽在他自己亲手编织的谎言之网里，可谓搬起石头砸自己的脚，咎由自取。"舍恩事件"是当代科学史上最大的学术丑闻之一，它引起的震动可谓不小，不禁让人对科学家及科学研究的准确性、真实性产生了怀疑。科学研究本应抱着严谨、诚实的态度，作为科学家要有独立思考的能力，以科学为准则，以事实为依据，不能为了利益而盲从，更不能为了利益而造假，这才是科学家应该有的道德品质。

点评： 科研诚信问题固然不可避免，尤其是在计算机和网络时代，预防和查处科研不端行为变得更为紧迫和棘手，一方面，我们要加强相关制度法规的建设，在惩处、预防科研不端行为的程序、态度等方面建构经验；另一方面，也要加强对科研人员的职业道德建设。科学家对人类的贡献无疑是巨大的，他们是一群站在金字塔尖的人，如果科学家的职业道德涵养落后于人类文明的进步，这对人类来说将是一场灾难。

七、皮斯阿司与达蒙的友谊

公元前4世纪的意大利，毕达哥拉斯学派的达蒙和皮斯阿司两人之间几乎完美的友谊为我们讲述了一个关于忠诚和信任的故事。

故事发生在西西里城邦希拉库扎，有一个名叫皮斯阿司的年轻学者，因为对公众发表了可能挑战僭主狄奥尼修斯的权力的演说，触怒了狄奥尼修斯，被判绞刑，将在几天后某个择定的日子被处死。皮斯阿司是个孝子，在临死之前，他希望能与远在百里之外的母亲见最后一面，以表达他对母亲的歉意，因为他不能为母亲养老送终了。狄奥尼修斯被他的孝心感动，准许他回家，但条件是必须要有担保，皮斯阿司必须找一个人来替他坐牢。这是一个看似简单其实近乎不可能做到的条件。假如皮斯阿司一去不返怎么办？谁愿意冒着被杀头的危险来干这件蠢事呢？

这个消息传出后，有一个人表示愿意来替换坐牢——他就是皮斯阿司的朋友达蒙。

达蒙住进牢房后，皮斯阿司就赶回家与母亲诀别，人们都静静地等着事态的发展。日子一天天过去了，眼看刑期在即，皮斯阿司却音讯全无。人们一时间议论纷纷，都说达蒙上了皮斯阿司的当。

行刑日是个雨天，因为皮斯阿司没有如期归来，只好由达蒙替死。当达蒙被押赴刑场时，围观的人都笑他是个傻瓜。也有人对他产生了同情，更多的人却是幸灾乐祸。但刑车上的达蒙，不但面无惧色，反而有一种慷慨赴死的豪情。

追魂炮被点燃了，绞索也已经挂在了达蒙的脖子上。胆小的人吓得紧闭了双眼，他们在内心深处为达蒙惋惜，并痛恨那个出卖朋友的小人皮斯阿司。

千钧一发之际，在凛冽的风雨中，皮斯阿司飞奔而来，他高声喊着："我回来了！我回来了！"这真是人世间最感人的一幕，许多人都以为自己是在梦中，但这的确是事实，皮斯阿司已经冲到达蒙的身边，他们紧紧地拥抱在一起。这个消息宛如长了翅膀，很快传到僭主狄奥尼修斯的耳中。他亲自赶到刑场，要亲眼看一看自己如此优秀的子民。最终，狄奥尼修斯万分喜悦地为皮斯阿司松了绑，并亲口赦免了他的刑罚。在赦免的现场，狄奥尼修斯当众宣布了自己要以信立国，以信治天下的政令，并且任命皮斯阿司为司法大臣，任命达蒙为礼仪大臣协助他治理国家。狄奥尼修斯说，他为自己的国家有如此孝敬的子民感到高兴，为自己的国家有这样讲信用和义气的子民感到自豪。他相信，他们两人一定会辅佐自己把国家治理成信用礼仪之邦。

点评："圣人为知矣，不诚则不能化万民。"狄奥尼修斯当众宣布要以信立国，以信治天下。他是懂圣人之言的。诚信为皮斯阿司和达蒙的友谊做了最完美的注释，让诚信散发出不一样的魅力，诚信能够驱走阴暗，还人间绚丽，诚信能够扫除阴霾，让世间多一份晴朗。

八、格兰特与李鸿章

1879年，美国刚卸任的第18届总统利西斯·格兰特到访中国。

格兰特于1843年毕业于美国陆军军官学校（西点军校），参加过美墨战争。格兰特在美国南北战争中屡建奇功，有“常胜将军”之称。1869—1877年连任两届美国总统，政绩平平，可以说是伟大的将军、平庸的总统。而在人品上，他则是崇高的。

1879年5月底，刚刚卸任的美国总统格兰特访问中国，在天津受到直隶总督兼北洋大臣李鸿章的盛情款待。席间，李鸿章发现客人的手杖非常漂亮，手柄处镶嵌一颗耀眼的巨型钻石，四周环绕着众星捧月般的小钻石，设计精巧，富贵华丽。格兰特见主人喜欢，便通过翻译委婉地说：“中堂喜爱这根手杖，本当奉赠。但这是我卸任时全国各界绅商共同制作送给我的，我不便私自送人。不过，如果我回国征得公众同意，定将给中堂寄来。”李鸿章连连致谢：“不必，我不过欣赏欣赏罢了。”

格兰特是一个言而有信的人。近20年后的1896年，李鸿章作为清政府特使赴莫斯科参加沙皇尼古拉二世的加冕典礼，回国时转道美国。此时格兰特已故去10年。李鸿章特地探望了格兰特的遗孀朱莉娅。朱莉娅设宴款待李鸿章，并邀请工商界名流百余人作陪。

席间，朱莉娅把丈夫的手杖立于台上，向出席者讲述丈夫与李鸿章的交情和这根手杖的故事。她告诉李鸿章，格兰特回国后，一直记着手杖的事，因琐事繁杂，一直没有机会和各界商量，但他生前特别嘱咐家人帮助他实现当年的许诺。“今适逢李先生来访，现特请问诸位，是否同意将大家送与我丈夫的这根手杖转送李先生？”满堂宾客闻言，一致拍手同意，格兰特夫人当众将手杖奉送给李鸿章。据说，此后李鸿章一直随身携带此物，形影不离。此事亦传遍美国朝野，成为一时佳话。

次年，美国大兴土木为格兰特建造巨墓及纪念堂，就坐落在今天哥伦比亚大学附近。李鸿章不忘旧情，委托当时清廷驻美重臣杨儒替他奉上礼金、铜碑并植树两棵纪念。

点评： 曾经许下的诺言，即便过了二十年，也铮铮如铁，言犹在耳，这是人性最美的一面。自古圣贤，皆以心地为本。格兰特虽然没有丰功伟绩，但是他的光芒丝毫不减，这是人性的光芒。

下篇

实践诚信

现代诚信在批判继承传统诚信观念的基础上，吸收了公平、正义、独立、发展等现代社会具有的文化元素，从而形成适合社会发展的现代伦理道德和价值取向，成为约束和规范现代社会秩序的又一强大精神力量。它不仅对促进社会稳定繁荣、导正社会风俗、医治社会精神疾病具有重要作用，而且对加强社会成员的个人道德涵养，提升全民族的文明素质，培养有知识、有作为、讲道德、守法纪的一代公民具有重要作用。

第七章　大学生诚信行为的现实之境与促进策略

“人而无信，不知其可也。”诚实守信是中华民族的传统美德，更是社会主义核心价值观的建设要求。本章调查研究了大学生诚信认知、行为与教育的现状与问题，分析了影响因子，据此提出从个人自律、社会风尚、法治建设等维度改善诚信缺失，强化大学生诚信行为。

一、大学生诚信教育的调研背景

（一）讲信修诚是优良传统更是时代诉求

中华文化博大精深、源远流长。上下五千年所形成的精神品格在历史长河中积淀，成为维系民族的精神纽带。古语有云：“志不强者智不达，言不信者行不果。”诚实守信自古以来便是中华民族的传统美德。商鞅立木为信，曾子杀彘育儿、宋濂守信好学、季布一诺千金的历史典故为人所称颂，代代相传。反之，周幽王为了博得美人一笑而烽火戏诸侯，在被犬戎攻打之际再点烽火无人救援。放羊娃无聊至极高呼“狼来了”捉弄农夫，真狼来时失去信任最终命丧狼口。这些历代相传的典故都告诫世人，诚实守信是为人为学为事的基础，失信于人轻则失道寡助，重则有可能国破家亡。这足以见得在古代中国，诚信文化作为社会道德的核心内容深入人心，崇尚诚信逐渐固化为一种文化传统，成为中华民族的精神特质。

党的十九大报告指出中国特色社会主义进入新时代。当前，我们比以往任何时候都更有信心更有可能实现中华民族的伟大复兴，在这样一个充满生气与希望的时代里，经济实力的显著增强是我们实现复兴的强大物质基础，而崇高的精神品格则是我们无坚不摧的精神脊梁。“爱国、敬业、诚信、友善”，社会主义核心价值观根植于绵延不绝的中华优秀传统文化，更是将“诚信”列为公民基本道德规范，从个人行为层面展现出全社会共同的价值追求。这也充分肯定了诚信在个人成长、社会建设、国家发展中所处的根本性、基础性地位。

诚信是团结全国各族人民的重要纽带，是规范经济秩序的基本诉求，更是有力支撑社会治理的创新实践的重要因素。习近平同志指出：文化自信是最基础最广泛的自信。在整个社会营造诚信氛围，弘扬优良传统，有利于充分发挥诚信价值观的价值引领作用，凝心聚力助力中华民族伟大复兴。因此，弘扬诚信文化，不仅是赓续优良传统的要求，更是新时代发展的深刻诉求。

（二）青年学子“诚信缺失”亟须重视

当前社会，部分公民诚信意识不足，诚信行为缺失，已经渗透到社会生活的各个方面。例如，日常交友中不说真话、不守信用、出尔反尔等行为大大降低了人与人之间的信任度；经济行为中以次充好、弄虚作假，制作假档案、代开发票、开假发票、假医假药等行为严重扰乱经济市场生态环境；社会生活中网络诈骗、不执行法院判决、骗取社会保险等行为破坏向好向善的社会秩序；公务工作中虚报业绩好大喜功、阳奉阴违欺上瞒下、人前一套背后一套等行为严重损害了政府公信力。诸如此上，不一而足。近年来，备受追捧的公众人物巨额偷税漏税，知名学者学术不端论文注水，河北唐山“教科书式老赖”等社会事件屡见不鲜。公民个人诚信缺失、公众人物“塌楼塌房”，看似是单独个体的行为，实则影响了整体社会秩序的健康发展与良性运行，甚至严重影响社会的和谐稳定。

中国的未来属于青年，中华民族的未来也属于青年。青年一代的理想信念、精神状态、综合素质，是一个国家发展活力的重要体现，也是一个国家核心竞争力的重要因素。然而，诚信缺失的社会环境对浸染其中的青年学子产生了许多消极影响。校园内，病假条有偿出售、论文代写、课程代上，“职业枪手”和“枪手中介”的出现严重破坏校园学风学纪。“诚信危机”“诚信缺失”等社会现象引发深思。当“老人摔倒了扶还是不扶”成为一个需要思考的议题，这无疑是可悲可叹的。青年大学生正处于人格塑造的关键时期，错误的价值取向会危害学生的成长成才。现实的困境与发展的诉求都要求我们务必重视并强化青年大学生诚信教育，牢固树立青年学子诚信意识，弘扬诚实守信的社会风尚。

因此，本书编写组于2022年12月至2023年1月面向浙江、河南、广东等地，包含中国美术学院、浙江财经大学、浙江金融职业学院、许昌学院、佛山科学技术学院等在内的十所高校3000余名大学生开展问卷调研。本次调查旨在了解大学生群体对诚信品质的基本认知态度，在学习活动、经济活动、求职活动等场景下的现实行为表现，大学生群体践行诚信的困境阻碍以及影响大学生诚信观念养成的环境因素等。调研完成后，编写组就调查现状进行数据分析，发现问题，剖析原因，以期为今后更好地开展大学生诚信教育，强化大学生诚信行为提供思路途径（调查问卷参见附录）。

二、大学生诚信行为的现实之境

本编写组通过线上发放问卷，调查了解了大学生的诚信观念、诚信行为的践行以及诚信教育的现状，调查结果如下。

（一）当前大学生关于诚信美德的认知

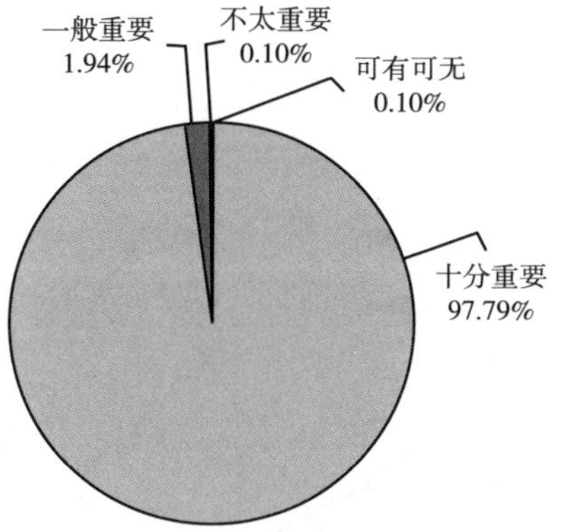

图7-1 诚信美德对于新时代青年的重要性认知

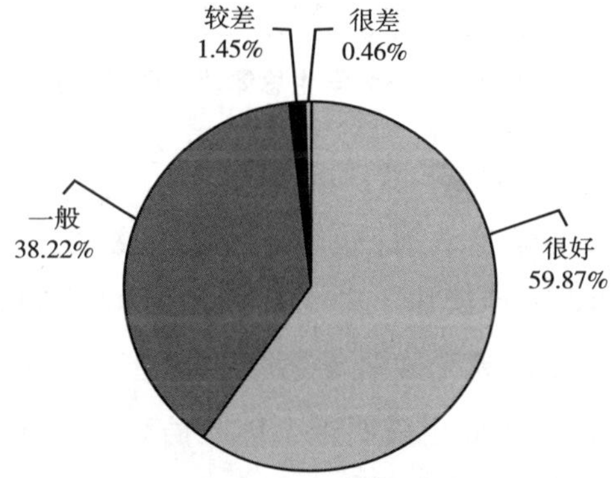

图7-2 大学生总体诚信状况认知

有什么样的价值观念就会指引什么样的行为发生。编写组首先调查了当前大学生内心对于诚信的认识。根据上述调查结果显示，99.73%的学生认为诚信美德对于新时代青年是重要的（其中97.79%的学生认为十分重要，1.94%的学生认为一般重要），仅极个别同学认为诚信不太重要或可有可无。当被问到当前大学生诚信总体状况时，59.87%的学生认为当前大学生的总体诚信状况很好，近40%的学生认为目前大学生诚信状况并不尽如人意，还有极个别学生认为目前大学生群体诚信缺失严重，总体状况很差。

由此可见，当前大学生群体拥有较为正确的诚信观念，其诚信观是符合社会主义核心价值观要求的，对于诚信内容的认知、诚信行为的选择和诚信行为的评价上有着比较全面且深刻的认识。他们能够普遍认同诚信美德对于个人、社会和家庭的重要意义。这对我国高校思想政治教育、对社会主义诚信社会的建设、对社会主义现代化强国建设有着极其重要的意义。

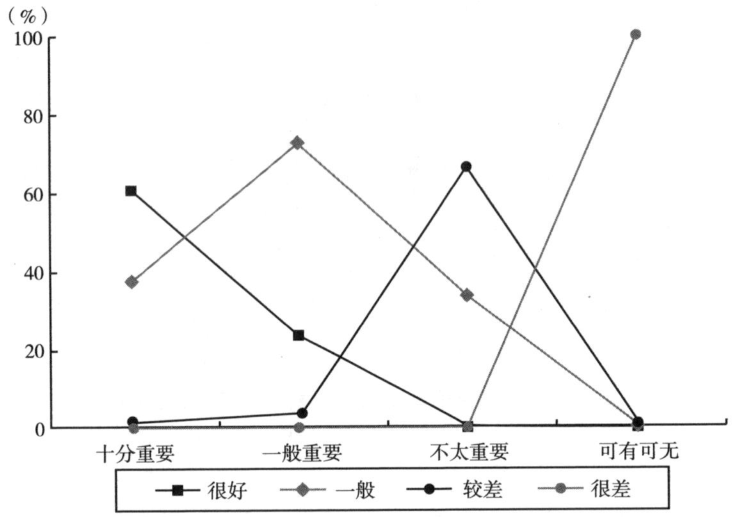

图7-3　诚信重要性与大学生总体诚信评价的交叉分析

但是，他们对于身处的诚信环境认同率却较低，近乎全部的学生认同诚信的重要性，却只有不到六成的学生认为目前总体诚信状况很好。值得注意的是，通过“诚信美德对青年学生的重要性认知”与“大学生总体诚信状况的评价”这两个问题的交叉分析，编写组发现：认为“诚信美德可有可无”的全部学生一致认为“当前大学生总体诚信状况很差”。由此也表明了个体诚信观念与外部整体环境之间存在联系。诚信败坏较为严重的外部环境会践踏人们内心对于诚信的尊重与向往。

（二）当前大学生对于诚信行为的践行

由于大学生还未正式进入生产环节，正处于人格养成、知识习得、技能获取的重要阶段。因此，对于他们诚信行为的调查主要围绕学生主责主业展开，主要涉及学习活动中的诚信行为、经济活动中的诚信行为、求职就业中的诚信行为等方面，通过提供典型案例和社会热点现象调查大学生的价值判断，通过场景预设调查大学生的行为选择。调查结果大致如下。

1. 学习活动中的诚信行为

青年是朝阳，是中国特色社会主义的建设者和接班人。学习是大学生的首要任务，青年正处于学习的黄金时期，应该如海绵汲水一般孜孜不倦地学习新知，锤炼过硬本领，陶冶高尚情操，为了追求远大理想脚踏实地充实自我。

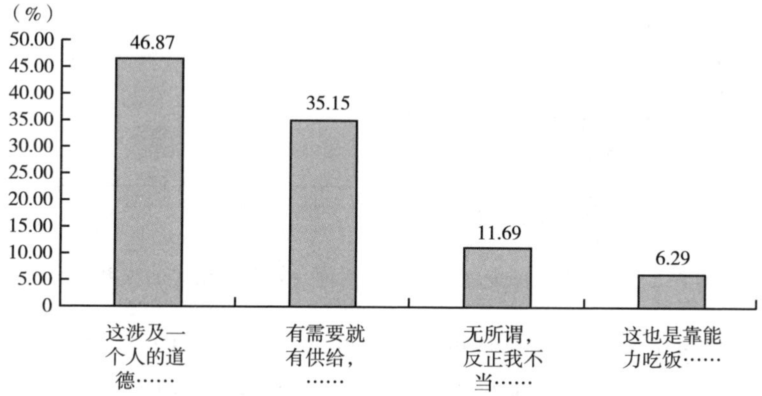

图7-4　对“校园枪手”及“枪手中介”的看法

因此，本次调研首要了解大学生群体在学习活动中的诚信行为。在一个预设场景中，问卷描写了当前校园内的诚信缺失现象，一些学生将课程代点名、代刷网络课程、有偿提供医院病假证明等服务作为兼职；另外有一些学生做起校园“中介”，即针对不同的需求轻易找到合适的人选。针对学校里出现的“枪手”“枪手中介”的现象，46.87%的学生认为这涉及一个人的道德问题，应该大力禁止；35.15%的学生认为有需要就有供给，这很自然，符合市场规律；11.69%的学生认为无所谓，反正我不当“枪手”，也不请“枪手”；6.29%的学生认为这也是“靠能力吃饭”，可以接受，很正常。

由此可见，当前大部分学生学习态度端正，能正确看待“学业失信”行为是一种错误的价值观念，并表现出希望遏制这种风气的“正义感”。但是，相当一部分大学生在学习方面尚且缺乏足够的责任心和上进心，想要顺利完成学业又没有足够的自制力和端正的学习态度，所以开始寻求一些“旁门左道”，并且对待这类现象没有形成一个正确的认知，觉得这种行为无可厚非。

2. 经济活动中的诚信行为

诚信观念作为大学生在校乃至毕业工作中必备的道德准则，除了在学业学术中对其发展有着重要的影响，在经济交往中也有着重要的作用。大学生虽然还未进入社会生产环节，但参与涉及的经济活动较多。当下大学生的生活丰富多彩，他们是消费环节的一大主力。网贷网购中活跃着大学生群体。校内的奖贷补助、勤工俭学、兼职创业都属于大学生经济活动的内容。正因如此，部分大学生在生活经济方面出现了一系列的诚信缺失问题，甚至出现违法犯罪行为。

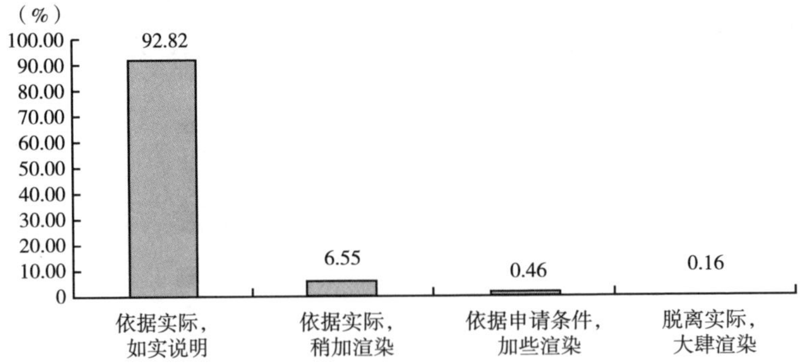

图7-5　申请学费减免或困难资助时你会如何描绘你的家境情况

问卷预设场景为资助育人的补助申请。当被问及如果你要申请学费减免或困难资助，你会如何描绘你的家境情况时，92.82%的学生依据实际，如实说明；6.55%的学生依据实际，稍加渲染；0.46%的学生表示依据申请条件，加些渲染；0.16%的学生选择脱离实际，大肆渲染。

从调查结果显示，绝大部分学生在面对此场景能够守信，按照家庭实际情况参与补助的申领。但是调查中仍有近7%的学生，根据3000多名学生的样本容量，也就是有210个左右的学生会选择为了顺利领取补助金夸大家庭困难程度，甚至有些学生不惜大肆渲染以获得一笔金额不小的补助金。这种行为既打破了个人品德底线，也破坏了资助政策的公平性。

3. 求职活动中的诚信行为

求职就业是大学生生活中被十分看重的一个环节，学子们寒窗数载后都想求得一份称心如意的offer。因此，问卷也对大学生求职行为进行了调研。当被问及毕业择业时，为了找到一份比较好的工作，你是否会虚假“美化”个人履历、在简历上作假时，61.39%的学生表示绝对不会，诚信是做人的根本，绝不作假；21.72%的学生表示不会，这是品行问题，不是长久之计；7.14%的学生表示也许会，别人作假，我实事求是也许会吃亏，9.74%的学生表示暂时不清楚，要视当时情况而定。

调查结果显示，绝大部分大学生对诚信有较为清晰的认知，能够在利益面前坚守诚信底线，不会因为求职在简历上作假，也不会效仿他人的行为。但是超过16%的大学生出现动摇，有人开始犹疑，有人选择背弃。

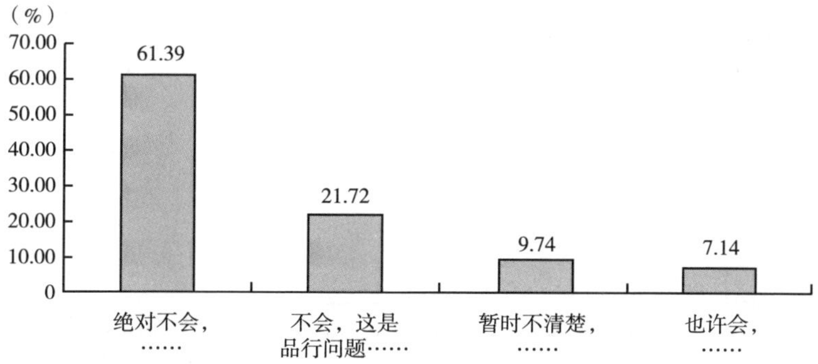

图7-6　是否会为了找到一份好工作“美化”简历

仅仅树立了诚信观念不能称为真正的诚信，唯有实践才是诚信真正的落脚点与最后的归宿。通过对问卷数据的分析和总结，在整体上，大部分学生的诚信观念与行为呈现积极态势，在不良的环境与利益诱惑的面前坚持正确的选择。但是也有部分学生偏离了社会主义核心价值观的要求，违背了我国传统道德范畴的基本要求，更有极少数的学生出现了“诚信危机”。

（三）当前大学生诚信教育的实效性

当被问到认为当前的诚信教育是否有效时，42.82%的学生认为很有效果，41.47%的学生认为比较有效，14.29%的学生认为效果一般，1.42%的学生认为几乎无效。调查结果表明，一方面值得庆幸的是，超过四成的大学生对于当前的诚信教育效果持有十分肯定的态度，这意味着当下的诚信教育在一定程度上做到了入脑入心，在一定程度上是被认可与肯定的。但另一方面，超过15%的大学生认为效果一般或无效，这意味着当前诚信教育的实效性还有很大的进步的空间。为了进一步了解加强诚信教育可以着眼的入手点，我们对教育的影响因子和手段途径进行了调查。

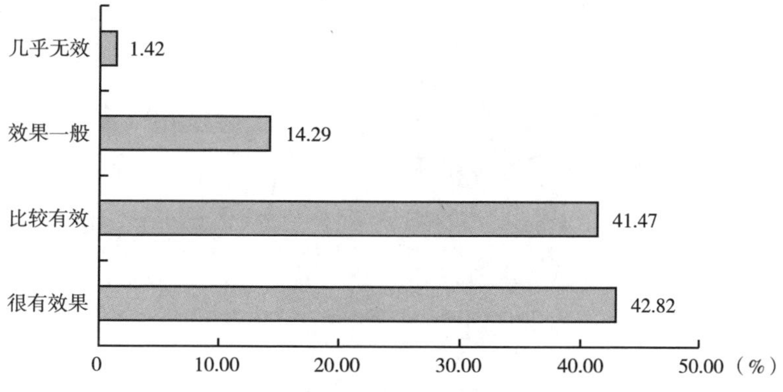

图7-7　当前诚信教育的实效性评价

❖ 人际关系最重要的，莫过于真诚，而且要出自内心的真诚。真诚在社会上是无往不利的一把剑，走到哪里都应带着它。——三毛 ❖

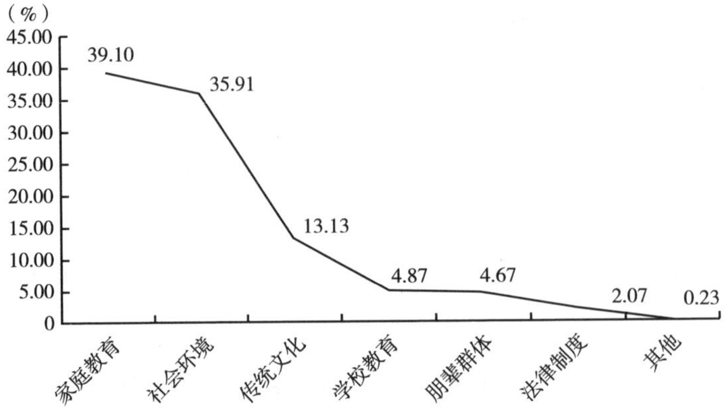

图7-8　影响大学生诚信观念与行为的最重要因素调查

在影响大学生诚信观念与行为的最重要因素调查中，受访者认为的因素排名依次是：家庭教育（39.10%）、社会环境（35.91%）、传统文化（13.13%）、学校教育（4.87%）、朋辈群体（4.67%）、法律制度（2.07%）、其他（0.23%）。调查中，超过1/3的大学生认为家庭教育是影响诚信观念形成的首要因素。我们应该尤其重视家庭教育的基础性作用，发挥父母作为第一教育者的重要作用，防止父母在子女优良品格形成过程中的缺位。与此同时，认为社会环境是影响诚信观念形成首要因素的大学生和前者比例旗鼓相当，这表明大学生对于生存在一个良好的诚信生态环境中的诉求。我们应该积极回应，充分发挥环境的浸润与渗透作用，让大学生在耳濡目染中坚定诚信。习近平同志曾经说过：文化自信是最基础最广泛的自信。调查中，13%的大学生认为传统文化是首要因素。简而言之，大学生诚信教育不是一个因素所决定的，而是一项系统性综合性的工程。在这个过程中，家庭、学校和社会应该各有重点，形成互补，通力合作。

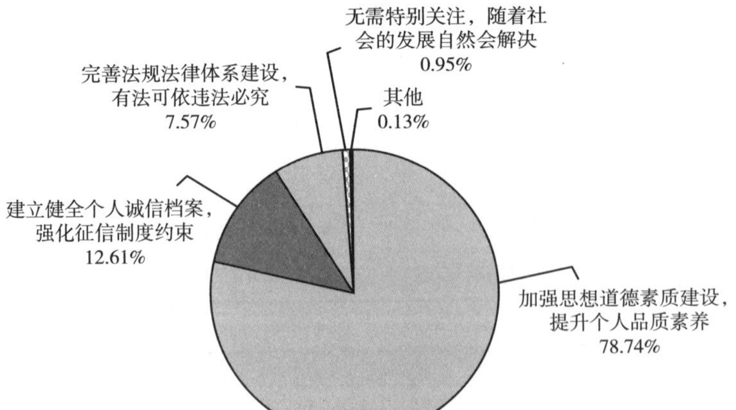

图7-9　改善“诚信缺失”的有效途径

根据调查结果显示：针对改善“诚信缺失”的有效途径，当代大学生认为改善周围“诚信”缺失的最有效途径排序依次为：加强思想道德素质建设，提升个人品质素养（78.74%）；建立健全个人诚信档案，强化征信制度约束（12.61%）；完善法律法体系建设，有法可依违法必究（7.57%）。这表明大学生群体减少失信行为的最关键因素是个人的品德提升。但与此同时，强制的外在约束手段，如制度体系、法律法规的体系建设也不容忽视。

三、大学生诚信践行的影响因素

问卷调查中，近乎100%的学生都认同诚信对于当代青年的重要意义，表明了当前大学生诚信观的正确性。但是理想很丰满，现实却很骨感。放诸具体场景，秉承正确诚信观念的学生能够真正践行诚信行为的比例却打了折扣。究竟是什么阻碍和影响了大学生诚信观念的践行呢？对此，本编写组尝试从个体内因和环境外因进行了剖析。

（一）个体诚信行为的多重阻碍

1.相对诚信中的动摇迷茫

关于阻碍大学生诚信行为的影响因素的调查结果显示，当被问及自己在什么情况、哪些问题上做到诚信最困难时，51.81%的学生表示涉及自己和他人隐私时，33.90%的学生表示当谎言可以维护自身的利益时，13.86%的学生表示指出他人缺点时，还有少数学生选择了其他。

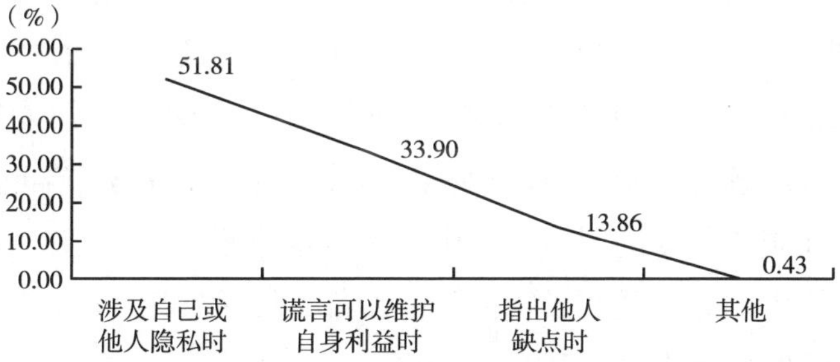

图7-10　阻碍大学生诚信行为的影响因素

或许是出于自我保护和防卫的机制，当涉及隐私问题时，超过一半的大学生表示最有可能出现失信行为。部分受访者还给出了其他答案，这些答案大致有两类，其中一类学生回答“不知道”“其实我也不知道”“人会根据情况不同选择对某人某事进行撒谎，这个是不一定的，过于实诚的人有时反而不懂变通”。超过9%的学生在回答“毕业择业时，为了找到一份比较好的工作，是否虚假美化个人履历，在简历上作假”这一问题时，表示“暂时不清楚，要视当时情况而定”。这些模棱两可的答案恰恰反映了学生自我内在混沌与迷茫之感。

值得注意的是，另外有较多的学生还表示有些时候不诚信行为出于“善意的谎言”。无论是影视作品还是现实生活，我们常常会听到特定场景下一些“善意的谎言”。也就是说，当大学生认为当谎言比真话更能在客观上促成一个“圆满”的局面时，他们可能会倾向于选择谎言，因而出现失信行为。

无论是隐私问题、视时而定还是善意谎言，都表明了诚信在大学生践行的过程中是相对的，是有条件的，是一定限度内的诚信。如果现实情境打破某项条件时，诚信原则就被视为可以被打破了。这从反面说明了抽象的诚信观念与具体的诚信行为践行情景之间存在的落差。这也是为什么近乎所有的受访者都认同诚信品德的重要性，但是面对现实生活场景时却时常出现对诚信的背离与漠视态度。因此，不断减少和消弭这种落差，才是诚信一词从“知”到“行”遇到的最大阻碍。

2.义利考量下的重利轻义

中国自古以来就有关于“义与利”的思辨，往圣先贤曰：“不义而富且贵，于我如浮云。”“生，亦我所欲也；义，亦我所欲也。二者不可得兼，舍生而取义者也。”中国自古便是一个崇尚精神的民族，优秀的传统文化亦是推进中华民族不断前行的精神脊梁。然而，随着市场经济不断发展，全球化日益深入，西方拜金主义、享乐主义、极端个人主义等思潮不断侵蚀青年一代心灵。面对物质的诱惑，正处于人格塑造期的青年大学生很容易出现义利观上的摇摆不定，最后出现失信行为。

申请学费减免或困难资助，受访者中超过7%的学生选择根据需要对家庭条件进行渲染以便申请成功。面对校园“枪手中介”现象，超过40%的同学认为这是当前经济环境下需求催生供给，符合市场规律的正常现象，也是失信人靠自身能力吃饭的一种体现，可以理解与接受。而这种理解与接受背后似乎还带着些许认同与称颂。在关于诚信观念和诚信行为的因素调查中，其他这一栏里，“贫穷”反复出现，有学生提出改善诚信缺失的方式是“教赚钱，一切都是因为穷”，不少学生认为物质的匮缺是导致当前大学生失信的重要因素之一。

但是现实情况是，2022年，习近平总书记庄严宣告我国已经实现脱贫攻坚的伟大胜利，将近九千万人口托举到贫困线之上，消除绝对贫困，在世界减贫史上铸就了中国奇迹。在校园内，我国逐渐构筑了较为完善的困难学生资助育人体系，生活困难补贴、临时困难帮扶、优秀学子学业奖励、游学政策、校内外勤工俭学帮扶、退役士兵大学生学费减免政策等，保证每一个考上大学的孩子不因经济问题而辍学。既然绝对贫穷已经消除，学生口中反复出现的“贫穷”实则为“相对贫穷”，是相互比较之下产生的贫穷心理，更多的是追求物质之下出现的虚荣之心和攀比之风。本该接受知识洗礼、培养独立人格的青年学子一旦出现重物质轻精神的倾向，抛弃诚信之“义”，投身物质之“利”，失信行为便自然出现了。

明知诚信可贵，面对失信现象，却“不以为耻，反以为荣”，当青年学子将背弃精神品质追求物质利益视为一种能力彰显的时候，目睹他人失信尝到“利益”之“甜味”，效仿失信行为也会滋生。

3.看客心态下的双重标准

看客，简单而言就是旁观者，是指人们以麻木的旁观者姿态评判事件与人，不论何种性质的事件都如同看戏一般，缺乏应有的批判、共情、愤懑等心理反应。此次问卷调查中，我们发现部分受访学生在面对诚信问题时也存在一种“明哲保身”的旁观者心态。

调查结果显示，面对校园失信行为，超过11%的同学则认为这种失信现象无所谓，因为自己并不会参与其中。在回答某些问题时，部分学生的回答也是无所谓的态度。这反映出大学生缺乏一种统一的诚信道德标准，对人与对己的评价标准并不一致。一方面大学生群体普遍对诚信的重要性有着较高的认同度，但另一方面，在与自己无关的失信行为面前，一些大学生就觉得无关紧要。此时，受访者呈现出对自己和他人的双重标准。

在现实场景中，我们也经常会发现这种现象。这种“事不关己，高高挂起”的处事态度，缺乏作为一个青年学子对于身处其中的社会家国的关注。诚信社会的构建离不开每一个公民的共同努力，谁也不应该“置身事外”“明哲保身”。风声雨声读书声，声声入耳；家事国事天下事，事事关心。当代青年不仅应当是修身如玉的，更应当是知冷暖有温度，主动参与美好社会建设，积极助力国家发展的新青年。拒绝看客式的“道德冷漠”，要求青年学子不仅要正确树立牢固的诚信观念，践行诚信行为，更要有敢于和失信行为做斗争的血性和勇气。

（二）外部教育环境仍待优化

除了大学生群体自身关于个人隐私、利益和善意谎言的考量之外，父母朋辈、社会风气、外部环境也会影响大学生的诚信观念养成与行为选择。比如一些学生在回答问题过程中表示“别人作假，我实事求是也许会吃亏”等，可见大学生群体在诚信践行的过程中会受到朋友群体的影响。

根据调查结果显示，当被问及认为当前我们的诚信教育是否有效时，认为很有效果的学生不足50%，41.47%的学生认为是比较有效，近16%的学生认为效果一般甚至几乎无效。因为本次问卷样本达3000余名学生，16%的比例意味着有四五百名的学生认为当前的大学生的诚信教育效果是不尽如人意的，这个比例不容忽视。

1. 功利化理念导致家庭教育价值观偏差

在影响大学生诚信观念与行为的最重要因素调查中，我们发现排名前三的影响因素依次为：家庭教育（39.10%）、社会环境（35.91%）、传统文化（13.13%）。其中，将家庭教育作为首要因素的学生占比最高。

数据表明，大学生群体本身也充分认识到了家庭教育的重要性。父母是孩子的第一任老师。从孩子一出生开始，父母的世界观、人生观、价值观就会对子女产生影响。家庭是对一个人性格和道德品质养成影响最深的地方。青少年的教育培养不能脱离小家，完全交由学校与社会。父母教育的缺位往往导致更严重的问题。但是，由于不同家庭父母自身文化水平和道德观念的差异，导致他们在培养子女的过程和重点也不尽相同。

一方面，部分家庭的父母受当前社会功利主义的影响，唯“分数论”，唯“成功论”，一心希望子女出人头地。甚至有些父母将自身未完成的梦想强加于子女身上。在子女上学期间，迫切希望子女能够取得优异的成绩，并以此作为炫耀的资本，一旦子女出现成绩滑坡、挂科等现象，不注重疏导引导，一味责备谩骂。同时出于自身的攀比虚荣心理，常常用“别人家的小孩”打压自家子女，这种教育方式极易导致子女为了保证学业“不择手段”，不惜以作弊等方式获得想要的结果。

另一方面，长期的家庭生活，子女也会在耳濡目染中习得父母的观念行为。部分家庭的父母如果不能在诚信方面做好表率，会让子女形成“诚信无用，利益至上”的错误观念。例如，父母在孩子面前是否能做到言出必行，父母获得意外之财是否会及时归还，等等。如果一个家庭中父母本身不践行诚信，缺乏言传身教，对子女成长过程中的失信行为不加以及时阻止教育，就会导致子女形成错误思维定式和价值排序，在面临外界诱惑时，无法作出正确的行为选择和价值评判。

2. 传统式教学使得高校教育实效性缺失

大学生之所以诚信观出现偏差，有很大一部分原因是当前高校诚信教育并未得到十分重视，诚信观教育处于较为边缘的位置。高校公共基础课程中并无专门的诚信教育课程，诚信教育一般在通识课程中被点到，没有形成体系完整的教学体系，教学内容相对匮乏，缺少专门的研究和固定教材。

教育方式并未根据学生实际需求更新与完善，仍在维持老一套的教育方式和理念。传统诚信理论知识的讲解以讲座宣讲等方式进行，形式稍显单一无趣。加之长期的“填鸭式”教育，部分大学生群体甚至会对诚信观培育出现逆反心态，被动的学习专业状态使教育实效性大打折扣。诚信教育的实践类活动寥寥无几，就连“诚信考试动员大会”的存在也是为了辅助教学活动的有序开展。

除此之外，高校对于大学生诚信缺失问题的惩罚机制不完善，惩罚力度不够大，致使大学生产生投机心理，认为虽然失信，但是收益大、惩罚小或者是零惩罚。例如，学生出现失信行为，仅仅通过思想政治教育工作者以口头批评教育或者要求学生撰写检讨书，这样的失信成本对于某些学生来说简直微乎其微。学生侥幸心理滋生，失信行为得到的甜头在学生中口口相传，产生校园诚信的“破窗效应”。

3. 复杂化的社会环境诱发不良社会风气

在调查中我们发现，认为“诚信美德可有可无”的全部学生一致认为“当前大学生总体诚信状况很差”。由此也表明了环境对于个人诚信观念养成的影响。改革开放40多年来，巨龙实现腾飞，经济水平的快速提高，为我们带来了翻天覆地的变化。与此同时，随着全球化的深入发展，世界成为一个“地球村”。西方文化通过影视作品、商品服务等软性输入对本土文化产生巨大的冲击。享受主义、拜金主义、极端个人主义等思潮对青年群体产生巨大影响。

层出不穷的社会负面事件产生不良社会效应。不良商贩唯利是图影响义利观的评判。社会主义市场经济中，部分群体为追求经济利益，背弃了诚信的道德原则，大范围仿制名牌商品和食品造假等事件屡屡发生，“毒奶粉”“地沟油”进入普通百姓家中。“饭圈文化”、明星偶像行为失范误导青年学子。一大波青年学子喜爱“饭圈文化”，盲目追星行为时常有之。但正是这些被青年群体追捧的明星偶像，却时常曝出“偷税漏税”“违法犯罪”等占据微博热搜头条的负面新闻。“扶起摔倒老人反倒被讹”式的社会现象引发“道德冷漠”。行善举却反倒被烦恼缠身，让一大批人心寒。这样社会事件让很多人有了“多一事不如少一事”的心态，这在诚信践行中就呈现为不敢直面指出“失信”行为，严重影响了诚信社会的构建。多元化的社会思潮和日益复杂的社会环境在一定程度上使大学生对诚信行为的选择和判断上出现严重的偏离。

质量低下的网络短视频败坏社会风气，引发青少年错误效仿。“互联网+”时代，随着短视频和直播时代的来临，改变了大众图文阅读的习惯，短视频创作风靡男女老少。加之拍摄短视频的门槛低，嗅到契机的人群大量涌入，由此诞生了一系列的网红博主。但是由于准入门槛低、监管不够到位、网红博主自身文化素质参差不齐，创作出来的短视频质量也良莠不齐。部分视频为博流量哗众取宠，比如过度渲染有钱人的生活，传播“有钱能使鬼推磨”的观念，严重背离社会主义核心价值观，严重影响青年大学生形成正确的义利观。

四、大学生诚信观念的强化路径

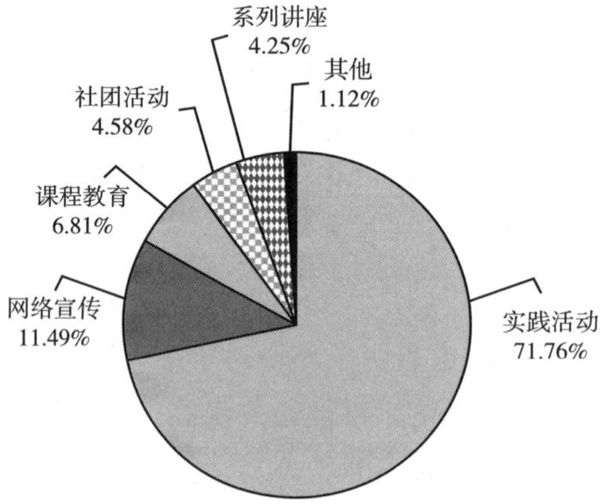

图7-11 改善周围“诚信”缺失的最有效途径

根据调查结果显示：当代大学生认为改善周围“诚信”缺失的最有效途径排序依次为：加强思想道德素质建设，提升个人品质素养（78.74%）；建立健全个人诚信档案，强化征信制度约束（12.61%）；完善法律法体系建设，有法可依违法必究（7.57%）；根据调研结果以及影响大学生诚信行为的内外部因素，调查组认为，要切实强化大学生群体的诚信行为，改善诚信缺失，也必须从多个层面入手，一是通过学习教育加强大学生群体的思想道德素养，提升道德自律，使大学生不愿“失信”；二是要结合社会主义核心价值观建设，弘扬诚信之风；三是通过建立健全机制，形成外在的强制约束力，使大学生群体不敢“失信”。

（一）涵养诚信观念，以德加强自律

伟大哲学家康德曾经在《实践理性批判中》提到：世上只有两件东西能够深深地震撼人们的心灵，一是我们头顶上灿烂的星空，一是我们心中崇高的道德准则。诚信的涵养不能仅靠被动的灌输教育，更应是一种自觉主动的选择与守护，受访的青年大学生也在回答问卷时指出了这一点。部分学生认为，影响诚信行为的选择最关键的因素还是自身，诚信教育最关键也靠自觉，“如果自己不学好，他人怎么教育都没有意义”。因此，强化大学生诚信行为，改善“诚信缺失”现象也要从个体自觉开始。

❖ 真实是人生的命脉，是一切价值的根基，又是商业成功的秘诀，谁能信守不渝，就能够成功。——德莱塞 ❖

1. 自觉主动，靠近“诚信”

涵养诚信观念必须强化理论学习。诚信理论知识的学习与积累很重要，大学生应在不断学习的过程中领悟诚信的内涵，丰富自身的诚信理论体系，形成正确的诚信观。首先，青年学子应该主动学习中华优秀传统文化，认识诚信的由来与内涵，更加深刻地认识诚信。其次，学习古代诚信典籍故事，近现代以来诚信的名人轶事，通过一个个具体形象的事例，通过解读经典故事加深对诚信的领悟。同时，要学深做实毛泽东思想和中国特色社会主义理论，在新时代中国特色社会主义现代化建设的大背景下，多加研读马克思、恩格斯著作原文、经典的大学生诚信读本、习近平总书记系列讲话等学习资料，深入领悟马克思主义与中国特色社会主义理论，领悟社会主义核心价值观，领悟诚信对于个人进步、社会建设、国家发展的重大意义。

涵养诚信观念应该树立学习榜样。“学所以益才也，砺所以致刃也。”习近平总书记曾指出，我们应该善于向先进典型学习。“心有榜样，就是要学习英雄人物、先进人物、美好事物，在学习中养成好的思想品德追求。”诚信教育亦是如此。个体诚信观念的养成也可以发挥榜样教育的力量，用榜样的光辉照亮梦想的道路。古往今来，无数英雄人物在年少时便树立起了人生偶像，并不断跟随榜样的步伐披荆斩棘，坚定信念。青年学子应自觉主动接受诚信教育，阅读经典人物以及先进人物的典型事迹，将这些人确立为学习榜样、人生导师，充分学习他们身上闪耀的品质和诚信的行为。当自己面对现实选择，内心迷茫与动摇时，多想一想心中榜样会作出什么选择。以榜样为标杆，为学立世，坚定诚信信仰，充分发挥榜样对自身的引领作用，追随榜样的脚步，作出正确的选择。

涵养诚信观念应该结交良师益友。青年学子正处于人格发展期，思想情感和行为表现极易受到身边人、身边事的影响。因此，成长路上选择一位好的人生导师十分重要，他能够在人生的十字路口帮助大学生拨开迷雾，指明方向。青年学子在成长过程中应该主动结交优秀的长辈老师，多与他们交流想法，获得经验与指点。及时舍弃错误的思想观念，摒弃错误的行为习惯。古语云：“近朱者赤，近墨者黑。”朋友同学是大学生交往时间最长的群体，朋辈群体的言行在青少年诚信观念的形成过程中也会产生重大影响。青年学子在选择同辈朋友的时候切忌过于简单肤浅。现在很多青年学子“三观跟着五官走”，心里想着“颜值即正义”，在这种思想观念的影响下，大学生很有可能全凭外貌结交新友，甚至误入歧途。青年学子要学会注重考察对方的品行修养，多交品质如兰的谦谦君子，不交形迹恶劣、顽固不化的损友。选择品德高尚道德自律的人为伴，学习对方身上的优良品质，相互监督相互促进，实现共同成长。

2.明辨是非，选择“诚信”

《论语》记载：“贤哉回也！一箪食，一瓢饮，在陋巷，人不堪其忧，回也不改其乐。贤哉，回也！”当今中国经济飞速发展，一跃成为世界第二大经济体。市场经济催生出了“一切向钱看，向厚赚”的错误观念，也危害了青年学子的思想。青年学子应当多读经典多看社会，不断提高自身学习文化知识的能力以及辨别各种事物的能力，认真学好哲学知识，培养辩证思维与理想思维，正确看待义与利的关系。

校园失信得不偿失。学业失信行为多源于个人学习态度不端正、课业压力、考试压力等。想睡懒觉不想上课，但是又担心被点名影响出勤率；平时没有好好学习，期末了也不想认真复习，但是又担心考试不通过而出现挂科；不愿意花费时间好好阅读文献钻研论文，又担心论文不合格影响毕业，等等。这些现实的压力滋生了众多失信行为。在校学习期间，通过请人上课、考试作弊、论文造假等方式，怀抱侥幸心理，追求学业“通关”。这种行为看似获得了短暂的好处。但是放弃学习过程也意味着失去了知识获取的机会和专业进步的可能。大学毕业时，一个学习态度浑浑噩噩、不具备充分职业技能和社会竞争力的学子也很难获得一份称心如意的工作。从长远来看，学业失信行为失去的不仅是优良的道德品质，更是丰盈的自我和立足社会的生存技能。

步入社会后，失信的代价也许会更加巨大。青年学子正处于技能增长和学习积淀期，初入社会的薪资水平很难尽如人意。追求利益固然没错，但是前提是要有道德底线和准则，君子爱财应该在合理合法的范围内，采取正确的手段和方法。要多从反面教材上吸取经验教训，不能因为一时财迷心窍，背信弃义。事实表明，无论是“毒奶粉”“地沟油”、假冒伪劣的仿制品最后都逃不出法律的制裁，背弃诚信获得的物质财富无法长久，危害他人社会安全的行为终将被社会唾弃。自古以来，能成大事者都离不开一个“诚”字，无论是古代的商鞅立木取信，还是当今的海尔集团砸冰箱事件，都在告诉世人“利益”与“诚信”看似冲突，但是将目光放长远，选择“诚信”会收获更长远的“利益”。因此，多学习正面典型，主忠信，合乎义。学会明辨就会发现，选择“诚信”才是真正长久之计。

3.敢于亮剑，守护“诚信”

青年学子是推进社会进步的生力军，也是助力伟大复兴中国梦的中坚力量。近代有学者呼吁，青年人应该是“自主的而非奴隶的、进步的而非保守的、进取的而非退隐的、世界的而非锁国的、科学的而非想象的”。诚信社会的构建呼唤新青年力量，青年学子要学会拒绝“旁观”与“道德冷漠”，面对身边的失信行为要敢于直面并指出。

一方面，青年学子应主动关心身边人身边事，做诚信的代言人。守护诚信，青年人并不是无事可做，可以通过社交平台，言传身教，身体力行，以各种方式积极主动宣扬诚信文化。在日常和亲人朋友同学的相处过程中，能够做到严于律己，一诺千金，带头讲诚信，守信用，做诚信行为的践行者。面对亲人朋友错误的诚信观念与失信行为，不因害怕破坏关系而闭口不谈，不避讳、不齿于表达正确观点，及时指出并制止错误行为，做失信行为的遏制者。

另一方面，青年学子要主动关注社会热点和国家大事。当出现引起社会广泛关注的热点事件时，不跟风，不盲从。通过仔细甄别，在纷繁复杂的舆论与信息中保持清醒头脑，明辨正误。不会在网络“键盘侠”的不理智言论中失去独立判断，要敢于亮剑，正面交锋，在网络平台和现实场景中表达正确的观念和观点，带着批判理性的思维，影响并带领身边人一起守护“诚信”。

（二）培育良好风尚，以诚润泽人心

为培育诚信意识，践行诚信行为，除了需要个体自觉外，一个诚实守信的外界环境也是必不可少的。而这个环境的营造需要各个主体的共同努力，家庭、学校、社会通力合作，将诚信教育贯穿于学子成长的每一个阶段，根植正确观念，培育时代新人。

1. 以良好的家风根植正确的价值观

促进大学生诚信的养成和巩固，必须发挥家庭教育的基础性作用，以良好的家风根植正确的价值观。每个家庭都应当制定家规家训，营造良好家风。习近平总书记曾经在讲话中强调了培育良好家风的重要作用。他指出：“国无德不兴，人无德不立。加强全社会的思想道德建设，离不开家风的传承。”家风指的是一个家庭的传统风尚，由生活其中的家庭成员的生活方式、创造的文化氛围所构成。简而言之，家风就是一个家庭的风气、风格与风尚。家规是指一个家庭特定的行为规范，这种规范有可能是一个家族代代相传用以教育规范后代子孙的行为准则，也可能是一个家庭共同商议之后拟定的行为规矩，也可称为家法。中国古代的名门望族为了保证家族的兴旺，往往会制定严格的家训家法来保证后辈子孙的言谈举止合乎礼法。虽然其中存在糟粕，但是这种形式也在一定程度上印证了一个家庭建立规范的重要性。

俗话说：“没有规矩，不成方圆。”家庭教育要自小为子女立好规矩，明确什么事情能做，什么事情不能做，一旦触碰了家规底线，也应该有明确的惩罚纠正机制。在诚信问题上，要明确告诫子女“君子有所为有所不为”“以诚待人”“行必行行必果”等道理，传递正确的诚信观。家庭中的父母长辈也应率先垂范，以身作则，言传身教，高度重视品格培养，做到“不义之财不取”“君子一言驷马难追”等，在潜移默化中引导子女守信讲诚。对于子女的守信行为给予必要的鼓励与强化。发现子女的失信行为要及时纠偏，纠偏过程要注重方式方法，既要树立威严又要维护子女自尊。拒绝不分青红皂白的辱骂与苛责，这只会加深子女和父母之间的鸿沟，不利于教育的良性开展。与此同时，家长也应该开始教育反思，改进自身不足进行教育优化。

放弃攀比与虚荣，营造民主轻松的家庭成长氛围。为人父母务必保持一颗平常心来看待子女的成长，学业成绩只是大学生能力的一部分，放弃对“别人家孩子”的艳羡，减少攀比与炫耀虚荣的心理。将子女视为一个独立的个体，合理设置期待值，给予充分理解与宽容。“一花独绽不是春，百花齐绽春满园。”尊重子女个人的性格、喜好、能力，鼓励他在个人擅长的领域钻研努力，发光发彩。只有一个包容轻松的氛围，子女才不会因为顶着父母的巨大期待做出失信行为。

2. 创新教学方式增强教育实效

促进大学生良好诚信的养成和巩固，必须发挥学校课程教育的主渠道作用，创新教育方式与载体以增强教育实效性。一方面，高校应当做好诚信教育与社会主义核心价值观教育，与公共基础课程教育有机融合，充分发挥“第一课堂”的教育主渠道作用，确保学生“知”诚信。授课方式应当善于挖掘开发校本案例，改变填鸭式、说教式的上课方式，让学生主动参与案例讨论，增强学习效果。同时，各大高校也可以根据本校实际情况，钻研开发特色诚信教育课程，如明理诚信教育等。针对时代特点，及时更新教育内容。以中华传统文化诚信观念为基础，结合社会主义核心价值观的道德要求，融合新时代人际交往诚信、市场经济诚信、网络信息诚信等内容，更新新时代诚信内涵。根据专业特色，强调行业诚信。党的二十大报告强调大力培养行业人才、大国工匠。诚信也是职业教育的重要内容。高校应该结合专业特点，进行职业道德教育，增强大学生诚信教育的实效性，如会计、金融等专业尤其需要注重廉洁与诚信教育。

另一方面，要呼吁广大青年学子牢固树立诚信意识。践行诚信行为，仅通过理论学习是远远不够的。调查结果显示，大学生群体认为最行之有效的诚信教育方式依次为：实践活动（71.76%）、网络宣传（11.49%）、课程教育（6.81%）、社团活动（4.58%）、系列讲座（4.25%）。“纸上得来终觉浅，绝知此事要躬行。”调研中我们发现学生将“实践活动”摆在了诚信教育的首位。因此，学校在加强诚信课程建设、强化《思想道德与法治》等公共基础课教学的同时，应当创新诚信教育手段，搭建实践教育的平台。在校内，可以开辟“第二课堂”教学，适当增加实践类社团文化

❖ 共产主义不仅仅表此刻田地里和汗水横流的工厂，它也表此刻家庭里饭桌旁，在亲戚之间，在相互的关系上。——马雅可夫斯基 ❖

活动；还可以大力鼓励学生参与诚信文化相关的创新创业活动，例如某些高校内推行的公益漂流伞活动既解决了外出忘记带伞的问题，又能无形中增强学生的自律行为。高校要利用各种培训、青马工程、学代会等平台，依托名人展馆、革命遗迹、部队军营等载体通过参观、学习、调查、服务等形式多样的社会实践活动，引导学生在实践中提升诚信素养，促进其诚信观的养成。在校外，可以与企业、社会组织建立合作，设立诚信教育的实践活动基地。创新实践活动作为课堂教育的有效补充，确保学生“行”诚信。唯有做到诚信教育的知行合一，才能将“诚信”二字落到实处。

促进大学生良好诚信的养成和巩固，还应发挥校园文化的浸染作用。高校可以通过校园布景营造出浓厚的诚信文化氛围。建设诚信楼宇文化，在宿舍与教学楼的通道、宣传栏等地方张贴宣传大学生“诚信之星”、社会守信典范的典型事迹。用好校园景观，在校园内设置诚信石、诚信鼎等特色场景。以“诚信”命名校内建筑，如“众诚教学楼”“诚信大道”等。设置宣传标语，例如在电梯间、扶手旁张贴诚信相关的名言警句。让诚信文化布满校园的方方面面，真正做到每步每寸皆为诚信。增加高校大学生诚信教育的实效性要注重教育反馈。在开展教育前中后期及时开展调研，对教学内容、教学方式、教师队伍、教学效果等内容收集反馈意见，根据学生的真实感受和建议及时优化和更新教育方案，以保证诚信教育能真正贴合学生需求，受到学生认可。

3.全员合力树立诚信新风

促进大学生诚信的养成和巩固，必须营造以诚实守信为荣的良好社会风气，以春风化雨之力润泽人心。诚信社会的构建要呼吁全社会每个公民联动，大力弘扬，让诚信之风吹到中国的每一个角落，吹动每一颗心灵向好向上。

我们应当树立社会诚信榜样，宣传诚信事迹。在全国范围内评选表彰“最美诚信人”，给予守信典型人物给予精神鼓励与荣誉。鼓励自媒体挖掘诚信相关的身边人、身边事。全民合力建设清朗网络，构筑网络阵地，通过新媒体宣传不断传播中国诚信故事、诚信文化；拒绝低俗化和背离核心价值观念的网络短视频。

我们应该鼓励文艺创作，以人民大众喜闻乐见的作品传递诚信能量。在被问到诚信教育最行之有效的方式时，有学生给出他的看法：“从各方面进行宣传，例如影视作品的人物刻画，各类游戏价值观引导，通过这种具备代入感且有内容有思想的作品传递诚信正能量。”这要求文艺创作者摒弃浮躁心理，少一些迎合心理，能够静下心沉住气，注重作品内核与深度，创作出大众喜闻乐见的影视作品，在大荧幕上宣传社会主义核心价值观，弘扬主旋律，以真正优秀的作品打动人心。

我们应该寓教于乐，在青少年群体最感兴趣的娱乐方式中融入诚信教育。近年来，密室逃脱、王者荣耀、狼人杀、剧本杀等游戏活动风靡大学生群体，从国家层面鼓励在游戏娱乐中加入诚信教育的理念，发布诚信相关的游戏主题本、设置诚信相关历史典故人物上线等，让游戏用户在体验游戏、角色扮演的同时加深对诚信的学习和领悟，不失为一个很好的教育方式。

同时，我们应该注重肃清网络风气，打造风清气正的网络平台。针对人民群众最喜爱的短视频频道，设置专门的短视频博主准入门槛，加强视频和直播的审核和监督机制，严把入口和输出的“关卡”，防止三观不正的视频涌入手机客户端。一旦发现产生错误导向的视频，加大惩治打击力度。短视频领域除了要“严防”低劣视频，也要大力鼓励正能量视频创作。相关部门可以联合抖音、快手、微信视频等平台发布主题任务，鼓励当红UP主创作诚信相关短视频。通过优先赋予流量等方式吸引大众进行高质量短视频创作，在短视频领域形成“百花齐放，百家争鸣”的态势，牢牢把握网络主阵地。

（三）完善制度法规，以法约束行为

良性制度与法规安排能够将符合中国特色社会主义核心价值观的心理情感、道德品质和行为进行优化、固定和强化。一方面，健全高校诚信制度建设可以对大学生诚信行为形成他律，对诚信意识起到规范和约束。实践证明，他律常常也是自律形成过程中的催化剂。大量事实表明，在巨大的利益诱惑面前，仅仅软性的教育无法做到让大学生群体完全坚定诚信这一选择。因此，为摆脱这一尴尬的窘境，少不了“软硬兼施”，即软性教育与硬性管理。结合合理的制度安排，让诚信自觉与制度规范完美融合，相互促进，相辅相成，促进学生诚信意识的健康发展。另一方面，制度法规建设能够提升当前诚信教育的力量。大学生诚信观念的培育、诚信行为的养成要多措并举，引导、剖析、约束、指引、奖惩都是手段。对应的行为激发对应的奖惩机制能将外在标准内化为自身信念。因此，为大学生群体营造一个制度健全、法律体系完善的良好的文化环境，能够促进大学生群体的行为向预期方向发展，自觉遵守制度法规，培育诚信品质。让诚信友善从制度自觉转变为大学生群体的文化自觉，助力培养有理想、有本领、有担当的时代新人。

1. 建立学生诚信档案，做好信息校社衔接

大学期间，从学生入学开始就会有一份学生档案，里面记录着学生个人基本信息、家庭信息，以及在中学、大学期间的学业行为表现。在大学期间发展入党的学生也会建立专门的党员档案，记录着发展各个阶段的材料与信息。与此类似，高校可以建立健全学生诚信档案，设置一份诚信档案信息。

高校负责人应召开教师学生代表大会，根据反馈意见制定个性化的诚信档案管理制度与目标，为诚信档案工作的开展指明方向。同时要设置专门的诚信档案管理小组和学生管理部门，通过学习相关理论和经验，根据各高校本身实际情况，探索拟订新诚信档案管理的实施条例并负责档案信息的收集、建档、存档与管理，做到主题明确，权责分明。在诚信档案制度推行之前，也要预留充足的时间进行宣传推广，让大学生认可并接受这一实施办法，切忌过于草率引发逆反心理。同时做好配套的解释工作，对于学生的疑问困惑及时解答，以保证工作正常运行和推进。

在诚信档案中按时序、年级、类别分设模块。例如，设置诚信理论学习、诚信活动参与、诚信行为践行、所得荣誉、所受处分等模块。理论学习模块可设置参与课堂学习、讲座宣讲、网络学习等分支。诚信行为践行模块可设置学习活动、经济活动、求职就业活动等分支。学习活动包括参与诚信考场考试、课堂签到出勤、作业完成率、毕业论文撰写等；经济活动包括申请资助育人、学费住宿费缴纳、校内勤工俭学等情况；求职就业活动包括诚信投递简历、应聘面试等。所获荣誉模块侧重记录该生是否因为诚信行为获得表彰或处分，如院校评选的“诚信之星”称号、部门政府颁发认证“拾金不昧等”诚信行为等。所受处分主要记录是否因为失信行为受到处分，如考试作弊、代上党课、论文代写等。

诚信档案每年由学生本人更新一次，选举组建班级评议小组进行初审，初审无误后交由院系老师审核。院系审核无误后，要将学生诚信情况进行公示，呼吁全体学生共同参与监督，开通举报质疑电话，发现问题及时处理，直到公示无误后由学院盖章存档。毕业时，诚信档案作为个人档案的一部分进行校社转接。诚信档案的设置可以在一定程度上提高学生对于诚信品质的重视。诚信入档案可以增加失信行为的成本，让学生在权衡利弊的过程中，避重就轻。缺勤挂科还有补考的机会，一旦失信将会记录在档案，因此在很大程度上可以避免学生在学习求职过程中出现的侥幸心理。

2.健全高校管理制度建设，规范学生日常行为

完善高校制度建设，拧紧学生一条弦，营造高校诚信风尚。要加强大学生在校期间诚信行为引导，不仅需要以文化人的“软性”教育引导，还需要严肃公正的“硬性”规范管理。做好高校大学生诚信行为的管理，要建设好制度，也建设好队伍执行好制度。

一方面，高校诚信管理需要做到有制可依，即制定科学合理的规章制度。为了确保大学生更好地践行诚信，绝对不是光喊口号就能实现的，必须将诚信规范成文化、具体化，而不是像以往一样一笔概括。这些诚信制度需要涵盖评奖评优、助贷申请、勤工俭学、学生党员发展、课程学习、社团活动等方方面面，明确学生在参与这些活动的过程中应该遵循的规则，包括如实汇报个人学业情况、家庭情况、独立完成学业任务等。在这些方面，明确划分什么是诚信行为，应该如何遵守诚信，也明确指出哪些行为属于失信行为，不允许越线。制度制定时也必须明确说明如果出现失信行为，将会有何种处理处置方式，把所有的规则都立在前头。这样一来，针对校园内失信事件的处理就能做到有据可循。

另一方面，高校工作人员要做到有制必依，即执行制度公平公正，切忌“千人千面”。面对同样的性质和程度的学生失信情况，必须作出同样的处理，才能彰显制度的公平正义，让学生心服口服。同样的，也不能“敷衍手软”，无视制度规定，在学生的“软磨硬泡”下对失信行为“睁一只眼闭一只眼”，严重危害制度条例的严肃性。长此以往，学生口口相传将会藐视制度的存在，出现失信行为只会想着“糊弄过去”，那么再好的制度也将形同虚设。

除了运用好高校教职工团队的力量，确保制度执行的精准有效，高校教育管理制度的执行也应当充分发挥学生之间的互相监督。要求学生干部、学生党员起到引领示范作用，同时也可以组建专门的学生管理团队负责监督改进学生群体的失信行为。发挥班团等基层组织的自我管理与自我服务作用。积极形成以辅导员—班主任为第一负责人的管理机制，鼓励班团内部出台相应的班规条例，针对开展评议奖学金、助学金、推选党员发展对象、勤工俭学对象等工作制定诚信规范，防止班级同学在此过程中弄虚作假。

3. 完善社会法律法规体系，充分发挥法制约束

诚信价值观的延续不仅要“德治”，也需要“法治”。2012年，教育部修订《国家教育考试违规处理办法》，对在国家考试中作弊的学生，以及姑息、协助作弊的监考人员作出了明确的处罚规定。2015年，《中华人民共和国刑法》第九修正案将在国家考试中严重作弊行为纳入刑法范畴，加大了违反诚信的代价，新法实施后，国家考试作弊行为明显减少。事实表明，唯有对失信者重罚，才能彰显法制的权威，才能增强诚信与道德的力量。

法治是诚信核心价值观深入人心的有力保障与必经之路。完善诚信相关的社会法律法规体系，就是要将诚信观念从党和人民的意志上升为国家法律的意志。经由法律的规范和保障作用，诚信价值观将从道德水平的评价转变为主体义务与责任，由软性要求演化为硬性约束，将内心自律强化为外力制衡，从个体自觉集中到社会规范，把零散的不成体系的标准上升到常态化规范化的条例中去。法律的强制力是维护诚信威严的坚强后盾。失去法治的保驾护航，就失去了对失信分子的强力惩治。势必助长失信之风，甚至出现部分人员盯着法律漏洞谋取利益，危害社会的行为。久而久之，会让失信者横行，让守信者心寒，诚信的中华民族传统美德难免遭受质疑。

因此，必须将诚信纳入法治化的轨道，加强诚信立法，健全法律体系，确立诚信立法的基本框架。首先，加强高校诚信立法。在充分考虑的必要性与可能性的基础上，针对高校失信重灾区事件进行诚信立法。合理判定违法界限，妥当设置惩处后果，例如学术造假、论文抄袭等现象。其次，强化社会诚信立法。这一层面的立法要充分考虑新时代、新环境、新特点、新情况，明确规定人们在什么条件、什么情况下能够做什么、必须做什么、不能做什么，以及违反它所必须承担的法律后果。在当前社会，可以充分思考大数据信息化背景下的失信现象。例如，青少年群体隐匿在网络背后，充当键盘侠肆意辱骂诽谤他人；在公共卫生事件和国家重大事件中，胡编乱造散布虚假言论引发社会性恐慌，扰乱社会秩序；花样层出不穷的网络诈骗，等等。司法机关要根据现行的法律法规基本原则，做好司法解释，出台失信惩处政策，加大失信行为的惩处力度。

加强社会法治建设，划定诚信高压线，构建法治化诚信社会。加强立法的同时，务必做好普法宣传。相关部门和单位应该通过各种形式方法做好诚信相关法律的宣传工作。例如，走进高校开设诚信法治讲座，对接学院担任诚信法治教育的指导老师，等等。普法宣传紧跟时事热点，针砭时弊，夺人眼球。针对社会老赖、失信讹人等备受民众关注的社会热点现象，要及时从法律层面进行解读与规范，为青年大学生答疑解惑，指明方向。防止青年学子因为不懂法而触犯法律禁区。

诚信相关的法律制度也要因时而化。法律法规的出台不可能是一成不变的，相应的法律条例也应该根据社会变化发展及时更新进步。诚信法治化唯有真正契合社会需求，才能起到扫清失信之风、让人与人之间的交往活动愈加真诚的效用。真正将诚信社会构建于法制的基础上，以法治保障诚信，以诚信推动法治化进程，才能形成全民懂法守信的新风，才能坚定民众对诚信的信仰和信心。

第八章　国外大学诚信教育概览

诚信，不仅是中华民族的美德，也是全世界、全人类的美德。无论在中国还是外国，诚信都体现了一种道德责任，是处理个人与社会、个人与个人之间相互关系的一项基本原则。美国、日本、新加坡、英国都是诚信观念深植人心的国家，他们的大学的诚信教育相对成熟和发达。他山之石，可以攻玉。归纳总结他们的教育内容和方法，挖掘阐述他们的诚信教育理念和特色，为完善我国大学诚信教育体系提供参考借鉴，进一步推动我国大学生诚信教育的健康发展。

一、美国大学诚信教育的主要内容及特点

美国大学的诚信教育由来已久，美国大学对诚信教育更是高度重视，并已逐渐形成体系化、制度化。美国大学的诚信教育既对学生的各种日常行为准则作出诚信要求，同时又对学术研究、考试、资助等某些具体的行为制定了详细的标准，并落实到具体的行动中，让大学生树立诚信理念。

（一）美国大学诚信教育的内容

1.学术诚信教育

美国大学把加强学术诚信作为进行学生诚信教育的重点，几乎所有高校的规章制度中都有关于学术诚信的内容，并制定了详细的实施细则，包括遵守和违背学术道德的条例、惩罚条款，强调学术诚信的重要性等。纵观美国大学的学术诚信教育的发展历程，基本形成了一套涵盖制度规范、教育引导、失信惩戒等学术诚信教育体系。

制定并宣传学术诚信条例。美国大学普遍制定了学术诚信条例或政策，有研究资料表明大约已有98.3%的学校制定了校内学术诚信政策。这些政策主要包括校内成立专门的学术诚信管理机构负责调查和处理学术不端行为、注重学术诚信文化的建设等。美国各大学制定的学术诚信条例都比较严格，甚至对学术诚信条例中“学术不诚实”行为进行详细的界定。明确指出“学术不诚实”即为任何形式的欺骗，

大致分为作弊、伪造、剽窃和蓄意不诚实这四类。新生入学的首要任务就是要学习诚信学术条例，同时还需要签订学术诚信保证书。针对学术不诚信现象，各大学都制定了相应的处罚条例。如乔治·华盛顿大学《学术诚信条例》中规定，对于多次违反条例者，轻微处罚是课程不合格，严重的给予休学甚至开除。科罗拉多大学在《学生学术道德守则》中规定："学生有责任维持高标准的诚信，并要发挥积极的作用，使其他学生尊重高标准的诚信。"康奈尔大学要求所有师生在进行一切学术活动时必须遵循诚实守信的原则，并作出了一系列书面要求与具体规定。学校严明的学术诚信守则制度，有效地减少了学生的学术不诚信行为，教师对学生违规行为的重视也降低了学生作弊的可能。

建立荣誉制度。美国大学荣誉制度是开展大学生学术诚信教育的特色路径之一。美国的荣誉制度成立至今已有将近两百年的历史，从口头承诺发展成具有法律效力的书面协议。美国大学荣誉制度作为一种学生自主签署的自治准则，要求每个学生一进校就必须作出在校期间不作弊、不剽窃他人学术成果等保证，并且承诺愿意违反承诺将接受相应惩罚，它是基于学生自治原则下互相监督学术行为的一种方法，保证学生们在学习和学术活动中遵循学术道德规范。传统的荣誉制度实质上是一种学术诚信宣誓或承诺制度。如北艾奥瓦大学对学生平时作业的荣誉准则是"我保证此作业为我本人自己完成，没用欺骗、剽窃、伪造，虚假及其他违反学术规范行为，我清楚不遵守这个承诺将导致成绩为零分，并被通告系主任与学术事务部门"。弗吉尼亚大学要求学生在试卷上附加一份说明："我以我的名誉担保，在本次考试中我没有获得任何帮助，也未曾为他人提供帮助。"普林斯顿大学每一个新生入学时都必须签署荣誉声明，这是新生入学的首要条件。现在美国的荣誉制度除了宣誓或承诺上的形式以外，更注重学生在学术诚信日常管理中的参与感，发挥学生的主体作用，让学生自主地把维护学术诚信作为自己的责任。

建立诚信档案。诚信档案制度是美国大学开展诚信教育的另一项举措。从儿童入学开始，学校就为学生设立学业诚信档案，档案记录了学生从小学到大学多方面的信用情况，包括诚信事项信息、失信行为记录等内容，同时到就业时接受雇主查阅。大学生诚信档案制度在美国大学诚信教育中有着非常重要的作用，为学术诚信教育提供了强有力的制度规范。通过档案记录如实反映了学生在校期间学术诚信及其他行为情况，在强化学生的诚信意识的同时，也在约束学生个体行为选择，可在一定程度上规避学生学术失信行为。杜克大学规定，对于违反诚信准则情节严重者，其处罚有关记录将永久性存放在个人档案中，对学术失信行为的学生起到威慑和惩戒的作用。大学诚信档案制度的建立也为完善美国国家信用体系提供了客观信息支撑。诚信档案的如实记录为美国公民信用评估提供评价依据，公民信用档案信息呈现全面性、客观性、真实性，为美国信用社会有序运行提供重要保障。

严惩学术失信行为。对学术失信行为的惩戒是大学生学术诚信教育的重要组成部分。这不仅是对失信个人的错误进行惩罚，让其认识到自身行为的危害性，又在校园内起到了警示作用，一定程度上遏制了潜在失信行为及投机侥幸心理。美国大学对失信的惩罚毫不手软，很多大学都制定了严格的失信学术道德规范。例如，马萨诸塞大学阿默斯特分校规定教师有权利对学生进行课程处罚，但是前提条件是学生承认在课程中出现剽窃、篡改数据等学术失信行为。如果学生拒绝承认，那么教师也有权利在向学校提交最终课程成绩前，以书面形式通知学生课程处罚结果。针对情节较为严重、影响较为恶劣的学术失信行为，大多数学校按照情节轻重，采取不同的处罚等级，如留校考察、休学等，最为严重的处罚形式是开除，被开除记录将会永远留存在学生的诚信档案之中。马里兰大学规定对于情节特别恶劣、屡次违规者，校方将视情节轻重，分别作出口头或书面警告、书面训诫、提出赔偿要求、查看、暂令退学，最后直至开除。当然，美国大学在对失信学生实施惩罚时，当事人有权对处罚结果提出申诉，保障其合法权益。

2. 借贷诚信教育

美国的社会信用体系十分完善，全社会的信用信息高度公开和透明，政府的政务信息、公用事业、企业的基本商务信息和民众信息都是公开的，这也是美国信用体系之所以能高效运转的基础和支撑。美国人的信用观念从小开始培养，美国大学生的信用观念也深入学习、生活各个方面，像贷款分期消费、贷款上学等，都是需要良好信用作为保障的经济活动。美国大学的借贷诚信教育指的就是美国大学对大学生们在和银行产生信贷行为时，要求学生保持信用的一种教育活动。加强借贷诚信教育对美国社会稳定、金融安全都有重要意义。

建立个人信用制度。良好的信用制度是美国经济发达的重要基石。大学诚信教育体系中缺少不了对学生在经济领域的信用教育。在美国，每一位学生都有属于自己的档案，档案里包含着学生学业情况及受教育阶段的道德素质相关信息，还有一个伴随终身的社会保障号码，学生申请工作、借贷、还款等都要登记这个号码，作为个人信用记录记入个人信用档案，若档案里有不诚信记录，将会对未来就业或贷款造成极大的阻碍。因此，对于美国人来说，良好的信用记录就是一笔有价值的无形资产。美国大学生只要了解了这些信用制度的运行规则，就等于是受了一次深刻的诚信教育，比大学里的理论灌输有用得多，他们明白只要未来某一次触碰了不诚信的红线，必将付出巨大的代价。久而久之，他们内心便筑牢了诚信的基石，培养了诚信的道德意识。

规范个人信用评估机制。美国银行一般采用主观判断与信用量化评分模型来对消费者个人的资信状况作出评估。世界上最通用的就是FICO信用分模型。FICO信用分是一个信用分统计模型，该模型利用大样本数据，衡量消费者的信用、品德以及支付能力的指标，再把各个指标分成若干个档次，并对各个档次确定得分，然后计算每个指标的加权。FICO信用分低于620分要求借款人提供担保，或直接拒绝贷款；FICO信用分在620—680分，则将个人信用情况做进一步调查评估；FICO信用分高于680分说明个人信用良好，同意发放贷款。为严格个人信用风险管理机制，在美国制定《信贷机会均等法》《诚实借贷法》《信用卡发行法》等相关金融制度法规，依法约束信用借款人的行为。美国大学中需要助学贷款的学生中如果有拖欠助学贷款的，美国政府在防范风险上加大对拖欠助学贷款学生的惩罚力度。银行会把其档案转给专门的追款机构，通过拨打电话、发送信件的形式进行催缴，还会把拖欠欠款的情况报告给信用评级部门，根据学生的信用记录评定等级，减少了美国大学中助学贷款者不诚信现象的发生。

开展丰富的借贷诚信活动。美国的大学校园里会经常开展丰富的借贷诚信活动，比如签署诚信还贷承诺书、邀请专业人士做理财和还贷诚信类的演讲等。同时美国大学非常注重将智育和诚信教育相结合开展活动，在宣讲还贷诚信的同时，让学生了解美国社会的诚信机制，学习常见金融产品知识，普及银行运作方式，提升学生的理财与金融素养，帮学生做好还贷规划。开展警示教育，与银行业联手举行宣传活动，从细节处加强对学生的借贷诚信教育。

（二）美国大学诚信教育的特点

1. 诚信教育方式灵活多样

美国大学诚信教育的方式和手段灵活多样，他们会利用制度建设、媒体宣传、学术研究等手段在整个校园里弘扬诚信的重要性。美国大学通过多渠道开展形式多样的诚信教育活动来营造诚信氛围。如每年新生入学，一些学校会举行庄重的诚信宣誓，签署荣誉准则；一些学校设立学术诚信专用网站，在校园网中发布诚信的相关内容供学生随时阅读，很多大学在图书馆的主页上提供了大量的文献和相关链接，指引学生如何避免考试作弊和论文抄袭，充分利用互联网和图书馆进行宣传；不少高校还开设关于学术规范、知识产权等相关课程对学生进行学术诚信教育；还有学校开展“学术诚信周”活动，加深学生对诚信的认识，营造风清气正、诚信光荣的校园氛围。

2. 诚信制度建设规范严格

在美国的高等教育理念中，大学不单是传授专业知识、专业技能的地方，还是培养良好道德素质、使学生全面发展的主要场所。因此，美国大学普遍重视对大学生进行诚信教育和管理。美国很多大学都基本建立了完善的学术诚信教育制度，如制定学术诚信守则制度，制定具体的实施细则，比较具有代表性的是荣誉誓言制度，学生签署荣誉誓言，承诺信守诺言，这对督促学生遵守学术道德规范、维护健康的学术氛围起到了非常重要的作用。美国还成立了学术诚信中心，用于对各高校进行诚信评估。同时很多大学还设立专门的机构监管校园诚信行为。马萨诸塞大学设立专门的检察官办公室，主要负责执行诚信守则规定的处理流程；贝勒大学成立学术诚信办公室，主要负责宣传、解释学术诚信，对荣誉准则进行年审等。只有这样才能贯彻学术诚信规范和诚信制度。

3. 外部诚信环境优异

美国政府、各社会团体，学校都非常重视诚信建设。美国于2000年12月6日颁布了《关于不良研究行为的联邦政策》，这是美国科研诚信的最高政策。美国政府有设立专门的研究诚信办公室，对研究不端行为进行调查和监督，制定相关制度政策，这个机构受美国法律的保护。另外，在美国众多的民间组织中，研究型大学联盟与各学术研究团体也对提升美国大学的诚信体系建设发挥了独特的作用。美国学术诚信国际中心（ICAI）从五个方面概括了学术诚信的基本价值观念——“诚实、信任、公平、尊重、责任”，为诚信教育管理提供了依据。美国学术团体同时作为重要学术期刊的发行人之一，出版过程中采取有效的措施来保护学术诚信。美国的宗教信仰对美国的诚信教育也起着积极作用。总之，美国大学诚信教育享有着优异的外部环境。

4. 诚信教育突出学生“主体性”

美国大学在制定详细的诚信道德规范的同时，也十分注重学生的自治管理。美国的大学生参与最普遍的活动就是荣誉宣誓。比如普林斯顿大学的荣誉誓词是：“我以我的人格保证我在这次考试期间没有违反本荣誉准则。”学生通过这种仪式承诺自己会遵守学术道德规范。学生在学术诚信管理中不仅规范个人，当学生发现他人违反时有举报、协助调查的责任。在美国高校鼓励学生自治，学生加入学术诚信组织后，将全程参与大学生诚信案件的举报、调查和处理。如得克萨斯农工大学还设有学生荣誉办公室，参与有关学术诚信的裁定、学生自主组织活动进行学术诚信宣传、主办有关学术诚信的校内刊物等。通过学生自治，让学生形成一种维护校园诚信的责任心和自律意识。

（三）美国大学学术诚信教育的典型案例——普林斯顿大学的荣誉制度

普林斯顿大学位于美国新泽西州的普林斯顿市，是一所著名的综合性私立大学，美国常春藤盟校之一，以突出的科学成就闻名于世，更以高质量的学术成就享誉全球。该校卓越的成绩和非凡的影响力也归功于其对学术诚信的严格要求及对荣誉制度的传承。

普林斯顿大学的荣誉制度历史悠久，并且成为这所名校的治校瑰宝。但是最早建立荣誉制度的学校却不是普林斯顿大学，而是威廉玛丽学院。荣誉制度下培养了一大批有着“绅士风度”的学者，其中就有弗吉尼亚大学之父杰弗逊，他把荣誉制度带回到弗吉尼亚大学并加以实践，才真正将荣誉制度发扬光大。后来成为普林斯顿大学校长的伍德罗·威尔逊接触并了解到了这一制度，在他上任不久后，荣誉制度正式在普林斯顿大学建立起来。从1895年普林斯顿大学荣誉准则制度投入使用，至今已经超过一百年，普林斯顿大学的荣誉制度已经从最初简单的荣誉誓词和承诺宣言发展成为一套结构合理、内容完善的制度体系。

普林斯顿大学的荣誉制度内容主要分为荣誉声明、荣誉准则、组织机构、违规处理程序和惩罚机制五个方面。荣誉声明是普林斯顿大学每一个入学新生都必须签署的一份保证。新生在入学注册时会领到一份荣誉守则，此外，他们还会收到一封由荣誉委员会主席写给每个新入学学生的信，信中详细阐释了荣誉制度光荣历史和意义，并告知每个新生在荣誉声明上签署自己的名字后，就意味着认可并愿意遵守普林斯顿大学荣誉准则中的各项规章制度。拒绝签署荣誉声明的学生，普林斯顿大学将不予以其入学资格。荣誉声明已经成为普林斯顿大学的光荣传统，每个学生在大学期间也都将遵守荣誉制度作为他们学生阶段履行的最高义务。荣誉准则是怎么在具体学术工作中遵守荣誉制度的具体说明和解释。普林斯顿大学先后通过印发《权利、规范与责任》和《学生学术诚信手册》让学生熟知荣誉准则中的各项条例，主要是对引述、剽窃、篡改原著及学生的学术规范进行的说明和指引。普林斯顿大学荣誉制度的组织机构也很完备，包括荣誉委员会主席团、支持委员、道德准则和标准陪审团。荣誉委员会的职责主要是对涉嫌违反荣誉准则的事件进行处理，运作程序包括报告、调查、听证以及判决四个步骤。对违反相关学术规定的行为，根据情节轻重，作警告、留校察看、扣留学位证书一段时间、休学、强制退学、开除学籍的处罚。

普林斯顿大学荣誉制度内容完备，体系完善。其荣誉制度在全校师生的心中有着举足轻重的分量，这种荣誉精神对其一生的行为选择都有重要的指引作用。同时普林斯顿大学作为美国常青藤盟校中唯一一个建立起完全由学生自治和管理经营荣誉制度的高校，学生自治是一大特色，整个荣誉制度实施过程中从举报、调查、听证到上诉，学生都占有主体性的地位，使制度实施更民主公平、更有人情味。普林斯顿大学通过教育引导、道德内化等方式积极引导学生培养和建立荣誉精神，同时严格执行各项规章制度，营造了良好学术诚信的文化氛围。可以说，普林斯顿大学的荣誉制度已经超越了制度的本身，是普林斯顿人对诚信文化的传承和荣誉精神的坚守。

二、日本大学诚信教育的主要内容及特点

日本人的诚信形象为世界所瞩目。在日本人看来，道德行为可以直接归结为“诚”的行为。日本有一句广为流传的谚语“撒谎是偷盗的开始”，不诚实在日本社会被认为是一大禁忌，不为民众所接受。日本的诚信教育几乎贯穿人的一生，日本的家庭在诚信教育中扮演着启蒙的角色，日本的父母会言传身教，从小就教育孩子“不许撒谎”。在学校，从基础教育到高等教育阶段耳濡目染的是“诚信”二字。步入职场后，“诚信”几乎是普遍的经营理念。大学诚信教育也是日本进行诚信教育的重点，也是日本具有良好的信用体系的基础。日本高校诚信教育包含在德育之中.也可称为道德观、价值观教育。

（一）日本大学诚信教育的内容

1. 道德观价值观教育

日本与中国是一衣带水的邻邦，日本的古代文明深受中华文明的影响，有着相似的儒家文化圈背景，当代日本社会，虽然儒学已不复存在，但现在的日本人身上仍然渗透着儒教的价值观和伦理观，儒家传统伦理的诸多观念，如信、忠、诚等却深深镌刻在日本人的道德规范、思维方式、社会生活等各个方面。如今在日本的初高中的国语课本中仍然在讲授着儒家的经典语录，其中诚信占其内容的大部分。日本很多学校的校训都有“诚实”二字，认为诚信就是对所有人都要以诚相待，因为诚实，所以要一诺千金。日本的学生自入学第一天，就会开始诚信教育。像日本的中小学生每个人都会被分发一本道德手册，叫作“心的笔记”，这本手册中记载了各种做人的基本道德规范，而诚信就是其重要内容之一。日本的中小学教育阶段依托“道德时间”的“课程”来进行诚信教育。日本从基础教育到高等教育中的诚信教育是以递进的方式和内容进行的，高校的道德教育不是简单重复中小学阶段的灌输式

说教，而是更重视学生道德实践能力的养成。日本大学生的价值观教育主要包括珍惜生命，尊重人性；追求生命的价值，展示生命的意义；正确处理自己同他人、自然及社会的关系。教育人们要诚实、有信地与人交往。

2.系统的理论教育

日本从基础教育到高等教育，都会依托开设课程开展诚信教育。在学生各个阶段，通过各种课程来培养学生的诚信品质是不可或缺的。日本大学德育课程设置具有灵活性、多样性的特点，将诚信教育与专业课和非专业课相结合。日本许多高校，既专门讲授基本美德和道德准则类的科目，也注重从各门学科中对学生进行渗透性的品德教育。日本所有的大学都会开设一门以诚实守信、文明礼让、正直勇敢等为主要内容的伦理课。日本高校还将一门名为“道德实践”的课程设为必修课，可见学校对学生道德实践能力培养的高度重视。与此同时，日本大学还开设了有关诚信培养、道德教育、社会价值、人生价值等内容的选修课程，在日本学生中广受好评。日本还不断提高道德教育的师资质量，建立了一个完整的师资培训系统，并取得了一定成效。当然日本大学的诚信教育不仅限于德育类课程设置，同时还将品德教育的内容渗透到各类课程的教学中。通过偶发式、渗透式的方式让学生潜移默化中接受诚信教育，增强诚信意识。

3.科研伦理教育

近年来，各国学术不端行为屡见不鲜，尤其是一些科研强国的学术造假案件频发，让学术诚信问题成为社会热议的话题。前几年，日本京都大学一著名研究机构发生学术造假事件，成为日本的又一次“学术地震”。科学研究本应是人类寻求真理的纯粹活动，学术不端行为却让学界蒙羞，令科学蒙尘。面对科研信用缺失产生的不端行为，日本政府采取了加强科技诚信管理的措施。2014年，日本文部科学省在《关于处理学术不端行为的指南》中指出学术不端行为违背了科研诚信，扭曲了研究的本质和意义。同年日本又发布了《对研究不端行为采取有效措施》，对科研人员和学术团体、高校、科研机构提出了针对科研失信行为制定预防、监督、检查和处罚措施的要求。日本还将科研信用建设纳入科研机构评价体系。大学作为科学研究的主要阵地，日本大学一直很重视科研诚信教育，建立科研诚信环境，加强科研信用管理，明确内部职责及分工，日本各个大学陆续出台了各自防止科研失信的规范，实施科研伦理教育。2016年，东京大学发布了《东京大学防止学术不端行为的规定》指出要为科研人员提供全面的科研伦理教育。同时日本各大学根据自身及专业领域的特点，向学生开展研究伦理教育，彻底规范学生作为研究人员的规范意识。日本实施的科研伦理教育，内容丰富、方式多样、考核严明，要求大学师生通过线下教学，定期培训实现对科研伦理知识的巩固。通过举办讲座、案例研讨、网页建设等形式落实科研伦理教育，以提高大学生及研究人员的诚信意识和责任意识。

4. 丰富多彩的实践活动

日本大学的诚信教育不单纯依靠伦理课进行，而是以道德教育为中心，使道德思想渗透于学校的各项活动中，开展丰富多彩的实践活动，因此日本高校非常注重道德能力的实践。日本在20世纪70年代末的大学课程改革中，就明确了道德课的目标在于“培养道德实践能力”。道德实践能力就包含道德情感、道德判断力、道德态度和实践自愿。诚信教育也是道德教育中的重要组成部分，同样日本高校对学生的诚信实践也非常重视。日本高校鼓励学生亲身体验，鼓励学生亲自参加实践活动、总结实践经验来明白做人做事的道理，并将其内化于心，外化于行。在日本的大学，学校鼓励学生走出校门，走进社区、工厂、企业，走进人群，并且要求学生在亲身体验中学会如何与人和睦相处，学会尊重他人的行为，让学生通过亲身经历认识到诚信对于自身发展的意义。同时强调学生参加学校社团活动的经历，在每个日本大学都设有相当多的学生社团，同学们都有机会选择并参与到自己感兴趣的社团活动中，通过社团活动让更多的学生获得身心锻炼和成长，培养诚实守信、遵守诺言和团队协作精神。日本的很多大学还会不定期安排学生外出体验，让学生学会独立思考，切身体会诚信的重要性。老师也会采取丰富多样的教育模式如通过教育电视节目和其他商业教材对学生进行诚信教育的渗透，让学生就诚信问题进行讨论和分析。日本大学的实践体验突出了教育的开放性和学生的主体性作用，不仅激发学生参与的热情，也培养了学生的诚信意识，营造良好的校园诚信氛围。

（二）日本大学诚信教育的特点

1. 注重“体验学习”

日本的学校道德教育，一般很少进行直接的灌输和说教，而是注重“教育过程”，提倡“体验教育”。日本的学校会开设“特别活动”，类似于我国的第二课堂，就是让课堂和课外实践相结合，来深化学生对诚信、正直、勇敢等道德品质的掌握、形成良好的道德习惯。日本大学对学生进行人生观价值观教育，强调对学生独立人格和责任意识的培养，他们的教育内容最显著的特点就是理论与实践并重，提倡“体验学习”。“体验学习”就是以实践为主，培养学生良好的道德品质的一种教育方式。日本高校在开设各式各样伦理教育课基础之上，开展丰富多彩的实践活动，安排学生真正走进社会，鼓励学生在活动中尽情体验，从而让学生学会在社会中如何做人与处世。像日本的企业有伦理教育，日本的企业经营之道就在于“诚信”，学

❖ 你在个人生活或工作当中，可能由于诚实而丢掉某些你想要的东西。但是，在漫长的人生旅途中失掉一次应有的回报算不了什么。——艾琳卡瑟拉 ❖

生走进企业，不仅能了解到社会和企业的运行机制，而且能意识到团体意识、集体精神和诚信价值的重要性。在日本，学校实践的方法多种多样，如活用范例，在资料中列举主人公的行为，让学生作出思考判断，让学生进行辩论，发表自己的观点，引发对诚信意识的思考。

2. 重视家庭教育

父母是孩子的第一任老师，家庭是人生成长的摇篮，家庭教育在孩子成长的过程中占据重要地位。日本的家庭教育是非常成功的，日本的每个家庭都必须遵循的道德规范就是要讲诚信。家长将孩子当作朋友对待，当孩子做出不符合道德规范的行为或者萌生不诚信的想法时，家长不会对孩子进行“棍棒式教育”，而是讲清道理，像朋友一样说知心话，耐心、平和地对孩子进行思想教育，让孩子理解与接受。日本家庭教育中流行一种名为“斗陀螺”的儿童游戏（按照规则，输的一方必须把自己用心刻出来的陀螺送给对方）来教导孩子输了不能耍赖。同时，在日本，父母会以身作则，言传身教，对孩子的成长有着潜移默化的影响。除了常规的家庭教育外，日本还发布了《家庭教育支援制度》，其主要目的在于加强社会整体的家庭教育，为单亲家庭、工作繁忙的父母以及因为各种原因无法进行家庭教育的监护人提供必要的帮助。日本的学校教育和家庭教育联系紧密，学校会定期召开家长会，老师家长之间互相交流孩子生活学习动态，增进家校之间的信息沟通。日本家庭的出色教育，为孩子成长过程中诚信品质的养成奠定了坚实的基础。

3. 社会全面配合

在日本，社会在诚信教育中扮演着重要的角色，发挥着补充完善的作用。日本社会具有很强的合力和向心力，这是一种彼此高度信任的集体主义文化。社会教育把企业作为主体，对人的行为进行规范和约束。日本地对企业诚信要求是极致的，很多企业把诚信作为企业文化和经营理念。日本企业弄虚作假一旦曝光，即使不倒闭也要大伤元气。日本社会各界对于大学生的诚信教育，报以非常支持和配合的态度，日本社会鼓励学生到工厂、公司等适合学生发展的地方去做临时工，让学生提前感受企业诚信经营的氛围。日本的诚信教育可以说是在学校、家庭、社会三位一体的联动下进行的。日本政府注重构建“三位一体”的教育体系，以集中整个社会的合力进行学生的诚信教育，像日本很早就成立了“PTA”（日本家长、教师协会的简称）、“道德协同促进会”等社会团体来促进学校、家庭、社会教育的一体化，从而最大限度地调动了一切社会力量来参与学校道德教育。除此之外，日本诚信教育的实施不仅有各项政策的指导，而且有来自各级政府的直接监督。社会全面配合在日本大学诚信教育中发挥着不可替代的作用。

（三）日本大学学术诚信教育的典型案例——东京大学的学术不端行为的预警和治理机制

东京大学是日本顶尖级国立大学，是日本及亚洲地区排名最高的学府。作为日本最高学术殿堂和七所旧帝国大学之首，其在全球都享有极高的声誉。东京大学也是日本第一所现代意义上的大学，其高质量的办学水平和一流的学术地位为世界瞩目。学术是大学的核心内容，是大学治理与运行的重中之重。面对近些年屡屡发生的学术不端行为，日本政府、学术团体、大学纷纷出台了政策方针，科研机构、大学制定本单位的科研信用管理措施，防止科研信用问题的产生。日本国立大学中东京大学的预防和处理学术不端行为管理机制具有其代表性。

为倡导学术诚信文化，治理学术不端行为，提升学术研究质量，东京大学建立起了较完善的学术不端行为的预警和治理机制。2014年，东京大学制订《研究伦理行动计划》，在校内实行研究伦理教育制度，对师生进行专门的学术规范的教育和培训，要求所有研究人员遵守学术道德标准。2016年，制定了《东京大学防止学术不端行为的规定》，避免学术不端行为发生。同时重新修订《关于处置东京大学学术不端行为的规定》，进一步规范学术不端行为的调查和处理。要求研究人员、大学师生要遵守《东京大学科学研究行为准则》《东京大学研究活动中防止欺诈的规定》以及其他适用的法律法规。此外，东京大学还通过举办研究伦理教材比赛、学术研究伦理研讨会等营造大学校园科研诚信的良好氛围，提升研究人员、师生的学术诚信意识。

东京大学成立了学术治理机构，分为校级教育研究评议会和学部教授会两个层次。教育研究评议会校长任评议会议长，教育研究评议会、学部级教授会审议事项的时候任何程序决议都公开透明，经得起所有人监督。针对学术不端行为的产生，东京大学的学术不端处理程序具有规范性、透明性和公开性。东京大学研究活动中欺诈行为的调查流程大致分为四个阶段：第一，指控和质询阶段。第二，调查和裁定阶段。这个阶段委托专员先进行初步调查，再视情况展开正式调查。第三，申诉和重新调查阶段，东京大学对于学术不端行为的处理程序强调尊重指控者和被指控者的申诉权利，这个阶段被指控者对调查结果有异议，可重新申诉。第四，公布结果阶段，一旦被证实存在学术不端行为，将会被撤销所有的资助经费、荣誉等，情节严重的会断送学术生涯，甚至面临法律制裁。东京大学主要就是通过预防与惩治并重的治理理念，防止学术不端行为的发生，增强大学师生的科研诚信意识。

三、新加坡大学诚信教育的主要内容及特点

新加坡地处东南亚南端，是一个典型的海岛型城市国家。自1965年独立以来，新加坡在短短几十年间就已发展成为一个朝气蓬勃的国际都会，一个政治稳定、经济发达的“花园城市”。长期以来，新加坡政府秉持“诚信”“服务”“卓越”的核心价值观，在培育诚信文化、倡导廉洁从政中担当着重要角色。新加坡的大学非常重视对学生的诚信等价值观教育，在亚洲，除了日本以外，新加坡大学的诚信教育效果也十分显著。新加坡政府结合自己的国情，将东西方文化有机结合，走出了一条新加坡特色的大学德育之路。

（一）新加坡大学诚信教育的内容

1.儒学伦理教育

新加坡人主要是由近100多年来从亚洲、欧洲等地区迁移而来的移民及其后裔组成的，新加坡公民中华人（汉族）占人口的74.2%，还有马来族、印度裔、欧亚裔混血。各种族的交流和融合，使新加坡具有了丰富的多元化文化特色。其中中华文化的精髓深深影响着新加坡的生活形态。中国和新加坡同属儒家文化圈，在现代化发展的历程中，新加坡倡导东方价值观，借鉴古代儒学思想文化并加以改造。新加坡是世界上第一个把儒家伦理编成教材并在学校里正式开设儒家伦理课的国家。1984年，新加坡将儒家伦理作为宗教知识课程的一门选修内容在中学开设，并将许多具有现代民主观念的知识增添到儒家伦理教材中，使学生成为既有道德修养又具民主法治观念的公民。这是儒家学说正式进入新加坡公民教育的开始。在新加坡，儒家学说对诚信教育影响至深。

新加坡大学十分重视儒家学说对诚信教育的影响，特别设置了讲述儒家道德规范的课程来实现诚信教育的渗透。在新加坡，很多大学开设了儒家道德类课程，如新加坡国立大学中文系开设了儒家思想专题、中国文明专题等课程，这些课程主要传递了儒家以“忠、孝、仁、爱、礼、义、廉、耻”为主要内容的伦理价值观。像“义”就代表着信义，指政府和人民之间、新加坡各个民族之间、每个人之间要坦诚守信，不要欺诈或者见利忘义。新加坡高校将儒家诚信伦理指导学生价值观念的同时也没有摒弃西方的诚信观念，新加坡大学的诚信教育主要以“东方诚信观”课程教育为主导，以“西方诚信观”课程教育为辅助作为一大特色，使学生养成良好的道德行为习惯，加强诚信意识，更好地生活学习和与人相处。

❖ 有德行的人之所以有德行，只是受到的诱惑不足而已；这不是因为他们生活单调刻板，就是因为他们专心一意奔向一个目标而无暇旁顾。——邓肯 ❖

2.品格教育

新加坡普遍重视个人的品格教育，把德育放在教育的首位。上至政府，下至全体公民，新加坡整个社会都十分鼓励开展各项品格、道德方面的教育活动。新加坡政府依据其政治目标和人的身心发展规律，从塑造健全人格需要出发，全面实施《公民道德教育大纲》，对青年进行诚信等道德教育。新加坡学校大多开设公民品格教育，国家强调学校不仅要传授学生技能，最重要的是学生成为品德完善、品质高尚的人。通过品格教育，引导学生个人要养成自尊、诚实、遵守承诺等良好品质。

新加坡大学的诚信教育也是主要围绕品格教育展开，采用辩论、演讲、社会实践、调查访问、参观考察以及学生自我反思等方法，旨在培养道德判断和行为决策能力。通过专题讨论、讲座、户内户外的观察与报告、社区活动等培养学生的信用意识和责任感。例如，新加坡淡马锡理工学院在1997年推出品格教育课程，增设了社区服务，以培养学生真诚待人的品格和责任感。新加坡理工学院成立了一个跨学科领域的委员会，委员会的主要职责是监督、指导全院的道德与价值观教育，委员会还为所有大一学生设计了一门“品格培养”课程。该校“品格培养”课程将基础教育阶段的价值观基本内容也纳入进来，包括新加坡“家庭价值观”中的孝顺尊长、忠诚承诺、互敬互重等内容。同时将学校价值观也纳入“品格课程”，其中一个方面就是：完整人格——思想和行为诚实，值得信赖。新加坡大学的诚信教育效果之所以显著，与政府对道德教育的重视息息相关，包括整个社会的配合和努力，对新加坡公民道德水平的提高起到潜移默化的作用。

3.学术道德教育

新加坡国土狭小，资源匮乏，建国时间不到60年，却在短短几十年发展成为科技创新强国，之所以有如此高的成绩，得益于在科技创新领域注重培养人的学术道德素养。新加坡的学术诚信教育成果显著，违反学术道德的情况相对较少。学术诚信教育是高校净化学术氛围、培养卓越学术人才的重要举措。新加坡的大学重视学术诚信的培养，经过多年的学术诚信教育实践，新加坡大多数高校都已经制定了一系列系统完备的学术道德教育的规章制度，从制度运行到职责分工等都十分明确而全面。例如，新加坡国立大学认为“学术诚信是追求与获取知识的必要条件，希望每个学生都能始终保持并坚持最高标准的学术诚信”。该大学根据自身的实际情况制定了有关学术不端行为防范的管理条例，包括《新加坡国立大学关于研究诚信的守则和程序》《学生行为准则》《抄袭及如何避免抄袭》等。新加坡高校还通过开设多样化的学术道德课程、制定详细的学术诚信条例、网上发布视频学习资源等采取多种渠道全方位的教育措施对学生进行学术诚信教育。像新加坡管理大学制定了详细的学术诚信条例，包括学术诚信守则、学术违纪防范条例，违纪处分条例等。还开发了专门防范学术不端在线学习资源。还有很多大学还设立了专门的机构和管理岗位负责监督学生的学术行为，对学生进行相关学术诚信教育。例如，新加坡南洋理工大学设立了研究诚信及伦理办公室、学术诚信委员会对学生的学术诚信进行监督，这些机构在促进学术诚信教育方面发挥了不可低估的作用。

（二）新加坡大学诚信教育的特点

1.注重“东西合璧”

新加坡是一个移民国家，以多民族聚居、多宗教信仰、多种语言通行并用为特点。新加坡独特的多元文化和移民国家的特殊背景，也使他们的公民道德教育具有极大的开放性。新加坡学校强调学生不仅要认同自己种族的文化传统，而且还要以宽容之心看待和尊重其他种族的民族性和文化传统。新加坡善于从东西方学习、移植、模仿先进的道德教育方法，而且会在吸收外来文化基础上，根据本国的教育实际情况进行新的诠释，赋予新的内涵。新加坡的诚信教育就较好地融合了东方儒家伦理价值与西方科学精神。在新加坡的高校，诚信教育最鲜明的特征就是“东西合璧”，新加坡的大学开设了讲述儒家道德规范的课程并作为诚信教育的一部分，使学生养成良好的诚信意识，在课程的设置上教学内容以东方价值观念为主，教学形式采用西方教育原理和方法。一方面学习东方，制定专门的课程、课标，从内容上规范把握高校道德教育；另一方面采用西方教学模式，注重培养道德实践能力。东西方文化的有机结合成为新加坡大学诚信教育的一大特色和亮点。

2.多种德育方法有机整合

新加坡道德教育的方法种类繁多，其中提出的“六顺”的德育方法值得借鉴，“六顺”中的“顺真”就涉及诚信教育的内容，强调做人做事要讲真话，实事求是，讲真话才能服人。新加坡的诚信教育就采用多种德育方法有机整合。在实际的诚信教育过程中，首先，学校的诚信教育注重榜样示范作用，比如发挥朋辈效应，发挥优秀学生的榜样力量，潜移默化地影响身边的同学。老师也会以身作则，通过正确的言行影响和引导学生。其次，学校诚信教育着重将交流与引导相结合，注重在真诚的沟通中与学生达成共识，而不是单纯的理论灌输。教师会鼓励学生多视角分析问题，引导学生作出正确的道德判断。最后，学校的诚信教育重在劝说，而不是意在惩罚。当学生有失信的行为时，学校会平等而耐心地劝说，在与其交流的过程中抓住机会纠正他们错误的思想意识，并适度地鼓励他们将诚信思想付诸实践，实现诚信的外化。与此同时，教师还会通过讲述、讨论、辩论、角色扮演、访问、参观等，启迪学生的道德理性，将诚信意识真正渗透到日常生活学习中去。

3.拥有立体诚信教育网络结构

与日本大学的诚信教育相类似，新加坡的诚信教育也十分重视学校教育、家庭教育和社会教育的相互联系。新加坡建立了立体诚信教育网络结构。学校教育、家庭教育和社会教育有机结合，形成了纵横联系的立体式诚信教育网络。首先，新加坡大学非常重视家庭教育对学生品德塑造的影响，强调学校与家长建立良好的联系，建立家长联谊会。其次，在社会教育方面，新加坡政府到民间组织，全部都为创建诚信的社会环境积极主动地贡献着力量。新加坡李光耀在总结其施政成功的六大经验时，把“发出明确信号，不要迷惑人民”作为第一条。新加坡还在政府部门设立由高层人员担任主席的诚信推广委员会，推广诚信计划。同时建立广泛的社会教育网和社会监督站，通过严密的监督营造诚信氛围。新加坡政府也会开展一系列社会性道德活动，各高校会经常组织学生参加社会上开展的“忠诚周”“礼貌周”等特别周活动，还会借助舆论媒体在宣传方面的优势，在思想意识上强化学生的诚信观。

（三）新加坡大学学术诚信教育的典型案例——新加坡南洋理工大学的学术诚信管理体系

南洋理工大学是新加坡一所科研密集型大学，分文、理、工、商四大学院，为3万多名本科生和研究生提供全方位的跨学科教育。1955年，南洋理工大学由民间发动筹款活动而创办起来。短短几十年，今日的南洋理工大学以卓越的科研创新能力和丰硕的学术成果已跻身全球顶尖大学50强。这与他们学校管理中倡导学术诚信、注重诚信教育有很大关系。自建校起，南洋理工大学就以“在所有学术活动中保持学术诚信是每个学生、教师以及所有机构的责任”为准则要求全校师生，其在学术诚信教育方面取得了卓越成效。

南洋理工大学将学术诚信视为大学安身立命的基石。“学校致力于形成最高标准的职业道德和行为标准，努力营造开放、诚实以及尊重的研究和学习环境。学校成员须时刻保持自身的诚信，在与人交往时都能保持公平与诚信，并且关注到学校与对方的利益与声誉。”学校倡导无论在学习还是学术活动过程中，每个人都有责任维护学术诚信。学校还开设了关于学术诚信的线上线下学习课程。如线下开设的“学术诚信课程”就是由学术诚信委员会的教授上的一门必修课，还开设了“伦理与道德推理”“Epigeum研究诚信课程”等在线学习课程。通过课程学习增强学生的学术诚信意识。

南洋理工大学构建了健全的学术诚信管理制度和组织机构。南洋理工大学构建的学术诚信制度以预防教育为主，包括《诚信学生读本》《学生学术诚信政策与程序》等，要求学生在入学时必须阅读学习。学校还将《学术诚信新加坡声明》《蒙特利尔声明》等学术诚信的国际声明纳入学校诚信政策体系中，转化为全校师生必须遵守的规章。南洋理工大学设立了学术诚信监管组织并任命专门的管理人员，设立了包括研究诚信及伦理办公室、学术诚信委员会、纪律委员会和国立教育学院在内的专门机构对学生的学术诚信进行监管。研究诚信及伦理办公室职责主要是为实验研究提供研究诚信和道德准则的框架。学术诚信委员会是学校层面审理学校学术诚信官所提交的学术不端案件的机构。纪律委员会是对学生违纪行为进一步调查并进行处置的专门机构。国立教育学院是为全校的学术诚信引导、教育活动提供服务的关键部门。与此同时，任命了学术诚信官负责对全校的学术诚信进行监督与管理。学院学术诚信官由学院院长和国立教育学院院长任命的教师来担任。主要职责是处理学生的学术不端行为，引导学生遵守学术规范。学术组织机构设立保证了全校学术诚信制度建设的实施和落实。南洋理工大学的学术诚信管理体系不仅培养了大批德才兼备的创新人才，也为学校创造一个求真务实的学术环境发挥了重要作用。

四、德国大学诚信教育的主要内容及特点

德意志联邦共和国，简称“德国”，是位于中欧的联邦议会共和制国家。德国在世界上是一个享有较高信用评价的国家，德国整个社会体系的良好运行可以说很大程度是建立在高度诚信的基础上。通常在描述德国人的性格特点时，“严谨、诚实、守信”是经常被提到的字眼。德国人良好的诚信道德品行，是国家优良传统文化的熏陶，也是诚信教育体系完善的结果。德国的诚信教育通过严格的制度建设、多样化的诚信教育及社会文化建设为社会诚信保驾护航。

（一）德国大学诚信教育的内容

1.宗教教育

在西方诚信伦理最早产生于宗教，《圣经》中的《旧约》是人神之间的盟约。进入中世纪，“信”仍是基督教的最高原则。著名神学家奥古斯丁提出，信仰源于神，高于理性，高于知识。德国是一个极具宗教品格的国家，教徒众多，德国世界观研究项目组（FOWID）最新统计结果显示，截至2015年，德国共有61.84%的居民有宗教信仰。在德国，宗教信仰不仅源远流长，而且也得到了相当的重视，按照《德意

志联邦基本法》规定："公立学校的宗教教育是一门正式课程，在不违背国家监督权的情况下，宗教课程根据宗教团体的有关原则进行。"德国的诚信教育就很好地融入了宗教教育之中。德国的中小学里开设大量的宗教学课程，如《圣经学》《圣经史》《信仰论》等为中心内容的课程。《圣经》是教会教育教徒思想德行的"教义"，教徒们的"天职"就是劳动、真诚、信守诺言。诚实是《圣经》所宣导的基督徒最重要的品行之一。在这种宗教教义的影响下，学校在培养学生宗教信仰的同时，以上帝的旨意教育他们要诚实守信、真诚待人等。德国的高校里虽然没有开设专门的诚信教育类课程，但设置了伦理学、神学等课程，这些学科里都蕴藏着对学生的诚信意识的培养。学生通过自主选择、参加形式灵活多样的宗教课程，遵循诚信原则，培养诚信意识。

2.健全的诚信制度体系

培养诚信品德，一方面靠主观的道德教育，另一方面则要靠完备的法律制度的监督，这是德国诚信制度的建设理念。在德国从制度的制定到执行都有着严格规定，严密的法律规范体系已经成为对人们诚信行为的有效约束机制。德国的民事法律条文《民法典》中，有关于诚信的明确规定，其第242条明确指出，"债务人有权利考虑交易习惯，依照诚实信用原则实施给付"。诚信原则是《德国民法典》的一大创新。德国诚信建设法律法规结构完整，涉及内容广泛，在德国对学生的学术道德要求非常严格。1996年德国联邦最高行政法院的判决指定了处理科学不端行为的法律规范，德国虽然没有成立专门的防止学术不端行为的行政机构，但是有专门的学术机构或基金会，并出台了相应的规定和措施，其中具有代表性的就是马普学会发行的《科学研究中的道德规范》报告，报告分五章对科学研究发展中的道德规范、出版和署名、如何培养接班人、研究项目和计划以及利益冲突的处理进行了详细阐述。报告附录部分《关于处理涉嫌学术不端的规定》为处理、认定学术不端行为作了明确规定，如今绝大多数德国高校都采用了该条例。在德国，论文造假、剽窃、抄袭等学术不端行为不仅会受到学术部门的纪律处分，还将受到法律的制裁。德国高校的考试制度也极其严格，凡是必修课必须通过考试，否则不予以毕业。一旦有学生出现考试作弊的情况，就会进行严厉处罚。如法兰克福大学的校规规定"作弊者将被取消参加所有考试的资格"，这实际上也意味着被学校间接开除了。严格健全的诚信制度的实施必将对学生形成强有力的约束，进而培养学生诚实守信的良好品格。

3.完善的个人信用档案体系

完善的个人信用档案体系是德国诚信教育取得实效性的制度保障。德国信用体系发展经历了上百年的发展，有着一套严格、完善的信用监督体系和管理体系，将

❖ 自以为聪明的人，往往是没有好下场的，世界上最聪明的人是老实的人，因为只有老实人才能经得起事实和历史的考验。——周恩来 ❖

国家监管、私营信用服务公司、行业协会等力量有机结合，共同促进社会信用的完善与发展。在德国由政府为主导进行建设和管理的个人信用档案是德国监督社会成员是否遵守社会规则的最好途径，也是高校大学生在诚信教育上能否顺利通关的重要标志。德国个人信用档案内容非常全面。比如乘公共交通逃票，根据德国《刑法》第256条规定凡故意逃票者以欺诈的行为获取服务，可判处一年以下有期徒刑或处以罚款，并且记入个人信用档案。像拖欠租金、水电费等行为都会记入个人信用档案。在德国大学，考试作弊行为也会被记录到个人信用档案，学生一旦存在作弊情况，不但会收到禁考通知，而且会将此行为记入个人信用档案，对注重自己信用档案的德国人来说，自己的信用档案中出现“差评”是绝不能容忍的事。这就是为什么德国校园学习氛围浓厚且学生出现考试作弊行为的概率非常低，就是和制度化的要求密切相关。在这种制度体系下，信用几乎成为了一张社会的“通行证”，对不诚信的人有了强有力的威慑。学校也通过个人信用档案约束学生不诚信的行为，从而自觉养成诚实守信的习惯。

（二）德国大学诚信教育的特点

1.强调营造社会氛围

德国的诚信教育强调外部环境对个人身心发展的影响。在德国，诚信已经成为一种社会风气、一套社会评价体系。无论是个人租房、找工作，还是企业登记、贷款，以诚信为核心的社会信用体系已成为社会重要组成部分。德国政府在信用监管中作用非常突出，德国的央行信用系统主要是由政府出资，组成全国性的征信信息调查网络，并通过法律强制性要求所有金融机构必须参加公共信用登记系统。除政府外，银行、税务、工商等国家各级各类行政部门也都依照法律规定，履行监管责任，规范监管程序，对企业和个人的信用实施有效的管理和监督。包括信用服务公司为客户提供所需的资信调查、信用评级、信用保险等各类与信用相关的服务，为个人和企业提供双向的信誉保障。在保证各监管机构独立履行监管职责的同时，德国积极鼓励社会大众的广泛监督，充分利用电视、报刊、网络等媒体的舆论导向作用，宣扬诚信观念，通过大众监督和舆论谴责惩戒失信行为。在德国，几乎看不到交警的身影，但车辆运行很守秩序，无人商店也随处可见。如果你随地乱扔垃圾或随意停车，马上会有人来阻止你，并告诉你要遵守社会公德，做好榜样。氛围教育培养了孩子良好的道德品质，让人自觉遵守社会秩序，诚信待人。

2.多渠道的隐形渗透

在德国，时时刻刻都渗入了对学生的道德诚信教育。德国的中小学大都设有专门的德育课程，诚信教育作为道德教育必不可少的内容，融入价值理论的认识和讲解中，德国的高校里虽没有设立专门的德育课程，但伦理学、神学等课程里都渗透着对学生的诚信教育。学校通过课堂教学、讨论、报告等多种形式引导学生树立诚信意识，塑造健全的人格。同时在考试、论文写作等学校各项日常活动中，学校也有意识地将诚信理念融入活动中。德国学校在道德教育中尤其注重各类社会实践活动的开展，倡导德育走向生活、回归社会。比如，组织学生参观纪念馆，鼓励学生假期到工厂、医院、福利院、养老院服务，通过培育学生的社会责任感和劳动观念培养学生的诚信意识。在德国，家庭也是诚信教育的主要场所，家长们普遍遵守这样一个原则：教育孩子诚实守信，家长必须作出榜样。在社会生活中，老师领着学生过马路、逛公园、参观博物馆的时候，都会教育学生要遵守时间、遵守交通规则等培养诚信观念。德国的诚信教育从学校、家庭、社会等不同渠道共同影响着人们的道德行为。

3. 执法严格，违法必究

德国是世界上少数较成功的法治经济国家之一，离不开“重合同、守信用”的法治传统。法治经济本质上就是一种信用经济，在德国对于人们正当、合理的信赖予以法律保护，违反诚实信用原则而行使的权力则是非法的。德国法律重视守信者同时，也对违反信誉的行为予以严惩。德国《刑法典》第22章“诈骗和背信”第263条（诈骗）规定：“意图为自己或第三人获得不法财产利益，以欺诈、歪曲或隐瞒事实的方法使他人陷于错误之中，因而损害其财产的，处5年以下自由刑或罚金刑。犯本罪未遂的，亦应处罚。”在科研诚信和学术不端行为方面，德国研究联合会颁布了《保证良好学术行为的建议》，各高校也都建立了学术自律体系。德国大学里考试抄袭、论文造假等失信行为，一旦查出，处罚严厉。2011年，德国前国防部长卡尔·特奥多尔·楚·古滕贝格就是因博士论文剽窃，不仅博士学位头衔没拿到，还不得不辞去了国防部长的职务。2013年，时任德国教育部部长安妮特·沙范因32年前的博士论文被认定剽窃、博士学位被撤销而辞职。总之，真正做到“执法必严”“违法必究”是德国诚信教育的强有力保障。

（三）德国大学学术诚信教育典型案例——杜塞尔多夫大学的科研不端治理体制

杜塞尔多夫大学成立于1966年，是德国北莱茵—威斯特法伦州杜塞尔多夫的一所国立大学，该校起初是由一所医学院发展而来，现已成为欧洲乃至世界知名研究型大学。20世纪90年代开始，德国科研不端经历了两次浪潮，第一次科研不端浪潮后，德国研究联合会等组织陆续制定了科研诚信行为准则和学术不端行为治理文件。2011年前以德国国防部长古滕贝格为起点，前教育部长沙师范等被披露博士论文涉嫌剽窃后，引发德国第二次科研不端浪潮。杜塞尔多夫大学深陷其中，因此开始积极开展科研不端治理体制建设。

杜塞尔多夫大学在2002年就颁布了第一个科研诚信规范，2014年该大学又原有的科研诚信规范做了补充和修订，即《确保良好的科学实践准则条例》。该条例包含了5个方面的内容：良好的科学实践准则、科研不端的定义、科研诚信调查员（办）与调查委员会的任务和构成、质疑科研不端的程序、科研不端委员会的调查程序。条例涵盖内容全面且强调学术论文的质量保障。同时杜塞尔多夫大学设置了科研诚信办和科研诚信中心，负责本校科研诚信规章制定和信息发布，同时为本校成员就科研不端行为提供咨询、解释、教育，并接受学术不端行为的举报，进行案件的预审和正式审查，规范了科研团队的建设。相对应杜塞尔多夫大学制定了调查与处理科研不端程序。程序按照立案、预审和正审三步骤。举报人向科研诚信办举报可疑的科研不端行为，科研诚信办在收到举报后先对举报内容进行分析和取证，如果质疑成立，则向校长或调查机构提议开启调查程序。预审通常由科研不端调查委员会的执行委员会实施，在预审期限内执行委员会听取被举报人的证词，并对事件真相按照规定进行调查研究。正式审查时，调查委员会以非公开会议的行为商讨，自由对证据进行审理和调查，判断学术不端行为是否属实。如证实确实存在科研不端行为，将根据情节轻重受到取消学术资格、按照劳动法服务法、民法公共法或刑法轻罪法制裁。该校还开设科研诚信教育课程，制定了研究数据保存规范并建立了电子保存系统。杜塞尔多夫大学的科研不端治理体制也是德国学术不端治理体系建设的一个缩影，有效地推动了德国科研不端治理的进程。

第九章　高校诚信文化建设的实践与启示

一、浙江金融职业学院：以“五位一体”打造金融人才诚信教育体系

浙江金融职业学院是一所立足金融行业，面向经济金融市场，培养适应现代金融业发展需求的高素质、高技能人才的国家示范性高职院校。创办以来，学院以“做学生欢迎之师、创社会满意之校、育时代有用之才”为基本价值理念，正确把握“传承行业优势、服务地方经济、培育实用人才”的办学定位，为全国金融系统输送了大批职业素质好、技能水平高的优秀金融人才，为地方经济的发展作出了诸多贡献，被誉为浙江金融界的“黄埔军校”“行长摇篮”。

学院以“诚信文化、金融文化、校友文化”为基本架构，形成了特色鲜明的金院“三维文化”育人机制。尤其是根据高职教育发展趋势，结合学校办学定位和人才培养目标，突出开展诚信文化建设，以提升学生诚信素质为抓手，打造诚信文化品牌，取得了良好的育人效果，产生了积极的社会影响。

（一）诚信文化的建设思路

诚信是金融业的灵魂，是金融从业人员的基本职业操守。随着我国金融业的全面开放，国内外金融机构对金融从业人员的诚信品格和职业素养提出了比以往更高的要求，也为立足金融业办学的浙江金融职业学院指明了文化建设的方向。围绕高等教育“学会做人”的重要理念和加强大学生思想政治工作的要求，学院将育人的视点从关注道德规范本身逐渐转移到“人的全面发展”上，转移到关注学生的精神成长上，将诚实守信这一做人的基本准则和道德底线作为这所高职院校文化育人的关键和重点。

新世纪学院筹建之初，学校领导就在校友会年会上，与省内各家金融机构和部分企业的领导共同探讨学生素质问题，确立了诚信教育的重要性，达成了培养学生诚信精神的共识。2002年1月，随着浙江金融职业学院正式建立，学院将学风清晰

地定格为“诚信、明理、笃行”。结合“金融”的职业特性和“金融人才”的品质特性，“诚信”成为学院校园文化主题，“诚信”校园文化建设目标正式确立。

“诚信”即诚实无欺，讲求信用，学院的诚信文化建设紧紧围绕诚与信的规范和确立，通过组织保障、诚信活动、诚信研究等宣扬诚信文化，从价值观念、思想道德、行为规范上完善学生的诚信品格，提升学生的职业素养，实现文化的育人功效。学院诚信文化建设的目标就是培育诚信职业人格和熟练职业技能兼具的金融人才。

诚信文化是浙江金融职业学院围绕自身办学特色，在正确认识学院办学定位、科学分析行业导向、积极探索高职人才培养模式的基础上提出的新理念，是对学校自身文化精神的深化与提炼，是高职院校校园文化建设的创新。

（二）诚信文化的实践推进

多年来，学院从完善机制、加强教育、注重研究、优化环境、开展活动等层面入手，打造“五位一体”金融人才诚信教育体系，广泛实践诚信理念，不断丰富文化内涵，让“诚信”理念入脑、入心、入行，推动诚信文化的建设发展。

1. 完善组织机制，保障诚信文化建设

为使诚信教育活动扎实、有效开展，学院围绕诚信内涵制定和完善学生管理制度，在信息技术系和国际商务系建立诚信评价机制，强化诚信学风建设。学院成立校园文化建设委员会，把诚信文化作为校园文化建设的重点，确定宣传部、基建办为诚信校园文化软硬件建设的责任部门。

2002年，学院专门成立诚信教育与校园文化研究所（2005年更名为“诚信文化研究所”），为诚信文化建设和诚信教育提供智力支持。研究所由院党委书记任所长，党委宣传部、人文社科部、团委、浙江众诚评估公司等部门的负责人为研究所的成员，其构架的完整性既保证了党在学生中的领导和宣传发动，也有利于整合各部门的优势，并通过企业的介入开展实打实的教育活动，为研究和推广诚信文化奠定了基础。

2. 加强诚信教育，丰富诚信文化内涵

注重自我道德教育。2001年10月，组织师生认真学习新颁布的《公民道德建设实施纲要》，党委要求师生以二十字的公民基本道德规范为准绳加强自身修养，教师尤其要讲求“敬业奉献”，学生要注重弘扬“明礼诚信”。2003年学院推出《浙江金融职业学院学生诚信公约》和《学生诚信誓词》，2006年开始进行诚信还贷宣誓活动，不断强化学生的自我教育和约束能力。2012年，党的十八大报告首次明确二十四字社会主义核心价值观，“诚信”是其重要内容之一，学院的诚信教育愈加彰显出强大的价值导向作用。2017年，党的十九大报告为诚信建设明确了制度化的发展方向。2022年，党的二十大报告指出要广泛践行社会主义核心价值观，提高全社会文明程度，弘扬诚信文化，健全诚信建设长效机制。学校积极响应党中央的号召，更加务实有力地推进诚信教育。

保持诚信文化育人的连贯性。将诚信教育贯穿于新生入学至学生毕业的各个阶段，在新生入学时扎实开展有关诚信方面的始业教育和典型示范教育，在学生毕业时进行诚信就业等教育；平时进行失信后果教育，发挥警示作用；每学期都对学生的诚信行为进行考评，作为评优、信贷、入党等的依据。

创新德育课程建设。将思政理论课、素质教育课教学与诚信教育有机结合，强调诚信观念、诚信约束力和诚信意义的教育；安排德育课程教师集体备课，根据不同专业特点，融入诚信教育内容和重点。2003年，通过向全校师生征集素材的方式，编辑出版了超过12万字的《诚信读本》，全校学生人手一册，成为学校当时诚信教育的首本教材。2008年，学院正式编辑出版《大学生诚信文化理论与实践》，力求深化教育内容，增强学习效果，将诚信教育纳入全校“明理系列课程”，使德育课具有极强的职业感召力。自2019年开始，在明理学院面向大一新生开设的《明理人生通论》课程教材中，将诚信教育作为单独的章节深入宣讲。

3.研究诚信文化，拓展文化建设思路

在确定学院年度院级重点科研课题时，学院通常将类似“高职院校诚信教育方法与创新问题研究”的课题选入其中，进行重点扶持。近年来，校内及学院思政研究会每年的研究方向和专题论文中都有关于诚信校园文化建设的主题，成为学院科研领域的特色。不少研究论文提出了诚信文化建设的新理论、新途径和新方法，开阔了学院诚信文化建设的思路，为深入发展诚信校园文化、打造诚信文化品牌提供了有益的借鉴。

4.优化育人环境，渲染诚信文化氛围

创设良好的舆论环境。学院倡导以人为本，积极开展“尊重式”教育，真诚地尊重学生的个性，以诚信的作风取信于学生、家长和社会，做诚信表率。2006年学院扩招，部分新生不能就近住宿，当时劝说学生住到较远公寓的老师随口答应帮助解决交通问题（其实新住宿点也就三四百米开外），后来学校就给这105位同学每人配了一辆自行车，可谓“一诺千金”。

营造诚信的校园环境。在下沙新校区环境建设中融入诚信文化因子。在学校正大门的左侧，设立一块两米多高、镌刻着一个古朴“诚”字的巨石，注有《礼记·中庸》的“诚者，天之道也；诚之者，人之道也”。在正对学生公寓的三号门前嵌一块汉白玉，镌刻一个“信”字，侧注为“民无信不立”（孔子语）。诚石（实）、信玉（誉）直观地阐发了“诚信”的本意，是学院对于诚信教育的一个彻底的理念宣扬。新校区的大门口矗立着一座以我国古钱币代表——布币造型的主题雕塑“立”，上有“不诚无物”四个大字，其侧面呈方鼎形状，蕴含“一言九鼎”之意，无形中昭示着“诚信”的理念，引导学生立德、立言、立人品。纵贯南北的主干道命名为“诚信大道”，意味着走进浙江金融职业学院，就要在“诚信大道”上承担诚信之责。校园里的明理亭、笃行桥、精业馆、诚信讲学堂等建筑和场馆，都有对“诚信文化”的进一步演绎，园内的一些标志上也用名言警句、对联等反映“诚信、明理、笃行”的学风，使学生漫步校园间会不经意地获得某种警醒或启迪，发挥“润物细无声”的育人功效。

5. 开展多种活动，彰显诚信文化特色

创新诚信活动形式。形式多样的诚信活动是加强诚信文化建设、提升学生诚信品质的力助推器。学院将诚信与传统文化的“慎独”相结合，举办无人监考的“诚信考场”，检测和提升学生的诚信品质。2003年4月推出“诚信伞、用后还，诚信指数大家看”活动，让学生在相对轻松的日常活动中领会诚信、实践诚信，用“诚信指数”对部分宿舍楼的学生进行“泛”考评。2010年在校图书馆一楼设立以诚信为证、自由借阅的“诚信书架”，方便同学读书学习。2005年，学院会计系率先探索设立学生“诚信档案”，内容包含学生的考勤率、品德操行、为人处世等内容，档案跟随学生毕业，成为衡量学生品质的重要杠杆，为诚信状况良好的学生争取了更多发展、就业和参与社会竞争的机会。学校每年集中开展学生资助诚信教育主题活动，包括“宣传诚信知识，增强诚信意识”“召开主题班会，弘扬诚信精神”“我为诚信代言，讲述诚信故事”“‘诚信自强之星’评选，树立先进榜样”“多渠道反诈宣传，提高风险防范意识”等环节内容，在全校范围内营造了“诚实守信，立德立身”的育人氛围。多年来，学校持续在开学季组织大一新生签订“自律协议书”“寝室文明公约”等，倡导诚实守信、自我管理，培养学生自律与诚信意识。

院系两级广泛发动。学院每年召开诚信就业教育大会，积极开展诚信还贷宣誓仪式和签约活动；货币金融博览馆常年开展反假币主题教育；金融系以“诚信·学在金融”作为系部文化理念，推出“诚信短信”、点评“十大不诚信”现象等特色活动；保险系的“诚信报栏”活动，以个人诚信投币行为作为诚信品质的量化反映；信息技术系开展“书写诚信”书画大赛，抒发诚信理想和心声；会计系的“诚信”小品大赛、经营管理系的失信惩罚机制等都通过不同层次的立意，诠释和推广诚信文化，极好地印证了诚信文化的广泛性与参与度。

（三）诚信文化的建设成效

学院的诚信校园文化主题鲜明，经过多年的建设和发展，无论是体制、机制还是运行状况都较为稳定和规范，在彰显学校精神、强化育人效果等方面显示了初步成效，产生了积极的社会影响。2005年8月，学校获得“全国金融教育先进集体”荣誉称号，2006年1月，学院被省委教育工委、省教育厅授予“2005年度浙江省高校宣传文化工作创新单位”，2014年被浙江省人民政府授予浙江省模范集体，2017年5月，学校荣获“第五届黄炎培优秀学校奖”，2021年5月，教育部授牌学校为“课程思政教学研究示范中心”，同年7月，学校获浙江省“课程思政示范校”荣誉称号。

1. 诚信理念广泛认同

通过诚信教育推动了学生诚信理念的形成和提高。2001年，学院敏锐地抓住当时证券市场凸显的诚信缺失问题，大力开展诚信教育，使学生对于“财务报表的完整”“信息披露的真实”渐渐有了课本之外的道德层面和法律意义上的认识，对诚信有了专业上的认同。2002年1月，上百件应征学风用语的师生稿件中，绝大多数都选用了“诚信”（或“诚”）一词，显示了学院师生对“诚信”的高度认同和深刻感知。2003年，学院学生积极参与《诚信读本》素材征集，亲身辨别诚信的本义、张力和处境，522名同学（占在校生人数的28%）向学院提供了580篇关于“诚信”的素材，总字数达40多万字，从侧面展现了学生对诚信理念的重视和认可。

2. 诚信风尚校园飘香

诚信言行成为学生的自觉行动，校园里处处开满诚信之花。首次“诚信考场”迎来300多名学生自愿报名，踊跃签订“诚信考试承诺书”，最终35个班的120名同学参加4场诚信考试，考场黑板正中央“以自己的良知监督，以自己的人格承诺”的一行大字取代了监考老师，取得了零作弊率的效果。近年来，学生诚信考试成功率始终保持较高水平，学院选样2006级素质教育课两个试点班的期末考试，只发现两人有作弊嫌疑。同学们相互监督彼此言行，日常学习生活中始终保持诚信作风，“诚信书架”“诚信伞”和“诚信报栏”等诚信指数均在85分以上。2009年始，学院每年评出各方面表现突出的“十佳大学生”，其中都有“诚信之星”。2012年开学初，来自贫困家庭的国际商务系学生严晓静，正在为昂贵的学费而困扰，却意外发现自己的缴费账户突然多出来7700元，肯定是哪位同学的家长误打了，这该有多着急啊！严晓静第一时间竟忘了自己的困扰，专心为他人着急起来。她主动找到班主任老师说明情况，后又花了77元手续费，将钱全部取出，还给了误打钱的学生家长。2022年，我校王敏丽同学因其在学生资助诚信教育活动中表现突出，获得浙江省高校

"诚信自强之星"荣誉称号。

3. 诚信就业有口皆碑

诚信文化建设贴近办学实际，贴近学生思想，使学生诚信品质和职业素养不断提高，与学校开展产学合作的单位也日益增多。以"订单班"为例，订单班的班级数和学生数从2003届1个订单班、12名学生发展到2012届的45个订单班，上千名学生，诚信就业率接近100%。如"泰隆班"就业时，面对高职学生"走俏"中等城市的现状，12位入选同学以"职业金融人"的操守坚定信念，诚信就业，无一临阵换岗。多年来，学院毕业生初次就业率始终保持在95%以上，部分专业学生还出现了"供不应求"的情况，这从一个侧面反映出学院诚信文化建设的突出成效。

4. 诚信校园愈加和谐

学生诚信品质的形成，诚信言行的履行让浙江金融职业学院的校园活泼多彩，充满和谐，愈加稳定，为学生的学习生活、成长成才提供了更加有利的外部条件。校内平安有序，各类突发事件极少发生；师生间教学相长，关系融洽；同学间礼让谦和，共同成长。2005年，学院顺利入选浙江省首批"平安校园"，此后多次获得浙江省平安校园考评工作5A级"平安校园"荣誉称号；2007年获评省心理健康教育示范单位，2010年被评为全国高职院校心理健康教育先进集体，2018年获全国大学生心理健康教育工作先进集体荣誉称号，实现了我省高职院校荣获该全国性奖项零的突破，2019年入选浙江省"三全育人"心理育人综合改革重点支持高校，2023年获评第一批浙江省"心理健康教育工作标准化建设示范高校"，全省首批仅10所高校获此殊荣。连续三届的金融理财博览会、多年的动漫节等大型活动中都能看到学院学生宣传诚信理念、提倡诚信人生的身影。同学们将诚信理念传播给家人、朋友，并在社会实践活动中自发地向市民群众进行宣传，教授反假币知识和技巧，弘扬诚信文化。

5. 诚信文化备受肯定

近年来，浙江金融职业学院诚信文化建设的成果、诚信教育的良好成效获得了全国、省、市各级各类媒体的关注和报道。《人民日报》《光明日报》《浙江日报》《浙江教育报》及浙江电视台、杭州电视台等多家新闻媒体从不同角度对学院创新育人机制、建设诚信文化给予了报道和评价，全面、客观地反映了诚信教育的优良成效，受到社会各界的充分肯定和赞誉。作为国家示范性高职院校建设单位，省内外许多兄弟院校在与学院交流经验的过程中，无不例外地对学院诚信文化建设在理念教育、机制建设、环境布局、主题活动开展等方面的措施和成效，给予赞赏和好评。学院的"诚信文化"品牌荣获浙江省高校校园文化品牌称号。

（四）诚信文化的深入发展

诚信文化建设始终是浙江金融职业学院校园文化建设的重点，也是加强经济金融类大学生思想政治工作、提升学生职业素养的重要手段。自入选国家示范性高职院校建设行列以来，学院加大了诚信文化的建设力度，在保持原有建设构架和教育内容的同时，依托示范性院校建设平台之一——“金融职业素质养成基地”项目的建设，积极构建以诚信文化为基本特色的职业素质教育格局，不断提升诚信文化品质和水平。在示范性建设进程中，学院开始筹建“诚信指数观察站”，利用信息化管理手段建立诚信评价系统，对学生的诚信意识、诚信行为等进行观测，形成浙金院诚信指数，便于学院在教育和管理上采取相应措施，加强学生诚信素质的培养。

2007年年底，学院出台《全面构建“三维文化”育人体系的若干意见》，把坚持“诚信文化”育人作为“三维文化”育人体系的首要内容、文化之魂，而把培育职业能力的“金融文化”看作是学生的立身之本，营造工学交替、产学合作生态的“校友文化”作为开放办学之链。在此基础上学院提出了弘扬诚信文化理念、加强诚信文化课程建设、完善学生职业人格、促进学生全面发展等的一系列举措和意见，2009年、2011年浙江金融职业学院教代会分别通过了《关于进一步加强学生素质教育的若干意见》和《关于加强文化与品牌建设的若干意见》。2023年年初，学校决定将“素质教育成绩单”制度纳入人才培养体系，制定出台《“素质教育成绩单”制度实施办法（试行）》，将“诚信明理”作为学校的一个重要育人维度，为新阶段浙江金融职业学院诚信校园文化建设提出了新的目标要求，为学院人才培养的质量提升指明了新的方向。

二、安徽财经大学：“以诚铸魂，以信立业”创新财经人才诚信教育实践

在社会市场运行的每一个环节，倡导诚信精神的原则，以诚信作为首要选择，才能推动社会的正常运行。而作为当代大学生教育的重要主题之一——诚信教育，自然也在大学生思想道德建设中发挥着不可或缺的积极作用。安徽财经大学更是以“诚信博学 知行统一”为校训，着力开展诚信教育工作，不断为社会输送具备诚信品格的高素质人才。

（一）诚信教育年活动举措

为深入贯彻落实中共中央办公厅《关于培育和践行社会主义核心价值观的意见》（中办发〔2013〕24号）、中共安徽省委办公厅《关于培育和践行社会主义核心价值观的实施意见》（皖办发〔2014〕9号）、中共安徽省委教育工委《关于教育系统培育和践行社会主义核心价值观的实施意见》（皖教工委〔2014〕52号）等文件精神，进一步加强校园诚信建设，营造良好的诚信氛围和育人氛围，安徽财经大学将加强学生诚信教育、强化学生诚信意识、提高学生诚信品质作为学校教育教学和人才培养的重点工作。2017年，学校在总结以往经验的基础上，分别从构建诚信教育长效机制、开展各类诚信教育活动、诚信志愿服务建设、建立健全个人诚信奖惩联动机制等角度严格规划、多方着手、着力实现诚信教育与大学生思想政治教育、学生全面发展相结合，组织开展了诚信教育年活动。

1. 营造诚信之风

为全面贯彻党的教育方针，落实立德树人根本任务，加强社会主义核心价值观教育，营造浓郁的校园诚信氛围，学校多次组织学生认真学习习近平总书记系列重要讲话精神。如校团委曾组织“学习热议习近平总书记在全国高校思想政治工作会议上的重要讲话精神”“开展学习贯彻习近平总书记在安徽视察期间的重要讲话精神”“组织学习贯彻习近平总书记给大学生回信的重要精神”等学习活动。

同时，为进一步宣传诚信教育内容，学校还充分利用微信、微博等新媒体平台开展了“诚信考试——我们的承诺”“诚信考试，大家有话说”“诚信考试，从我做起”等一系列诚信考试线上活动，吸引了全校上千名同学的关注参与；在QQ空间中“诚信考试，从你我做起”的话题转发也吸引来大量的关注，同学们积极转发点赞，加强了本次活动的传播，使得校园诚信考试的氛围不断升华。

2. 建立完善诚信教育制度

为营造诚信文化氛围，丰富诚信教育载体，确立诚信道德教育的重要地位，更新诚信教育理念，学校构建诚信教育长效机制，对原有与学生诚信教育相关的制度进行全面梳理，加强制度的废改立。而且，将收费管理、证件办理、请假管理、奖助学金申请、评优评先、党团员发展、考试舞弊、成绩考核等与学生息息相关的因素纳入其中，利用学校、学院、班级三级管理体制，发现学生不诚信的现象，及时处理并对学生本人进行反馈。

3. 创新开展各类诚信教育活动

学校自主举办的诚信教育活动有：“弘扬中华美德，做诚信公民”主题升旗仪式、“诚信伴我成长”主题团日活动、“诚风破浪，武行安财”春季竞跑活动、“翰墨书香”读书月之诚信创作倡议活动、“翰墨书香”读书月开幕式、“薪火相传，诚信分享”之学习经验、资料共享活动、“诚在五月，乐在阅读”之读者交流会、“仁义礼智信”征文活动、诚信灯盏活动。

2017年3月29日，中国青年网对我校“弘扬中华美德，争做诚信公民”主题教育活动进行了报道，报道中提到“活动现场，安徽财经大学三名安徽省‘向上向善好青年’提名奖获得者先后进行了国旗下的讲话，他们结合自己在求学、创业中的收获，谈了诚信对当代大学生的重要意义，并号召广大在校生诚信立身、诚信立学、诚信立业，自觉践行社会主义核心价值观，共建向上向善、诚实守信的安财校园”。

4. 开展诚信志愿服务建设

学校开展诚信志愿服务建设，注重增进学生对志愿服务精神的理解，打造一批具有特色的诚信志愿活动。学校自主举办的特色诚信志愿活动有：诚信系列美化校园活动、“立德修身，诚实守信，履行契约，感恩社会”签名活动等。同时，2017年学校全面开展了志愿者注册工作，树立校内青年志愿者诚信典型，加大守信激励力度。

5. 加大对不诚信现象的惩戒及宣传力度

学校建立健全个人诚信奖惩联动机制，对在考试中有违纪行为的同学及时张榜公布处理结果，杜绝其他同学的违纪想法；对在各类奖助学金申请过程中有作假行为的同学，进行严肃批评教育，收回已发放的各类奖助学金；对在就业过程中有弄虚作假现象的同学，及时进行批评教育，勒令改正，杜绝简历造假。

6. 建立学生在校期间诚信档案

学校依托国际经济贸易学院试点建立学生在校期间的诚信档案。诚信档案的内容包括学生基本信息和学生诚信状况主要指标。学生诚信档案主要指标有：

（1）学习诚信状况。记录和描述学生在历次重要考试中的表现，以及是否有违纪、作弊事实。

所谓重要考试是指国家大学外语等级考试、研究生入学考试等各类全国统一考试，学院教务部、学生工作部、各系组织的各种统一考试等。

（2）学术诚信状况。记录和描述学生平时学科作业完成情况，以及是否有抄袭、编造实验数据、剽窃他人成果现象等。

（3）生活诚信状况。记录和描述学生遵守校规校纪与各项教育管理规定、文明行为、参加集体活动等方面的诚信状况。

（4）经济诚信状况。记录和描述学生每年度缴纳学费、住宿费等的诚信状况，主要考察是否存在恶意欠费事实；申请各类贫困助学金和勤工俭学岗位补贴诚信状况等。

所谓恶意欠费是指具备缴纳学杂费能力，但在学院规定时间内无任何正当理由拒绝缴费，且未向学院提交缓交学杂费申请。其具体性质根据学院相关部门的调查结果确定。

申请各类贫困助学金和勤工俭学岗位补贴诚信状况，主要考察所提供的个人申请信息是否真实、全面，有无欺诈、隐瞒真实情况，以及贫困助学金和勤工俭学岗位补贴的使用是否存在严重不当事实。

贫困助学金包括国家、省政府助学金，社会团体或个人和学校提供的临时性资助金，学院勤工俭学岗位补贴等。

所谓严重不当是指将助学金不用于帮助完成正常学业，而用于吃喝宴请、购买高档服装、电脑和手机等高端产品或投资做生意等。

（5）网络诚信状况。记录和描述学生有无在校园网或其他网站网页上散发恶意攻击信息或信息垃圾、散布谣言或虚假信息、故意制造混乱的行为。

（6）择业信息诚信状况。记录和描述学生本人在就业过程中向用人单位提供个人基本信息的诚信状况。主要考察学生就业信息是否存在严重失真事实，签约时对用人单位是否存在重大信息隐瞒，是否存在恶意单方面违约情况（学生本人与签约单位经过友好协商而解除协议者除外）等。

（二）诚信教育工作成效

学校所开展的诚信教育工作卓有成效，诚信氛围更浓郁、诚信理念更深入、诚信意识更增进、诚信建设更加强。

1. 诚信氛围浓郁

通过组织学生认真学习习近平总书记系列重要讲话精神、《公民道德建设实施纲要》《高等学校学生行为准则》《安徽财经大学学生手册》等，利用各学院网站、新闻、微信等各类新媒体平台宣传诚信教育的相关内容，营造了浓郁的诚信氛围。

2. 诚信理念深入

通过开展“讲诚信、反欺诈；重亲情、反传销”“诚信在助学贷款中闪光”主题征文活动、主题签名活动和主题线上宣传活动等诚信宣传系列活动，前后共有上万人参与，并通过QQ、微信、微博等新媒体平台分享自己的宣言和方法，经统计共有上万人次浏览，切实贯彻了活动主题，使诚信理念深入人心。

3. 诚信意识增进

通过各班团支部召开“树诚信考风创优异成绩”主题班会活动号召同学签署诚信考试倡议书，撰写心得体会。该活动覆盖面广，几乎所有学院学生都参与其中，明显增进了学生的诚信意识。

4. 诚信建设加强

通过贯彻落实诚信教育相关工作，学校诚信建设得以加强。以学生诚信档案制度落实为例：对在学习中存在课堂缺勤、晚自习缺勤和论文作假的同学，严格教育批评并记录于诚信档案；对在生活中出现不诚信行为的同学，严格处理；对在就业过程中有弄虚作假现象的同学，及时进行批评教育，勒令改正，杜绝简历造假。对这一制度的落实无疑有利于帮助学生树立“人无信不立”的信用道德观念，该制度的建立健全也促进了学校诚信建设的加强。

三、山东商业职业技术学院：以“四位一体”构建商科人才诚信教育模式

近年来，山东商业职业技术学院（以下简称山东商院）依托鲁商集团办学优势，天然的校企合作基因，结合学校的商科特色和培养“重诚信、善沟通、懂经营、会管理、能创业”的复合型、创新型技术技能人才的目标。因此，山东商院借助在传承中华鲁商“经道义、营民生、顾国谋利”文化血脉方面拥有得天独厚的优势，将诚信文化资源进行创造性转化，同时扎实推进三全育人的工作机制，逐步在实践中形成了以科研—文化—实践—管理“四位一体”的诚信教育模式，培养了一批又一批社会主义核心价值观引领下的新时代商科人才。

（一）以科研育人树立诚信价值观

山东商院以社会主义核心价值观为指导，以“立德树人”为根本任务，将学术诚信有机融合并贯穿教育教学全过程，通过开展入学诚信教育、选聘科研助理、专题讲座、艺术作品竞赛等多种形式的活动，借由多平台宣传、引导广大学生遵守科研诚信，树立诚信价值观，学生在入学后需参加入学诚信教育，测试成绩不仅记入诚信档案，还将作为科研创新团队选聘的重要条件。2022年学校认定21个科研创新团队，通过举办科研创新团队助理招聘会，共选拔420名科研助理，2023年计划将选拔600名科研助理，该活动的持续推进也为商职学子诚信价值观的树立起到了很好的榜样引领作用。同时，学生入学后需通过“第二课堂”参加不少于10学点（约10

场）的诚信教育主题讲座、不少于20学点（约20次）的诚信教育主题活动，在学习学术诚信知识、发放诚信文明活动倡议书、现场讲解诚信的重要性、参加诚信主题文艺活动的同时促进科研工作的持续健康发展。近两年来，学校举办科研诚信教育讲座约100场次，科研诚信教育主题活动约1000场次，申报诚信教育相关省部级课题4项、教学成果重点培育1项、著作《商诚教育》获省特等奖等成绩，2022年在大学生科技创新大赛中获得一金二银四铜的好成绩，各项荣誉骨干学生均全程参与。

（二）以文化育人滋养诚信美德

山东商学院重视并实施包括商文化在内的各项校园文化建设，在一系列潜移默化的文化渲染中感悟诚信的力量，从情感上培养并内化诚信美德。学校目前已有和在建的鲁商校园文化景观群从商鼎广场、广场群雕、“经道义营民生顾国谋利”大型石刻、“鲁商大道”大型标识、“红色商旅”大型景观将鲁商的核心价值观嵌入其中；同时，借助校商文化研究中心这一大平台传递鲁商诚信美德，鲁商文化博物馆运行6年以来接待数万人次参观，被命名为第十批“山东省社会科学普及教育基地”，2022年新落成的权衡天下博物馆被作为诚信文化和诚信做人的文化宣传基地。另外，学校设有诚信教育学习专区，共设有36个宣传栏、2000余本书籍、150张桌子、500个座位供学生进行学习，内容涵盖诚信教育相关政策文件、诚信教育典型案例、诚信之星评选条件及事迹等；学校共设有22个无人诚信服务点，服务点内设有雨伞、自行车、书籍等共享物品，设有5个矿泉水、饮料、食品等开放式售卖点，为同学提供服务的同时打造了一个典型的诚信教育示范点。

（三）以实践育人培养诚信素养

山东商院借助校园鲁商文化研究所、鲁商文化博物馆、权衡天下博物馆等商文化教育资源，大力推进各项实践活动，引导学生将课堂所学、文化浸润以及科研所得融入实践育人过程之中，培养学生诚信素养。校内定期举办老字号掌门人讲座、“探秘老字号”研学之旅系列老字号进校园活动，组建学生社团“诚廉社”“鲁商文化学社”，并以此为基础组建“新时代诚信教育宣讲团”，宣讲团成员担任鲁商文化博物馆和校园商文化景观的讲解员，近年来共计培养学生讲解员100余人，约25000余人次进行了参观学习。其中讲解员骨干队伍被山东省社会科学界联合会批准为山东省新时代文明实践社科普及志愿服务鲁商文化博物馆服务队，获得了各界媒体的广泛报道。校外与省内外老字号及中小企业管理协会密切联系，组织学生实地参观老字号、老字号博览会，了解老字号历史、文化、经营；学校以“诚廉社”“言信行果社”“鲁商文化学社”等学生社团为平台，充分发挥学生的主体性和主动性，积极开展“山商情·诚信行”“诚信进社区”进家庭等公益性、回馈性、教育性的特色社会实践活动，增强家庭及社会参与诚信教育的主动性与自觉性，形成合力，共同创造有利于学生诚信教育的学习环境。仅2022年，共有56支社会实践服务队赴省内40多个市县镇走访学校、社区、家庭开展预防电信诈骗问题、互联网信息服务领域失信问题、扶贫脱贫失信问题、国家考试作弊问题、骗取社会保险问题等10余项社会突出的诚信缺失突出问题，学生也在活动中真正做到在实践中学习，内化诚信素养。

（四）以管理育人强化诚信行为

山东商院将诚信行为作为对学生考核的重要内容，学生入学需签订“诚信状”，学校对诚实守信的学生予以表彰，对不守信用的行为予以惩罚，比如每学年评选诚信之星予以表彰、失信学生取消其助学贷款和评优评奖资格等。先后出台《山东商业职业技术学院学生诚信教育实施办法》《山东商业职业技术学院诚信之星评选管理办法》等诚信教育相关管理制度，对诚信榜样给予表彰，树立诚信典范，通过“商职小喇叭”公众号等媒介进行制度宣传教育，塑造学生良好诚信行为。另外，构建学生诚信信息管理系统，学生入学后即建立电子诚信档案，及时跟踪、搜集、储存、整理、开发、使用、监督、管理学生在校期间的诚信信息，为企业招聘提供诚信信息咨询服务，以便企业第一时间就能了解学生的诚信状况，真正实现大学生诚信教育全过程的规范管理、便捷管理、有效管理。近年来学校学生管理队伍工作成效突出，获评多项国家级教学成果奖、国家社科基金项目、山东省辅导员名师工作室、山东高校辅导员年度人物等荣誉。

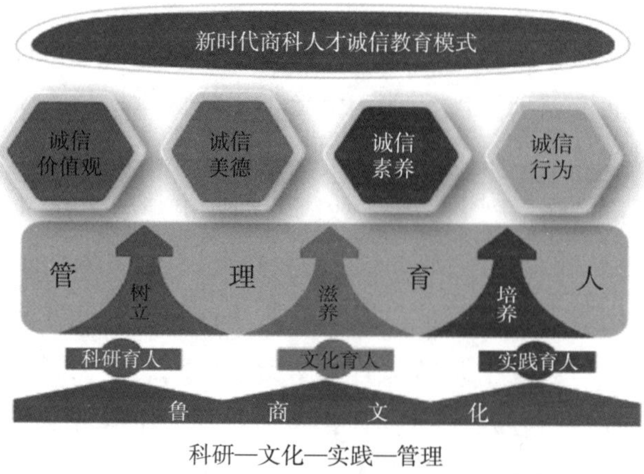

图9-1 “四位一体”商科人才诚信教育模式

参考文献

[1]高举中国特色社会主义伟大旗帜为全面建设社会主义现代化国家而团结奋斗——在中国共产党第二十次代表大会上的报告［M］.人民出版社，2022.

[2]王淑芹，等.中国特色社会诚信建设研究［M］.人民出版社，2022.

[3]彭文君.当代大学生诚信建设研究［M］.上海交通大学出版社，2018.

[4]王明志.当代大学生诚信观教育研究［D］.南京理工大学，2021.

[5]李平，张芳霖.论习近平诚信观：渊源·内涵·特点［J］.江西财经大学学报，2020（5）.

[6]刘聪杰.浅析诚信在社会主义核心价值观中的内涵和要义［J］.福建省社会主义学院学报，2020（1）.

[7]徐正兴，周可真.诚信价值观的内涵阐释与践行要义［J］.学海，2019（4）.

[8]赵建波.诚信建设制度化：内涵、困境及出路［J］.求实，2018（6）.

[9]顾作义.诚信——立身创业之本［M］.南方日报出版社，2016.

[10]翟柏.诚信——中华文化的做人准则［M］.中国大百科全书出版社，2021.

[11]汪中求.契约精神［M］.新世界出版社，2009.

[12]山东好人丨崔慧：坚守“1元”诚信90后驾驶员收获亿万点赞.学习强国.

[13]诚信奶奶的九旬人生.南方都市报，https：//m.mp.oeeee.com/a/BAAFRD000020221207747009.html.

[14]这起考试舞弊案波及9省16市诚信考试需警钟长鸣.信用中国，http：//www.creditwuzhou.gov.cn/lgjc/gjlgjcbwl/17621.htm.

[15]周文冲.为你，十年又十年——“诚信老爹”吴恒忠的故事.新华社新媒体，https：//baijiahao.baidu.com/s？id=1607402480377344879&wfr=spider&for=pc.

[16]学霸钱学森的96分试卷，字迹清秀堪称“印刷体”.搜狐网，https：//www.sohu.com/a/628576831_121629413.

[17]中原诚信博物馆：古今诚信事说与众人听.潇湘晨报，https：//baijiahao.baidu.com/s？id=1733770590245649356&wfr=spider&for=pc.

［18］李世平.诚信故事100例［M］.立信会计出版社，2017.
［19］河南村镇银行事件.百度百科.
［20］王阳.重大科研不端案例与美国科研诚信制度的演变及其对中国的启示［J］.自然辩证法通讯，2021（8）：77–79.
［21］许枚.大学生诚信教育经典案例［M］.立信会计出版社，2018：37–38，42–44，52–53，68–70，121–122.
［22］名人小故事：林肯当律师的故事.http：//www.71.cn/2017/0627/953158.shtml.
［23］从哈佛“心机”教授造假，看那些轰动一时的学术造假事件.搜狐网，https：//www. sohu.com/a/270080873_120079.
［24］［美］戴尔·卡耐基，张伟译.人性的光辉：林肯传［M］.内蒙古人民出版社，2003.
［25］［美］奥里森·马登，罗海林、刘永吉译.成功的品质［M］.中国档案出版社，2001.
［26］郦千明.赠送李鸿章手杖的美国总统格兰特［J］.文史天地，2011.
［27］日本雪印丑闻：砸碎的不仅是招牌［N］.粤港信息日报，2002.
［28］黄艇.美国大学传奇［M］.上海文化出版社，2013：113.
［29］宦平.诚信教育读本［M］.中国劳动社会保障出版社，2013：49–51.
［30］丹麦最诚信国家是怎样炼成的.https：//health.huanqiu.com/article/9CaKrnJDgcx.
［31］李慧敏.诚信与教育［M］.北京：中国政法大学出版社，2015.
［32］李靖，等.大学生诚信教育生态体系建设研究［M］.北京：经济管理出版社，2018.
［33］赵贵臣，肖晗.诚信教育融入高校资助育人体系的路径［J］.思想教育研究，2021（1）：155–159.
［34］张雪莹，郭玉宇.主体性视角下大学生诚信教育现状及对策［J］.南京医科大学学报（社会科学版），2021，21（5）：512–516.
［35］王姝.对大学生诚信问题的调研［J］.中共山西省委党校学报，2010，33（3）：124–126.
［36］刘静.大学生诚信现状调查及教育对策研究［J］.高等建筑教育，2011，20（5）：167–170.
［37］杨军剑.儒家仁爱思想与新时代诚信文化重塑［J］.中共郑州市委党校学报，2022（5）：103–106，104.
［38］冯颜利，崔延强.国外大学生的诚信教育及其启示［J］.西南大学学报（社会科

学版），2008（4）：68–70，70.

［39］刘菁.诚信文化赋能社会治理现代化［J］.前线，2022（12）：50–52.

［40］李蔚.大学生诚信教育法制化的构建［J］.武汉商学院学报，2016，30（4）：87–89.

［41］李德显，洪云.诚信的内涵考辨及其对学校诚信教育的启示［J］.教育理论与实践，2012（25）.

［42］李敏."知行合一"思想观照下的大学生诚信教育问题探析［J］.思想政治教育研究，2015，31（3）：115–119.

［43］刘玉玮.高校大学生诚信档案工作研究［D］.山东大学，2008.

［44］刘扬.新时代大学生诚信问题研究［D］.吉林农业大学，2020.

［45］李明鑫.大学生诚信观的现状分析及对策研究［D］.中北大学，2019：24–36.

［46］王明志.当代大学生诚信观教育研究［D］.南京理工大学，2021.

［47］陈承财.高校诚信教育研究［M］.厦门大学出版社，2014.

［48］崔延强.中外大学生诚信教育比较研究［M］.北京：中央文献出版社，2009.

［49］张立文，李甦平.中外儒学比较研究［M］.北京：东方出版社，1998.

［50］孙义兰.中国与新加坡当代大学德育比较研究［M］.宁夏：宁夏人民教育出版社，2017.

［51］许久生，庄敬华译.德国刑法典［M］.北京：中国方正出版社，2004.

［52］王艳.美国的科研诚信：大学的作用［J］.全球科技经济瞭望，2007（1）.

［53］陈昀，李丽霞.因素分析法视角下的中日高校诚信教育之比较［J］.现代教育科学，2007（4）.

［54］湛泳，王妍.日本大学诚信教育对我国大学诚信教育的启示［J］.科教导刊，2015.

［55］孙书哲，张科静.日本和新加坡高校诚信教育对我国大学生诚信教育的借鉴［J］.商贸教育.2021.

［56］胡科，陈武元.高校学术不端行为治理的国际经验及其启示——以斯坦福大学、剑桥大学、东京大学为例［J］.东南学术，2020（6）.

［57］黄松赞.新加坡的道德教育经验及其对我们的启示［J］.黑龙江高教研究，1991（1）.

［58］陈石明.新加坡的道德教育及其借鉴意义［J］.东南亚纵横，2009（9）.

［59］李海芬，童晓敏.新加坡南洋理工大学学术诚信建设研究［J］.比较教育研究，2019（6）.

［60］叶宗玲.中西诚信观念比较及整合［J］.合肥学院学报.2009（3）.

［61］宋来臻，冷翠玲.德国诚信教育对我国高校诚信教育的启示［J］.现代交际，2017（12）.

［62］赵荣.德国诚信教育之启示［J］.青海教育，2014（5）.

［63］赵荣，赵静.德国社会诚信体系构建的宏观要素分析［J］.德国研究，2017（1）.

［64］王飞.杜塞尔多夫大学科研诚信制度建设及启示［J］.中国高校科技，2018（8）.

［65］Aaron，R.M.Student Academic Dishonesty：Are collegiate Institutions Addressing the Issue？NASPA joumal，1992，279（3）：101–106.

［66］University of Colorado. Student Honor Code Policy［EB/OL］.［2013–04–07］. http：//www.colorado.edu/policies/student–honor–code–policy.

［67］Ell is Ellen Deborah.The Honor System Re–examined［J］.The Journal of Higher Education，1996，37（8）：460.

［68］Honor Committee，University of Virginia［EB/OL］.A Brief History of the Honor Committee. http：//www.virginia.eud/honor/explain. html，2018–01–10.

［69］Code of Student Conduct［EB/OL］.https：//www.umass.edu/dean_ students/code of conduct，2018–02–10.

［70］International Center for Academic Integrity［EB/OL］.［2013–04–09］.http：//www. academicintegrity.org/icai/home.php.

［71］Princeton University .Academic Integrity at Princeton［EB/OL］.［2013–04–08］. http：//www.princeton.edu/pr/pub/integrity/pages/ intro/index.htm.

［72］MELGOZA P，SMITH J. Revitalizing an existing honor code program［J］. Innovative Higher Education，2008，32（4）：209–219.

［73］Rights，Rules，Responsibilities，2017 edition［EB/OL］.http：//www. princeton. edu/pub/rrr/2018–03–19.

［74］文部科学省.研究活动における不正行为への对应等に関するガイドライン［R/OL］.（2014–08–26）［2016–05–30］.http：//www.mext.go.jp/b_menu/houdou/26/08/__ icsFiles/afieldfile/2014/08/26/1351568_02_1.pdf.

［75］National University of Singapore，Code of Student Conduct［EB/OL］. http：//nus.edu.sg/osa/documents/resources–and–policies/code–of–.student–conduct.pdf，2017–02–01.

［76］Nan Yang Technological University. Shared Values and Honor Code［EB/OL］. http：//www.ntu.edu.sg/ai/Pages/shared–values–honour –code.aspx，2017–06–02.

［77］Nan Yang Technological University，The University Code of Conduct［EB/OL］.

http：//research.ntu.edu.sg/rieo/RI/Pages/The–University–Code–of–Conduct.aspx，2015–09–10.

[78]Nan yang Technological University. Student Academic Integrity Policy and Procedures［EB/OL］.（2016–01–14）[2018–03–10] .https：// www.ntu.edu.sg/ai/Documents/Student–Academic–Integrity–Policy –and– Procedures–2016.pdf.

[79]Bruce A. Ackerman，Social Justice in the Liberal State，New Haven：Yale University Press，1980：246.

[80]刘蕾.国外大学诚信教育及对我国大学诚信教育的启示［D］.福建师范大学，2011.

[81]李艳春.中美大学生诚信教育对比研究［D］.东北石油大学，2011.

[82]秦艳.美国大学生诚信教育及其对我国大学生诚信教育的启示［D］.西南大学，2009.

[83]张杰.普林斯顿大学荣誉制度研究［D］.中南大学，2011.

[84]赵文雅.日本国立大学内部学术治理机构研究［D］.河北大学，2016.

附　录

附录1　中央文明委关于推进诚信建设制度化的意见

各省、自治区、直辖市精神文明建设委员会，中央精神文明建设指导委员会各成员单位：

为深入贯彻党的十八大、十八届三中全会精神和习近平总书记重要讲话精神，落实国务院印发的《社会信用体系建设规划纲要（2014—2020年）》，大力培育和践行社会主义核心价值观，切实形成诚信建设良好的社会舆论环境，着力推进诚信建设规范化长效化，现就推进诚信建设制度化提出如下意见。

一、推进诚信建设制度化的重要意义、指导思想和主要原则

（一）充分认识诚信建设制度化的重要意义。诚信是社会主义核心价值观的重要内容，是公民基本道德规范，是社会主义市场经济的基础。党中央国务院高度重视诚信建设，党的十八大提出深入开展道德领域突出问题专项教育和治理，加强政务诚信、商务诚信、社会诚信和司法公信建设；党的十八届三中全会强调建立健全社会征信体系，褒扬诚信、惩戒失信。各地各部门认真贯彻党中央国务院决策部署，推进社会信用体系建设，弘扬诚信理念，推广先进典型，开展专项整治，诚信建设取得积极进展。同时要看到，诚信建设与人民群众期望还有差距，与经济社会发展水平还不相适应，覆盖全社会的征信系统尚未形成，社会诚信意识和信用水平整体偏低，商业欺诈、合同违法、制假售假、偷排污染物、偷逃骗税、学术不端等不良现象时有发生，诚信缺失仍然是经济社会发展中一个突出问题，诚信建设制度机制亟待健全和完善。当前，我国正处于全面深化改革、加快推进社会主义现代化的关键时期，也是大力推进诚信建设的有利时机。加强诚信制度化建设，对于完善社会主义市场经济体制，培育和践行社会主义核心价值观，推进国家治理体系和治理能

力现代化，提升国家软实力和整体竞争力，具有十分重要的意义。

（二）推进诚信建设制度化的指导思想。高举中国特色社会主义伟大旗帜，以邓小平理论、“三个代表”重要思想、科学发展观为指导，贯彻落实习近平总书记重要讲话精神，以培育和践行社会主义核心价值观为根本，以加强社会信用体系建设为基础，以褒扬诚信、惩戒失信为重点，以完善法律法规为保障，大力推进诚信建设制度化，建立完善长效工作机制和运行机制，着力营造讲诚实、守信用的舆论环境、经济环境、社会环境，为实现中华民族伟大复兴的中国梦提供有力道德支撑。

（三）推进诚信建设制度化的主要原则。坚持以人为本、教育为先，把培育诚信价值观念作为长期任务；坚持制度保障、规范约束，把推进征信系统全覆盖作为重要基础；坚持德法并举、刚柔相济，把道德教化与依法制裁作为有效手段；坚持政府有力推动、企业主动作为、社会共同参与、公民普遍响应，把政府、企业和社会力量汇集于推进诚信建设各方面各环节；坚持问题导向、集中治理，把不断取得阶段性成果作为回应人民群众关切的重要标志，力求在治理重点领域、解决突出问题上求突破，在激励守信、惩戒失信上见实效，使全社会诚信意识普遍增强，诚信风尚日益形成，诚信社会愈益健全。

二、建立起全覆盖的社会信用信息记录

（四）加快征信系统建设。积极推进建立自然人、法人和其他组织统一社会信用代码制度，依法收集、整合区域内公民、法人和其他组织的信用信息，完善信用信息基础数据库，逐步实现信息采集全覆盖。完善信用标准体系，制定全国统一的信用信息采集和分类管理标准，统一信用指标目录和建设规范。健全行业信用信息记录制度，以各类企业和从业人员为重点，把信用信息采集融入注册登记、资质审核、日常监管各环节，尽快完善工商、税务、安全生产、产品质量、环境保护、食品药品、医疗卫生、知识产权、工程建设、交通运输、检验检测等事关人民群众日常生产生活重点领域的信用档案。加快国家统一征信平台建设，力争在2017年基本建成集合金融、工商登记、税收缴纳、社保缴费、交通违章等信用信息的统一平台，形成覆盖全部社会主体、所有信用信息类别、全国所有区域的信用信息网络。

（五）建立信用信息共享机制。促进各部门各地区信用信息系统统筹整合，依法推进信用信息互联互通和交换共享，有效消除信用信息“壁垒”“孤岛”。依法对信用信息进行分级管理，确定查询权限，促进各类社会主体的信用状况公开透明、可查可核。推动有关部门在行政管理、市场监管和公共服务中使用信用记录和信用报告，逐步实现多部门、跨地区、跨领域信息联享、信用联评、守信联奖、失信联惩，

❖ 菲劳德说真话是件好事，正因说真话能使心里简单愉快，
也正因说真话是少见的事。——大仲马 ❖

让守信者处处受益、失信者处处受限。

三、大力营造诚信建设有力宣传舆论声势

（六）培育诚信理念。“爱国、敬业、诚信、友善”，是公民价值准则。要深入宣传阐释“诚信”的丰富内涵和基本要求，使诚信价值准则深入人心。党报党刊、通讯社、广播电视要拿出重要版面时段、推出专栏专题，运用新闻报道、言论评论、专题节目等形式传播诚信理念。都市类、行业类媒体要发挥贴近群众的优势，用生动活泼的宣传报道引导人们践行诚信价值。互联网、手机等新兴媒体要运用微博、微信、微视、微电影等传播手段，扩大诚信宣传覆盖面。发挥公益广告引领文明风尚的作用，加强选题规划和设计制作，加大在各类媒体和公共场所的刊播力度，让人们在耳濡目染中恪守诚信规范。抓住“3·15”消费者权益日、“诚信兴商宣传月”“全国质量月”“食品安全宣传周”“6·14信用记录日”和“五一”“十一”、元旦、春节等重要时间节点，利用举办大型经贸活动、商品博览会等有利时机，增加宣传频率，形成宣传声势。

（七）宣传先进典型。大力发掘、宣传诚信人物、诚信企业、诚信群体，发挥先进典型的示范作用，引导人们见贤思齐。既持续宣传老模范的感人事迹，也及时宣扬新模范的高尚行为；既在全社会推出具有重大影响的诚信人物，也在各地各行业和基层单位推出一诺千金的凡人善举；既宣传公民个人守信践诺之举，也宣传骨干企业、优势产业、知名品牌以诚信创一流的先进经验，塑造诚信国家形象。

（八）鞭挞失信行为。充分发挥舆论监督作用，对失信败德行为进行批评揭露，使之成为“过街老鼠”。要区分性质、把握适度，对尚未造成严重危害的弄虚作假现象，在系统和单位通报批评、责令整改；对影响恶劣的重大违法案例，进行公开曝光、有力鞭挞，形成强大舆论压力。加强对失信行为处罚结果的跟踪报道，以反面典型为教材进行德法释义，警示人们守住诚信做人“底线、敬畏法律”高压线。发动群众参与道德评议，组织大讨论等活动，形成民间舆论场，引导人们加强自我约束。

（九）弘扬诚信文化。汲取中华优秀传统文化的思想精华和道德精髓，阐发蕴含其中讲诚信、重然诺的宝贵品格和时代价值，引导人们诚意正心。构建适应社会主义市场经济发展的诚信文化，引导人们正确处理经济利益与道德追求的关系，深刻认识市场经济既是契约经济、信用经济，又是法治经济、道德经济，在追逐物质利益的过程中享有精神收益。运用社区市民学校、公益性文化单位、文化服务中心等阵地，通过经典诵读、道德讲堂、论坛讲座、展览展示等形式，培育诚信文化。创

作弘扬诚信的影视剧、小说和戏曲等文艺作品，做好展演展示，用文化传播和滋养诚信价值理念。

四、切实增强诚信教育实践针对性实效性

（十）突出企业主体诚信教育。抓好企业主群体的诚信教育和培训工作，引导他们把诚信守法经营理念奉为信条，切实负起主体责任，在生产经营、财务管理、履行纳税义务、环境管理和劳动用工管理等各环节建立信用管理流程，自觉抵制失信行为。各类企业要开展全员诚信教育，建立职工诚信考核评价制度，使诚信成为企业职工的基本规范。企业管理部门要把诚信教育作为对企业服务管理的重要内容，融入证照颁发、业务办理的流程中，把守信履约要求作为对企业年度考评的重要依据。

（十一）抓好公共服务人员诚信教育。党员干部要以身作则、率先垂范，用模范行为带动诚信风尚的形成。公务员、医务人员、社会工作者以及社会中介服务人员直接服务于人民群众生产生活，他们的诚信言行对于增强人际互信具有重要影响。要深入开展公务员诚信、守法和道德教育，把诚信纳入公务员招录考试内容，增强公务员法律和诚信意识。认真贯彻政府信息公开条例，提高决策和施政透明度，提升政府公信力。引导医务人员崇尚服务理念，大力弘扬医者仁心、救死扶伤的医德。在律师、会计师、税务师、环境影响评价工程师、社会工作者等职业人群资格准入、专业评价、年审考核、职称评定中，强化诚信教育内容，培养职业操守，建立诚信档案，对严重失信行为实行“一票否决”。

（十二）纳入学校教育。坚持育人为本、德育为先，把诚信贯穿基础教育、高等教育、职业技术教育、成人教育各领域，落实到教育教学和管理服务各环节。构建各级各类学校有效衔接的诚信教育体系，在各级各类学校的德育课、思政课以及道德实践中强化契约精神教育、专题法制教育，研究建立学生诚信评价考核办法。建立和规范体现诚信内涵的礼仪制度，把诚信嵌入成人礼、毕业典礼等仪式中。切实加强师德建设，强化诚信执教、为人师表理念，以人格魅力为学生展示“行为世范”。依法依规严肃惩戒学术造假、论文抄袭、考试作弊等失信行为，将国家教育考试诚信档案与社会诚信档案相连通，纳入国家统一征信平台，引导师生以诚立身、诚信做人。

（十三）广泛开展诚信主题实践活动。坚持知行合一，运用生动有效的实践载体，引导人们把诚信理念转化为自觉行动。文明城市、文明村镇、文明行业、文明单位等群众性精神文明创建活动，要深化思想道德内涵，把诚信建设的要求贯穿到

创建内容安排中、体现到工作各环节中。各行各业要结合业务和生产经营实际，开展各具特色的诚信实践活动，引导人们立足岗位践行诚信规范。生产企业作为实体经济的基础环节，要以“质量第一”为主题，用规范的管理制度、精细的工艺流程、严格的质量标准，把诚信渗透在产品生产和售后服务的各个环节。商贸流通企业作为市场秩序的关键环节，要以“履约守信”为主题，深化“百城万店无假货”“诚信经营示范店”等活动，倡导公平交易、以诚待人，构建诚信商业环境。窗口行业作为直接服务人民群众的基层单位，要以“人民满意”为主题，用礼貌热情的态度、周到高效的工作，提供高质量服务，提升公众美誉度。当前，要突出“舌尖上的安全”，在食品药品企业开展“诚信做产品”活动，倡导树立尚德守法、以义取利的义利观，倡导以信笃行、以诚兴业的传统美德，让广大人民群众“吃得安全、用得放心”。

五、建立健全激励诚信、惩戒失信长效机制

（十四）形成褒扬诚信的政策导向。各地各部门在确定经济社会发展目标和发展规划、出台经济社会重大政策和重大改革措施时，要把讲社会责任、讲社会效益、讲守法经营、讲公平竞争、讲诚信守约作为重要内容，形成有利于弘扬诚信的良好政策导向、利益机制。在制定与公民现实利益密切相关的具体政策措施时，要注重经济行为与价值导向的有机统一，建立完善政策评估和纠偏机制，防止具体政策措施与诚信建设相背离。职能部门在市场监管和公共服务过程中，要充分应用信用信息和信用产品，使诚实守信者享有优待政策，形成好人好报、善有善报的正向机制。

（十五）开展突出问题专项整治。各地各部门要经常梳理经济社会发展中诚信热点问题、人民群众普遍关注的失信败德行为，有针对性地开展专项整治。食品药品监管部门，要严厉打击制售假冒伪劣、有毒有害食品药品的黑工厂、黑窝点、黑作坊、黑渠道，严惩重处食品药品违法犯罪；工商部门，要严厉打击各种非法传销活动，狠抓社会影响大、涉案地区广的大案要案；质检部门，要扎实推进“质检利剑”行动，严厉打击产品质量违法行为；公安部门，要严厉打击利用电话、网络诈骗犯罪行为，保护群众财产安全；网管部门，要深入推进整治网络谣言专项行动，抓一批重大案件，列出一批“黑名单”；工信部门，要尽快落实手机卡实名制，有效切断境外网络改号电话从国际端口局以及各地电信企业落地进入境内程控网的管道；银行部门，要把落实银行卡实名制作为重点，推动对境外操作境内网银进行转账的限制、快速异地冻结赃款等工作落实。

（十六）建立诚信发布制度。推动各地各部门依据法律法规，按照客观、真实、

准确的原则，建立诚信红黑名单制度，把恪守诚信者列入“红名单”，把失信违法者列入“黑名单”。对于列入“黑名单”的，根据违法违规性质和社会影响程度，分别采取“一对一”警示约谈、“一对多”部门间通报、在媒体公开发布等不同措施。中央文明办在与最高人民法院等部门联合发布失信被执行人名单的基础上，继续会同有关部门发布食品药品安全、企业产品质量、环境安全、纳税情况、债务偿付情况等方面的“黑名单”，发布失信惩戒措施。有关部门和社会相关单位对猎人“黑名单”的失信者，要共同依法实施惩戒，形成扬善抑恶的制度机制和社会环境。

（十七）完善诚信监督体系。坚持行政监管、行业管理、社会监督相结合，构建多层面、全过程、广覆盖的监督体系，对各类社会信用主体实施有效监管，从源头上遏制失信行为。政府职能部门针对失信易发多发的行业领域，加大监管力度，强化风险排查，提升诚信监管效能。邀请各级人大代表、政协委员，到生产企业、服务窗口和公共场所明察暗访，提出意见建议。推动行业协会商会更好发挥自律作用，加强管理和服务，对行业成员形成监督约束。建立健全有奖举报制度，鼓励群众举报失信违规行为，对举报问题及时查处。大众传媒要开展建设性舆论监督，营造守信光荣、失信可耻的舆论氛围。对借舆论监督之名实施敲诈勒索的假新闻、假媒体、假记者，要及时发现、及时查处，提高媒体公信力。

六、有力营造诚信建设法治环境

（十八）坚持严格执法。促进各类管理主体把诚信价值理念贯彻到依法治国、依法执政、依法行政实践中，有法必依、执法必严、违法必究，用法律的刚性约束增强人们守信的自觉性。严格落实执法者主体责任，加大执法监督力度，切实解决监管部门执法难、司法判决执行难的问题，对执法不严、查处不力的部门和责任人依法实行问责追究。推动执法部门建立联动机制、形成执法合力，运用多种手段进行综合治理，使失信行为受到应有惩处。

（十九）深化普法教育。结合落实国家普法工作规划，深入宣传合同法、产品质量法、食品安全法、环境保护法、消费者权益保护法、征信业管理条例等法律法规，弘扬社会主义法治精神，增强人们的学法、遵法、守法、用法意识。突出抓好党政机关、执法部门法律法规学习培训，增强带头守法意识，提高依法行政能力。组织法律专业人员和志愿服务队伍到村镇、社区、机关、企业等城乡基层普及诚信方面的法律知识，增强人民群众遵纪守法观念和依法保护自身权益的能力。

（二十）健全法规制度。推进信用立法工作，推动相关部门和立法机构依据上位法出台配套制度、实施细则及司法解释，使信用信息征集、查询、应用、互联互通、信用信息安全和主体权益保护等有法可依、有章可循。推动各地把一些行之有效的管理经验上升为法规制度，制定诚信建设地方性法规、行政规章和规范性文件。具有立法权的全国文明城市、提名城市在诚信法规制度方面要先行先试、积累经验，为国家信用法规建设提供借鉴。

七、切实加强诚信建设制度化组织领导

（二十一）形成统分结合工作机制。各地各部门要把诚信建设制度化摆上重要位置，贯穿到经济社会发展各领域，推动诚信建设与业务工作、诚信教育与管理举措融为一体。建立健全党委统一领导、文明委组织协调、职能部门各负其责、全社会共同参与的工作格局，加强统筹规划，加强组织实施，加强督促落实。支持配合社会信用体系建设部际联席会议发挥统筹协调作用，加快构建社会信用体系，为全社会诚信建设夯实基础。文明委成员单位要率先抓好自身诚信建设，积极支持参与诚信建设制度化工作，形成工作合力。相关行业主管部门要认真履行职责，依据业务范围，细化诚信建设制度化具体举措。各级党委宣传部、文明办要做好组织实施、协调推进工作，加强与各部门的信息沟通和联络服务，加强对重点任务的检查督导，把各方面积极性都调动发挥出来，形成齐抓共管的良好局面。

推进诚信建设制度化，是培育和践行社会主义核心价值观的一项重要任务，关系改革发展稳定，关系人民切身利益。各地各部门要认真贯彻习近平总书记倡导的“三严三实”的要求，坚持重点突破、整体推进，坚持持之以恒、久久为功，坚持落细落小落实，以诚信建设制度化的良好效果，构建诚实守信的经济社会环境。

中央精神文明建设指导委员会

2014年7月23日

附录2　国务院办公厅关于加强个人诚信体系建设的指导意见

国办发〔2016〕98号

各省、自治区、直辖市人民政府，国务院各部委、各直属机构：

为弘扬诚信传统美德，增强社会成员诚信意识，加强个人诚信体系建设，褒扬诚信，惩戒失信，提高全社会信用水平，营造优良信用环境，经国务院同意，现提出以下意见。

一、总体要求

（一）指导思想。全面贯彻落实党的十八大和十八届三中、四中、五中、六中全会精神，深入贯彻习近平总书记重要讲话精神，按照党中央、国务院决策部署，以培育和践行社会主义核心价值观为根本，大力弘扬诚信文化，加快个人诚信记录建设，完善个人信息安全、隐私保护与信用修复机制，健全守信激励与失信惩戒机制，使守信者受益、失信者受限，让诚信成为全社会共同的价值追求和行为准则，积极营造“守信光荣、失信可耻”的良好社会氛围。

（二）基本原则。

一是政府推动，社会共建。充分发挥政府在个人诚信体系建设中的组织、引导、推动和示范作用。规范发展征信市场，鼓励调动社会力量广泛参与，共同推进，形成个人诚信体系建设合力。

二是健全法制，规范发展。健全个人信息法律法规、规章制度和标准规范，严格保护个人隐私和信息安全。

三是全面推进，重点突破。以重点领域、重点人群为突破口，推动建立各地区各行业个人诚信记录机制。依托全国信用信息共享平台与各地方信用信息共享平台、金融信用信息基础数据库与个人征信机构，分别实现个人公共信用信息、个人征信信息的记录、归集、处理和应用。

四是强化应用，奖惩联动。积极培育个人公共信用信息产品应用市场，推广个人公共信用信息社会化应用，拓宽应用范围。建立健全个人诚信奖惩联动机制，加大个人守信激励与失信惩戒力度。

二、加强个人诚信教育

（一）大力弘扬诚信文化。将诚信文化建设摆在突出位置，以培育和践行社会主义核心价值观为根本，大力普及信用知识，制定颁布公民诚信守则，将诚信教育贯穿公民道德建设和精神文明创建全过程。加强社会公德、职业道德、家庭美德和个人品德教育，营造"守信者荣、失信者耻、无信者忧"的社会氛围。

（二）广泛开展诚信宣传。结合春节、国际消费者权益日、劳动节、儿童节、网络诚信宣传日、全国信用记录关爱日、诚信兴商宣传月、国庆节、国家宪法日暨全国法制宣传日等重要时间节点和法定节假日，集中宣传信用政策法规、信用知识和典型案例。推动创作中华传统诚信文化与时代价值观相融合的诚信文艺作品、公益广告，丰富诚信宣传载体，增加诚信宣传频次，提升诚信宣传水平。

（三）积极推介诚信典型。充分发挥媒体舆论宣传引导作用，大力发掘、宣传有关部门和社会组织评选的诚信道德模范、优秀志愿者等诚信典型。组织各类网站开设网络诚信专题，经常性地宣传推广各类诚信典型、诚信事迹，推出一批高质量的网络诚信主题文化作品，加强网络失信案例警示教育。支持有关部门和社会组织向社会推介诚信典型和无不良信用记录者，推动实施跨部门、跨领域的守信联合激励措施。

（四）全面加强校园诚信教育。将诚信教育作为中小学和高校学生思想品德教育的重要内容。鼓励高校开设社会信用领域相关课程。支持有条件的高校院所开设信用管理相关专业。推动学校加强信用管理，建立健全18岁以上成年学生诚信档案，推动将学生个人诚信作为升学、毕业、评先评优、奖学金发放、鉴定推荐等环节的重要考量因素。针对考试舞弊、学术造假、不履行助学贷款还款承诺、伪造就业材料等不诚信行为开展教育，并依法依规将相关信息记入个人信用档案。

（五）广泛开展信用教育培训。建立健全信用管理职业培训与专业考评制度。加大对信用从业人员的培训力度，丰富信用知识，提高信用管理水平。鼓励各类社会组织和企业建立信用管理和教育制度，组织签署任职信用承诺书和开展信用知识培训活动，培育企业信用文化。组织编写信用知识读本，依托社区（村）各类基层组织，向公众普及信用知识。

三、加快推进个人诚信记录建设

（一）推动完善个人实名登记制度。以居民身份证号码制度为基础，推进公民统一社会信用代码制度建设。推动居民身份证登记指纹信息工作，实现公民统一社会信用代码全覆盖。运用信息化技术手段，不断加强个人身份信息的查核工作，确保个人身份识别信息的唯一性。以互联网、邮寄递送、电信、金融账户等领域为重点，推进建立实名登记制度，为准确采集个人诚信记录奠定基础。

（二）建立重点领域个人诚信记录。以食品药品、安全生产、消防安全、交通安全、环境保护、生物安全、产品质量、税收缴纳、医疗卫生、劳动保障、工程建设、金融服务、知识产权、司法诉讼、电子商务、志愿服务等领域为重点，以公务员、企业法定代表人及相关责任人、律师、教师、医师、执业药师、评估师、税务师、注册消防工程师、会计审计人员、房地产中介从业人员、认证人员、金融从业人员、导游等职业人群为主要对象，有关部门要加快建立和完善个人信用记录形成机制，及时归集有关人员在相关活动中形成的诚信信息，确保信息真实准确，实现及时动态更新。金融信用信息基础数据库和个人征信机构要大力开展重点领域个人征信信息的归集与服务。鼓励行业协会、商会等行业组织建立健全会员信用档案。

四、完善个人信息安全、隐私保护与信用修复机制

（一）保护个人信息安全。有关部门要严格按照规定建立健全并严格执行保障信息安全的规章制度，明确个人信息查询使用权限和程序，做好数据库安全防护工作，建立完善个人信息查询使用登记和审查制度，防止信息泄露。严格按照相关法律法规，加大对金融信用信息基础数据库、征信机构的监管力度，确保个人征信业务合规开展，保障信息主体合法权益，确保国家信息安全。建立征信机构及相关人员信用档案和违规经营“黑名单”制度。

（二）加强隐私保护。未经法律法规授权不得采集个人公共信用信息。加大对泄露、篡改、毁损、出售或者非法向他人提供个人信息等行为的查处力度。对金融机构、征信机构、互联网企业、大数据公司、移动应用程序开发企业实施重点监控，规范其个人信息采集、提供和使用行为。

（三）建立信用修复机制。建立个人公共信用信息纠错、修复机制，制定异议处理、行政复议等管理制度及操作细则。明确各类公共信用信息展示期限，不再展示使用超过期限的公共信用信息。畅通信用修复渠道，丰富信用修复方式，探索通过事后主动履约、申请延期、自主解释等方式减少失信损失，通过按时履约、志愿服务、慈善捐助等方式修复信用。

五、规范推进个人诚信信息共享使用

（一）推动个人公共信用信息共享。制定全国统一的个人公共信用信息目录、分

类标准和共享交换规范。依托各地方信用信息共享平台建立个人公共信用信息数据库。依托全国信用信息共享平台，逐步建立跨区域、跨部门、跨行业个人公共信用信息的互联、互通、互查机制。

（二）积极开展个人公共信用信息服务。各级人民政府要依法依规及时向社会提供个人公共信用信息授权查询服务。探索依据个人公共信用信息构建分类管理和诚信积分管理机制。有条件的地区和行业应建立个人公共信用信息与金融信用信息基础数据库的共享关系，并向个人征信机构提供服务。

六、完善个人守信激励和失信惩戒机制

（一）为优良信用个人提供更多服务便利。对有关部门和社会组织实施信用分类监管确定的信用状况良好的行政相对人、诚信道德模范、优秀志愿者，行业协会商会推荐的诚信会员，以及新闻媒体挖掘的诚信主体等建立优良信用记录，各级人民政府要创新守信激励措施，对具有优良信用记录的个人，在教育、就业、创业等领域给予重点支持，尽力提供更多便利服务；在办理行政许可过程中，对具有优良信用记录的个人和连续三年以上无不良信用记录的行政相对人，可根据实际情况依法采取“绿色通道”和“容缺受理”等便利服务措施。鼓励社会机构依法使用征信产品，对具有优良信用记录的个人给予优惠和便利，使守信者在市场中获得更多机会和收益。

（二）对重点领域严重失信个人实施联合惩戒。依法依规对严重危害人民群众身体健康和生命安全、严重破坏市场公平竞争秩序和社会正常秩序、拒不履行法定义务严重影响司法机关和行政机关公信力以及拒不履行国防义务等个人严重失信行为采取联合惩戒措施。将恶意逃废债务、非法集资、电信诈骗、网络欺诈、交通违法、不依法诚信纳税等严重失信个人列为重点监管对象，依法依规采取行政性约束和惩戒措施。在对失信企事业单位进行联合惩戒的同时，依照法律法规和政策规定对相关责任人员采取相应的联合惩戒措施，将联合惩戒措施落实到人。鼓励将金融信用信息基础数据库和个人征信机构采集的个人在市场经济活动中产生的严重失信记录，推送至全国信用信息共享平台，作为实施信用惩戒措施的参考。

（三）推动形成市场性、社会性约束和惩戒。建立健全个人严重失信行为披露、曝光与举报制度，依托“信用中国”网站，依法向社会公开披露各级人民政府掌握的个人严重失信信息，充分发挥社会舆论监督作用，形成强大的社会震慑力。鼓励市场主体对严重失信个人采取差别化服务。支持征信机构采集严重失信行为信息，纳入信用记录和信用报告。

❖ 良心是我们每个人心头的岗哨，它在那里值勤站岗，
监视着我们别做出违法的事情来。——毛姆 ❖

七、强化保障措施

（一）加强组织领导。各地区各部门要统筹规划，部署实施个人诚信体系建设工作。建立工作考核推进机制，对本地区、本领域个人诚信体系建设工作要定期进行督促、指导和检查。

（二）建立健全法律法规。逐步建立和完善个人诚信体系建设法律法规，加强对个人信息安全和个人隐私的保护，有力维护个人信息的主体权利与合法权益，完善个人公共信用信息记录、归集、处理和应用等各环节的规范制度，为个人诚信体系建设创造良好的法治环境。

（三）加大资金支持力度。各地区各部门要加强社会信用体系建设经费保障，对个人诚信体系建设组织工作、管理工作积极予以经费支持。加大对个人公共信用信息数据库建设、信息应用、宣传教育和人才培训等各方面的资金支持力度。

（四）强化责任落实。各地区各部门要高度重视个人诚信体系建设工作，强化责任意识，细化分工，明确完成时间节点，确保责任到人、工作到人、落实到人。

各地区各部门要加强领导，高度重视，率先垂范，结合工作实际，切实有效开展个人诚信体系建设相关工作。国家发展改革委会同有关部门负责对本意见落实工作的统筹协调、跟踪了解、督促检查，确保各项工作平稳有序推进。

国务院办公厅

2016年12月23日

附录3　上海交通大学密西根学院诚信守则

（2013版本）

1.导言

诚信守则涵盖交大密西根学院所有相关人员应遵守的道德行为规范，适用于所有本科生、研究生，以及在学院修课的学生、教员、职员以及管理人员。

诚信守则基于下列信条：

无论是学生或是就业人员都须具备个人诚信，保证安全、健康、公正，确保所有资源的正确使用。

所有交大密西根学院成员是诚实而值得信赖的。

交大密西根学院的学生、教职工要彼此信任自身坚守诚信守则的信条，对任何违反诚信守则的行为负有共同的责任。

不劳而获的学习成果是可耻的。

2.诚信守则的实行

诚信守则旨在为交大密西根学院的课程规定提供支持和规定。教师在准备其课程规定时有很大自由发挥的余地，导致不同课程有不同的规定。教师有职责根据诚信守则的原则来制定其课程规定。

学生有责任了解并执行交大密西根学院的诚信守则。密西根学院检举违反行为比交大其他学院严格，特别是没经教师允许，抄袭他人作业、报告、课程项目，或是剽窃已出版文献，都被视为违反诚信守则。

由于不同教师的课程规定差异很大，教师有责任在每学期开学时以书面声明其课程规定。学生有责任了解这些规定，若不清楚必须咨询教师。诚信守则支持每门课程规定，无论其内容为何。

学生如果觉得教师没有完全实行诚信守则，可以联系教师或诚信委员会成员讨论，如有必要，可考虑进一步的行动。

交大密西根学院的学生在上其他学院开设的课程时必须遵守该学院的规定。如有触犯嫌疑，则送交该学院的负责机构处理。

交大密西根学院与密西根大学工程学院共享违反诚信守则的记录。交大密西根学院的学生如果在密西根大学违反诚信守则，视同违反交大密西根学院诚信守则。

同样地，任何人违反交大密西根学院的诚信守则，无论是交大密西根学院的双学位学生或是密西根大学的学生，也被视同违反密西根大学的诚信守则。根据密西根大学的规定，交大密西根学院的双学位学生或是申请者必须将违反诚信守则的记录告知密西根大学。

非交大密西根学院的学生修密西根学院的课或使用密西根学院的设施也必须遵守本诚信守则。有违反嫌疑者将被送交诚信委员会与教师纪律委员会处理。学生所属学院的负责机构也将被通知。

3.考试、测验以及课堂作业

以下的规定适用于考试、测验与课堂作业。

考试时，学生必须听从指示坐在指定的座位。两人之间隔一空位，以确保考试时的空间，减少作弊的可能；即使两人之间不能隔一空位，仍然必须遵守诚信守则。

学生必须携带学生证以随时接受检验身份。除非经特别许可，学生不能带与考试无关的东西进入教室，例如电脑、影音播放机、手机或其他电子设备。教师如果允许计算机、教科书或笔记等用于考试，则会事先通知。

考试期间，学生经过允许可以短暂离开教室，在教室内外都不能有关于考试的沟通，任何与考试有关的问题都得直接向教师提出。

考完试，学生必须在试卷上签署诚信承诺。诚信承诺如下："在本考试期间，我没有给予或接受未经允许的帮助，也没有隐匿任何自己或者包庇他人违反诚信守则的行为。"

如果学生没有签署诚信承诺，教师可以不批阅其试卷。无论学生有无签署诚信承诺，都必须遵守诚信守则。

4.课程作业以及引文的标注

诚信守则适用于所有课堂外作业，诸如家庭作业、编程作业、实验报告、论文、课程项目、带回家考试以及其他课程教师指定的活动。

教师可以允许学生合作完成课程作业。然而，除非特殊指明，学生应默认独立完成课程作业。如果允许合作，教师应阐明何种形式的合作在允许的范围内。教师亦可要求学生在课程作业上签署诚信承诺。

学生将任何非本人劳动或想法作为自己成果提交将违反诚信守则，适用于诸如来自其他学生以及书籍、网络和其他来源的思想理念、文字表述。没有正确地引用思想理念、文字表述或者他人的工作将被视为剽窃。

剽窃行为在交大密西根学院被视为极其严重的行为，学生应遵守教师规定的引用规范。如：

使用任何其他文献中三个词或者三个词以上的短语并未加以正确引用的。引用原文任何连续三个词或三个词以上的短语必须加双引号以标识（“引文内容”）。

使用未加引用的内容，进行少量修改（如词序或者时态）来避免以上提到的三词原则的。

使用任何他人原创的事实、数据、想法或者理论并未引用原创者（机构等）的。转述想法或者理论并未加以引用原创者的。

正确的引用格式有许多种（如APA格式、MLA格式等）。当判断违反诚信守则的行为是否发生时，除非任课教师明确规定，否则引用格式的种类并不十分重要。然而，如使用他人的词语或想法，学生必须明确标注并加以充分精确地引用以便读者能够追溯原始内容或原文。

如非特殊情况下任课教师事先明确授权，使用电脑翻译软件（如谷歌翻译）一般情况下是不允许的。

尽管一般情况下剽窃是违反诚信守则的行为，学生可能起初并不知晓恰当的引用规范。若学生在一门旨在指导学生正确归纳、引用和署名的课程的作业中被发现存在剽窃行为，则任课教师或诚信委员会可以判定学生并未违反诚信守则。

5. 大学文档

官方学术表格和记录，包括电子记录，都是交大密西根学院或上海交通大学的财产。篡改、替换、不正当获取、销毁，或其他不正当使用这些文件或电子资料都是违反诚信守则的行为。

6. 电脑账户和软件

学生在没有任课老师或同学的许可下，不得擅自登录或篡改班级账户或其他同学的电脑账户；学生在没有允许的情况下，不得肆意修改、登录或干扰任何成绩、资料的记录以及学院计算软件工具的使用。

学院提供给学生使用的电脑属于交大密西根学院的公共财产，供学生使用的软件也是学院的公共财产，或有使用权限；任何未经许可的备份或篡改电脑及软件都是违反诚信守则的行为。

7. 非学术的违反行为

诚信守则同样适用于学术事务以外的行为，例如偷窃、破坏公物、伤害他人、故意干扰电脑资源等不良行为。特殊情况下，案件可越过诚信委员会由教师纪律委员会直接调查。

8. 诚信委员会

诚信委员会完全由密西根学院学生组成，其主要目的是调查可能违反诚信守则的案件。

诚信委员会成员可以到课堂为学生解答诚信守则相关问题，帮助学生了解其理念。有成员毕业并离开密西根学院时，诚信委员会按照章程招纳新成员。

诚信委员会调查每个涉嫌违反诚信守则的案件并决定是否存在违反诚信守则的行为，其最终决定以及处罚建议将提交至教师纪律委员会。

任何学生或教师如不同意诚信委员会决定，可向教师纪律委员会提出申诉，请求案件交予诚信委员会重新审查。

9.教师纪律委员会

教师纪律委员会（FCD）由密西根学院教师组成，其主要目的是决定违反诚信守则的学生的惩罚措施，最终惩罚措施的决定将参考诚信委员会的惩罚建议。

教师纪律委员会如果认为案件的某些方面没有充分调查清楚，会将案件交予诚信委员会诚信调查，教师纪律委员会通常不会直接调查涉嫌违反诚信守则的案件。

教师纪律委员会的决定通常为终审决定，特殊情况下，当事人可向学术委员会（APG）提出申诉。学术委员会由学院理事会认可的学院和密西根大学领导成员组成。

10.诚信守则的违规检举

诚信守则的遵守有益于交大密西根学院的学生、教师、行政人员。基于彼此信任，所有人都应坚持其原则和制度，任何学生和教师都有责任随时检举有嫌疑违反诚信守则者，知而不报也是违反诚信守则。

若学生发现违反诚信守则的行为，则须立即通知任课教师。为确保公平公正，教师如认为有必要，必须按照诚信守则的规定采取适当的行动。

诚信委员会的调查是保密的，因此涉及的学生和教师不能与无关者讨论案件，透露私密信息属违反诚信守则的行为。

密西根学院保留所有违反诚信守则的记录。诚信委员会和教师纪律委员会分别保存记录，该记录不计入学生的常规档案。与密西根学院和密西根大学均有关联的学生，其诚信记录必要时会与密西根大学共享。

11.违反诚信守则的调查

如果学生涉嫌违反诚信守则，他/她有权利和义务与诚信委员会合作，提供证据并为自己在听证会中辩护。

被控诉的学生有权参加案件相关的所有听证会，并有权过目所有相关证据。

诚信委员会决定涉嫌学生是否违反诚信守则并作出适当的处罚建议。诚信委员会将会在听证会结束三天之内通知学生、任课教师（如果可行）以及教师纪律委员会其决定。

涉嫌违反的学生和教师如不同意诚信委员会的决定，有权在两个星期内向教师纪律委员会提出上诉。教师纪律委员会可决定是否亲自调查案件或否定诚信委员会的决定并要求诚信委员会进一步调查。诚信委员会最终决定学生是否有违反行为。

教师纪律委员会审阅诚信委员会提交的建议。若诚信委员会发现学生违反诚信守则，则教师纪律委员会将考虑诚信委员会的建议作出处罚决定，其决定并不限于诚信委员会的建议。教师纪律委员会对相关学生作出最终处罚决定。

教师纪律委员会下达决定后两周内，学生和任课教师均有权对教师纪律委员会的决定向学术委员会（APG）提出申诉。学术委员会由学院理事会认可的学院和密西根大学领导成员组成。

12.惩罚

第一次违反诚信守则的惩罚通常是将涉及的作业扣分和课程成绩降级。

第二次违反诚信守则的惩罚更加严重，除了涉及的作业扣分和课程成绩降级，学生将必须修额外的学分才能达到毕业要求。

此外，交大密西根学院会根据上海交通大学的规定建议给予学生以下处分（并记入个人档案）：警告、严重警告、记过、留校察看以及休学或退学。教师纪律委员会根据违反的性质和严重性，决定惩罚等级。

对于非学术的违反诚信守则者，教师纪律委员会根据违反的性质决定给予上述任一种惩罚。

学生被记过或留校察看以后再违反诚信守则会被退学，交大密西根学院将会建议上海交通大学开除学生。

对首次或更多次违反诚信守则者，上海交通大学可能会采取除了采取交大密西根学院诚信守则之外的规定，包括退学等措施（详见上海交通大学学生手册）。

附录4　康奈尔大学学术诚信条例

在所有的学术事业中，每一位康奈尔大学的学生都应该保证绝对的诚信。要保证这样的诚信必须坚持一套价值观，对学术界来说最重要的价值观要建立在对自己和他人成果以及知识的尊重上。

学术诚信不仅适用于课程环境中，也适用于所有与教育过程相关的学术活动，包括大学资源的使用。康奈尔大学的学生需要提交学术学分报告，表明这项工作是学生自己完成的。所有来自外界的帮助都应该得到承认，并且学生在任何时候都必须如实报道。

学生不得篡改（misrepresent）自己的作业。

学生不得以欺骗（fraud）手段或不正当（unfair1yadvance）的方式获得学分。

学生应拒绝各种形式的学术不诚信行为，保持学术诚信。

学生不得以任何其他方式违反学术诚信原则。

违规的例子

故意将他人的工作成果当作自己的工作成果。

在考试、论文或其他学术作品中使用、获取或提供未经授权的协助。

伪造实验数据以完成之后的工作。

伪造签名以证明完成课程作业或向研究生院推荐自己。

通过囤积或破坏图书馆资料而使自己有不公正的学术优势。

考试（Examinations）

在考试期间，学生不得使用、提供或接受未经授权的任何帮助或信息。不得请人代考或者代替别人考试，在考试期间，学生不得与任何无关人员进行协商。

课程作业（Course Asignments）

学校鼓励学生互相讨论一个课程的内容，并互相帮助，但是学生不应该代替他人完成作业。因为独立作业的目的就是测试学生独立完成学术任务的能力。抄袭他人的作业是违反学术诚信基本原则的，如果在作业中引用了别人的作品，必须按规定的格式注明引用的来源。在未经导师授权的情况下，不能重复提交作业，也就是说两门课不能提交相同或者相似的一份作业。

学术不端行为（Academic Misconduct）

教员可以对发生在教室或者考场的任何学术不诚信行为进行处罚，学术不诚信行为包括但不限于在考试期间交头接耳，将未经授权的材料带入考场以及在课堂上进行破坏行为等。

电脑以及网络的使用

尊重其他用户信息的隐私，即使这些信息没有得到安全的保护。尊重软件的所有权，例如，不要使用盗版软件。尊重系统的有限容量和使用限制，以免干扰其他用户的使用。

学术诚信听证委员会有权决定是否将某项具体行为视为违反学术诚信条例的行为。违反“学术诚信准则”的人将受到相应的处罚，并可能受到州和联邦法律的处罚。

在发现学生有学术不诚信行为的时候教员必须及时通知学生，并告诉他们处罚的原因已经及将会产生的后果。如果学生对老师通知的结果有异议，可以要求学校的学术诚信听证委员会（Academic Integrity Hearing Board）进行审查。

学术诚信听证委员会在收到审查要求后应该立即召开会议，但如果可能的话，应提前7天通知各方。

出席听证的人员

学生有权由顾问和（或）相关证人陪同。教员有权带相关证人出席听证会。如果举行了初级听证会还应该有第三方独立证人。主席召集的其他任何人。如果学生或教职人员未能出席听证会，理事会将有充分的权力在其缺席的情况下继续进行。董事会成员应听取争议各方的意见，并审查所提供的所有证据。董事会可以在主席的决定下征求外部意见。主席应主持听证会，确保任何一方不威胁或胁迫任何参与者。

学生有权质疑自己的案子，并对指控或证据质疑。学生的顾问可以协助学生进行演讲和提问。每次听证会至少有三分之二的投票理事出席，其中包括两名学生和两名教员。主席只有在表决时才能投票。只有在有明确的和有说服力的证据证明学生违反了本规范的情况下，理事会才能认定学生有罪。

附录5　关于大学生诚信问题的调查问卷

亲爱的同学：

您好！

“人而无信，不知其可也。”诚实守信是中华民族的传统美德，更是社会主义核心价值观的建设要求，为更好提升大学生诚信教育实效性，引领学子成长成才，我们在高校中组织了本次问卷调查。本次调查采取无记名形式，所得资料仅用于汇总后的统计分析，不会给您个人带来任何不利影响，请实事求是地给予回答。感谢您对我们工作的支持与配合！祝您学业有成，生活愉快！

调研组　2022年12月

1.你认为诚信美德对于新时代青年重要吗？

A.十分重要　　B.一般重要

C.不太重要　　D.可有可无

2.你认为当前大学生的总体诚信状况如何？

A.很好　　B.一般

C.较差　　D.很差

3.如果你要申请学费减免或困难资助，你会如何描绘你的家境情况？

A.依据实际，如实说明　　B.依据实际，稍加渲染

C.依据申请条件，加些渲染　　D.脱离实际，大肆渲染

4.据了解，校园内一些学生将代点名、代刷课、有偿提供医院病假证明等服务作为兼职；另外有一些学生做起校园“中介”，即针对不同的需求轻易找到合适的人选。针对学校里出现的“枪手”“枪手中介”的现象，对此你的看法是？

A.有需要就有供给，这很自然，符合市场规律

B.这也是“靠能力吃饭”，可以接受，很正常

C.这涉及一个人的道德问题，应该大力禁止

D.无所谓，反正我不当“枪手”，也不请“枪手”

5.毕业择业时，为了找到一份比较好的工作，你会虚假“美化”个人履历，在简历上作假吗？

A.绝对不会，诚信是做人的根本，绝不作假

B.也许会，别人作假，我实事求是也许会吃亏

C.不会，这是品行问题，不是长久之计

D.暂时不清楚，要视当时情况而定

6.你认为自己在什么情况哪些问题上做到诚信最困难？

A.谎言可以维护自身利益时　　B.指出他人缺点时

C.涉及自己或他人隐私时　　D.其他：________

7.你认为影响大学生诚信观念与行为的最重要因素是？

A.传统文化　　B.社会环境

C.家庭教育　　D.学校教育

E.朋辈群体　　F.法律制度

G.其他：________

8.作为当代大学生，你认为应该改善周围“诚信”缺失的最有效途径是

A.加强思想道德素质建设，提升个人品质素养

B.建立健全个人诚信档案，强化征信制度约束

C.完善法律法体系建设，有法可依违法必究

D.无需特别关注，随着社会的发展自然会解决

E.其他：________

9.你认为当前我们的诚信教育有效吗？

A.很有效果　　B.比较有效

C.效果一般　　D.几乎无效

10.针对大学生群体，你认为最行之有效的诚信教育方式是？

A.实践活动　　B.网络宣传

C.课程教育　　D.社团活动

E.系列讲座　　F.其他

附录6 银行业从业人员职业操守

第一章 总则

第一条［宗旨］

为规范银行业从业人员职业行为，提高中国银行业从业人员整体素质和职业道德水准，建立健康的银行业企业文化和信用文化，维护银行业良好信誉，促进银行业的健康发展，制定本职业操守。

第二条［从业人员］

本职业操守所称银行业从业人员是指在中国境内设立的银行业金融机构工作的人员。

第三条［适用］

银行业从业人员应当遵守本职业操守，并接受所在机构、银行业自律组织、监管机构和社会公众的监督。

第二章 从业基本准则

第四条［诚实信用］

银行业从业人员应当以高标准职业道德规范行事，品行正直，恪守诚实信用。

第五条［守法合规］

银行业从业人员应当遵守法律法规、行业自律规范以及所在机构的规章制度。

第六条［专业胜任］

银行业从业人员应当具备岗位所需的专业知识、资格与能力。

第七条［勤勉尽职］

银行业从业人员应当勤勉谨慎，对所在机构负有诚实信用义务，切实履行岗位职责，维护所在机构商业信誉。

第八条［保护商业秘密与客户隐私］

银行业从业人员应当保守所在机构的商业秘密，保护客户信息和隐私。

第九条［公平竞争］

银行业从业人员应当尊重同业人员，公平竞争，禁止商业贿赂。

第三章 银行业从业人员与客户

第十条［熟知业务］

银行业从业人员应当加强学习，不断提高业务知识水平，熟知向客户推荐的金融产品的特性、收益、风险、法律关系、业务处理流程及风险控制框架。

第十一条［监管规避］

银行业从业人员在业务活动中，应当树立依法合规意识，不得向客户明示或暗示诱导客户规避金融、外汇监管规定。

第十二条［岗位职责］

银行业从业人员应当遵守业务操作指引，遵循银行岗位职责划分和风险隔离的操作规程，确保客户交易的安全，做到：

（一）不打听与自身工作无关的信息；

（二）除非经内部职责调整或经过适当批准，不为其他岗位人员代为履行职责或将本人工作委托他人代为履行；

（三）不得违反内部交易流程及岗位职责管理规定将自己保管的印章、重要凭证、交易密码和钥匙等与自身职责有关的物品或信息交与或告知其他人员。

第十三条［信息保密］

银行业从业人员应当妥善保存客户资料及其交易信息档案。在受雇期间及离职后，均不得违反法律法规和所在机构关于客户隐私保护的规定，透露任何客户资料和交易信息。

第十四条［利益冲突］

银行业从业人员应当坚持诚实守信、公平合理、客户利益至上的原则，正确处理业务开拓与客户利益保护之间的关系，并按照以下原则处理潜在利益冲突：

（一）在存在潜在冲突的情形下，应当向所在机构管理层主动说明利益冲突的情况，以及处理利益冲突的建议；

（二）银行业从业人员本人及其亲属购买其所在机构销售或代理的金融产品，或接受其所在机构提供的服务之时，应当明确区分所在机构利益与个人利益。不得利用本职工作的便利，以明显优于或低于普通金融消费者的条件与其所在机构进行交易。

第十五条［内幕交易］

银行业从业人员在业务活动中应当遵守有关禁止内幕交易的规定，不得将内幕信息以明示或暗示的形式告知法律和所在机构允许范围以外的人员，不得利用内幕信息获取个人利益，也不得基于内幕信息为他人提供理财或投资方面的建议。

第十六条［了解客户］

银行业从业人员应当履行对客户尽职调查的义务，了解客户账户开立、资金调拨的用途以及账户是否会被第三方控制使用等情况。同时，应当根据风险控制要求，了解客户的财务状况、业务状况、业务单据及客户的风险承受能力。

第十七条［反洗钱］

银行业从业人员应当遵守反洗钱的有关规定，熟知银行承担的反洗钱义务，在严守客户隐私的同时，及时按照所在机构的要求，报告大额和可疑交易。

第十八条［礼貌服务］

银行业从业人员在接洽业务过程中，应当衣着得体、态度稳重、礼貌周到。对客户提出的合理要求尽量满足，对暂时无法满足或明显不合理的要求，应当耐心说明情况，取得理解和谅解。

第十九条［公平对待］

银行业从业人员应当公平对待所有客户，不得因客户的国籍、肤色、民族、性别、年龄、宗教信仰、健康或残障及业务的繁简程度和金额大小等方面的差异而歧视客户。

对残障者或语言存在障碍的客户，银行业从业人员应当尽可能为其提供便利。

但根据所在机构与客户之间的契约而产生的服务方式、费率等方面的差异，不应视为歧视。

第二十条［风险提示］

向客户推荐产品或提供服务时，银行业从业人员应当根据监管规定要求，对所推荐的产品及服务涉及的法律风险、政策风险以及市场风险等进行充分的提示，对客户提出的问题应当本着诚实信用的原则答复，不得为达成交易而隐瞒风险或进行虚假或误导性陈述，并不得向客户作出不符合有关法律法规及所在机构有关规章制度的承诺或保证。

第二十一条［信息披露］

银行业从业人员应当明确区分其所在机构代理销售的产品和由其所在机构自担风险的产品，对所在机构代理销售的产品必须以明确的、足以让客户注意的方式向其提示被代理销售产品的名称、产品性质、产品风险和产品的最终责任承担者、本银行在本产品销售过程中的责任和义务等必要的信息。

第二十二条［授信尽职］

银行业从业人员应当根据监管规定和所在机构风险控制的要求，对客户所在区域的信用环境、所处行业情况以及财务状况、经营状况、担保物的情况、信用记录等进行尽职调查、审查和授信后管理。

第二十三条［协助执行］

银行业从业人员应当熟知银行承担的依法协助执行的义务，在严格保守客户隐私的同时，了解有权对客户信息进行查询、对客户资产进行冻结和扣划的国家机关，按法定程序积极协助执法机关的执法活动，不泄露执法活动信息，不协助客户隐匿、转移资产。

第二十四条［礼物收送］

在政策法律及商业习惯允许范围内的礼物收、送，应当确保其价值不超过法规和所在机构规定允许的范围，且遵循以下原则：

（一）不得是现金、贵金属、消费卡、有价证券等违反商业习惯的礼物；

（二）礼物收、送将不会影响是否与礼物提供方建立业务联系的决定，或使礼物接收方产生交易的义务感；

（三）礼物收、送将不会使客户获得不适当的价格或服务上的优惠。

第二十五条［娱乐及便利］

银行业从业人员邀请客户或应客户邀请进行娱乐活动或提供交通工具、旅行等其他方面的便利时应当遵循以下原则：

（一）属于政策法规允许的范围以内，并且在第三方看来，这些活动属于行业惯例；

（二）不会让接受人因此产生对交易的义务感；

（三）根据行业惯例，这些娱乐活动不显得频繁，且价值在政策法规和所在机构允许的范围以内；

（四）这些活动一旦被公开将不至于影响所在机构的声誉。

第二十六条［客户投诉］

银行业从业人员应当耐心、礼貌、认真处理客户的投诉，并遵循以下原则：

（一）坚持客户至上、客观公正原则，不轻慢任何投诉和建议；

（二）所在机构有明确的客户投诉反馈时限，应当在反馈时限内答复客户；

（三）所在机构没有明确的投诉反馈时限，应当遵循行业惯例或口头承诺的时限向客户反馈情况；

（四）在投诉反馈时限内无法拿出意见，应当在反馈时限内告知客户现在投诉处理的情况，并提前告知下一个反馈时限。

第四章 银行业从业人员与同事

第二十七条［尊重同事］

银行业从业人员应当尊重同事，不得因同事的国籍、肤色、民族、年龄、性别、宗教信仰、婚姻状况、身体健康或残障而进行任何形式的骚扰和侵害。禁止带有任何歧视性的语言和行为。

尊重同事的个人隐私。工作中接触到同事个人隐私的，不得擅自向他人透露。

尊重同事的工作方式和工作成果，不得不当引用、剽窃同事的工作成果，不得以任何方式予以贬低、攻击、诋毁。

第二十八条［团结合作］

银行业从业人员在工作中应当树立理解、信任、合作的团队精神，共同创造，共同进步，分享专业知识和工作经验。

第二十九条［互相监督］

对同事在工作中违反法律、内部规章制度的行为应当予以提示、制止，并视情况向所在机构，或行业自律组织、监管部门、司法机关报告。

第五章 银行业从业人员与所在机构

第三十条［忠于职守］

银行业从业人员应当自觉遵守法律法规、行业自律规范和所在机构的各种规章制度，保护所在机构的商业秘密、知识产权和专有技术，自觉维护所在机构的形象和声誉。

第三十一条［争议处理］

银行业从业人员对所在机构的纪律处分有异议时，应当按照正常渠道反映和申诉。

第三十二条［离职交接］

银行业从业人员离职时，应当按照规定妥善交接工作，不得擅自带走所在机构的财物、工作资料和客户资源。在离职后，仍应恪守诚信，保守原所在机构的商业秘密和客户隐私。

第三十三条［兼职］

银行业从业人员应当遵守法律法规以及所在机构有关兼职的规定。

在允许的兼职范围内，应当妥善处理兼职岗位与本职工作之间的关系，不得利用兼职岗位为本人、本职机构或利用本职为本人、兼职机构谋取不当利益。

第三十四条［爱护机构财产］

银行业从业人员应当妥善保护和使用所在机构财产。遵守工作场所安全保障制度，保护所在机构财产，合理、有效运用所在机构财产，不得将公共财产用于个人用途，禁止以任何方式损害、浪费、侵占、挪用、滥用所在机构的财产。

第三十五条［费用报销］

银行业从业人员在外出工作时应当节俭支出并诚实记录，不得向所在机构申报不实费用。

第三十六条［电子设备使用］

银行业从业人员应当遵守法律法规及所在机构关于电子信息技术设备使用的规定以及有关安全规定，并做到：

（一）按照有关规定安装使用各类安全防护系统，不在电子设备上安装盗版软件和其他未经安全检测的软件；

（二）不得利用本机构的电子信息技术设备浏览不健康网页，下载不安全的、有害于本机构信息设备的软件；

（三）不得实施其他有害于本机构电子信息技术设备的行为。

第三十七条［媒体采访］

银行业从业人员应当遵守所在机构关于接受媒体采访的规定，不擅自代表所在机构接受新闻媒体采访，或擅自代表所在机构对外发布信息。

第三十八条［举报违法行为］

银行业从业人员对所在机构违反法律法规、行业公约的行为，有责任予以揭露，同时有权利、义务向上级机构或所在机构的监督管理部门直至国家司法机关举报。

第六章　银行业从业人员与同业人员

第三十九条［互相尊重］

银行业从业人员之间应当互相尊重，不得发表贬低、诋毁、损害同业人员及同业人员所在机构声誉的言论，不得捏造、传播有关同业人员及同业人员所在机构的谣言，或对同业人员进行侮辱、恐吓和诽谤。

第四十条［交流合作］

银行业从业人员之间应通过日常信息交流、参加学术研讨会、召开专题协调会、参加同业联席会议以及银行业自律组织等多种途径和方式，促进行业内信息交流与合作。

第四十一条［同业竞争］

银行业从业人员应当坚持同业间公平、有序竞争原则，在业务宣传、办理业务过程中，不得使用不正当竞争手段。

第四十二条［商业保密与知识产权保护］

银行业从业人员与同业人员接触时，不得泄露本机构客户信息和本机构尚未公开的财务数据、重大战略决策以及新的产品研发等重大内部信息或商业秘密。

银行业从业人员与同业人员接触时，不得以不正当手段刺探、窃取同业人员所在机构尚未公开的财务数据、重大战略决策和产品研发等重大内部信息或商业秘密。

银行业从业人员与同业人员接触时，不得窃取、侵害同业人员所在机构的知识产权和专有技术。

第七章　银行业从业人员与监管者

第四十三条［接受监管］

银行业从业人员应当严格遵守法律法规，对监管机构坦诚和诚实，与监管部门建立并保持良好的关系，接受银行业监管部门的监管。

第四十四条［配合现场检查］

银行业从业人员应当积极配合监管人员的现场检查工作，及时、如实、全面地提供资料信息，不得拒绝或无故推诿，不得转移、隐匿或者毁损有关证明材料。

第四十五条［配合非现场监管］

银行业从业人员应当按监管部门要求的报送方式、报送内容、报送频率和保密级别报送非现场监管需要的数据和非数据信息，并建立重大事项报告制度。

银行业从业人员应当保证所提供数据、信息完整、真实、准确。

第四十六条［禁止贿赂及不当便利］

银行从业人员不得向监管人员行贿或介绍贿赂，不得以任何方式向监管人员提供或许诺提供任何不当利益、便利或优惠。

第八章　附则

第四十七条［惩戒措施］

对违反本职业操守的银行业从业人员，所在机构应当视情况给予相应惩戒，情节严重的，应通报同业。

第四十八条［解释机构］

本职业操守由中国银行业协会负责解释。

第四十九条［生效日期］

本职业操守自中国银行业协会第六次会员大会审议通过之日起生效。

附录7　诚信誓词集萃

一、上海诚信誓词

诚实守信，立身之本；人人诚信，道德日兴；社会诚信，和谐文明。

我将遵守国家的法律法规，恪守诚信的道德规范，以至诚之心，待人处事；以至诚之德，律言律行，树立和维护上海的诚信形象，建立和完善我国的诚信体系。立身先于立业，诚信伴随人生。内诚于心，外信于人！内诚于心，外信于人！

二、公证业诚信誓词

立处为公、以人为本

爱岗敬业、办证为民

尊重事实、忠于法律

拓展业务、规范服务

刻苦钻研、素质过硬

公平公正、不徇私情

同业互助、坚守诚信

恪守道德、廉洁自律

三、黑龙江海林公务员诚信誓词

海林市国家公务员向全市人民宣誓：

服从中国共产党领导，忠实践行“‘三个代表’，忠于党，忠于人民，忠于国家，忠于海林，遵纪守法，恪尽职守，刻苦钻研，精益求精，积极工作，服务热情，注重信誉，遵守承诺，以诚信为荣，视党和政府的公信力为生命，坚决做到情为民所系，利为民所谋，权为民所用”。

四、寿险职员诚信服务誓词

我郑重承诺：

做一名合格的寿险从业人员，

严守客户至上的服务准则，
诚实守信，
切实履行七大服务承诺，
尽我所能为客户提供五星服务，
让每个家庭拥享平安。

五、中国民生银行诚信誓词

我自愿成为中国民生银行的员工，
我热爱中国民生银行并向她承诺：
我热情对待客户，
我勤奋对待工作，
我友善对待同事，
我诚实对待业务，
我绝不弄虚作假，
绝不违规违纪，
绝不背弃民生银行。

六、广东省注册会计师执业宣誓誓词

我自愿申请成为中国注册会计师；
牢记社会责任，努力塑造行业良好形象；
遵守职业道德，履行注册会计师义务；
恪守独立、客观、公正原则，诚信服务；
坚持执业准则，严谨工作；
遵纪守法，严格自律，共建和谐广东；
拥护社会主义制度，维护社会经济秩序；
热爱祖国，努力为人民服务。

七、重庆涪陵窗口行业誓词

面对庄严的誓旗，我们宣誓：

积极参加构建“诚信涪陵”活动，做到爱岗敬业、诚实守信、依法经营、诚信纳税、精通业务、快捷规范、杜绝伪劣、反对欺诈、公平竞争、接受监督、树立形象、优质服务，为“加快工业化、建设大城市、全面奔小康”而努力奋斗！

八、天津六大品牌房产中介诚信宣言誓词

我们房地产经纪机构、房地产经纪人员在从事房地产经纪活动中遵守法律法规，遵循平等、自愿、公平和诚实信用的原则。勤勉尽责，以向委托人提供规范、优质、高效的专业服务为宗旨，以促成合法、安全、公平的房地产交易为使命。

我们在执行代理业务时，在合法、诚信的前提下，应当维护委托人的最大权益；在执行居间业务时，公平正直，不偏袒任何一方。

我们六家房地产中介机构严格遵守国家规定的房地产中介收费标准，不谋取委托协议约定以外的非法收益，不以低价购进、高价售出等方式赚取差价，不利用虚假信息谋取中介费、服务费、看房费等费用。

我们严格遵守房地产交易资金监管规定，保障房地产交易资金安全，不压房款、不吃差价、不做收购，接受社会统一监督。

九、庐山诚信服务誓词

我们庄严地向中外游客进行诚信服务宣誓：

诚信是庐山发展的命脉，环境是庐山最大的品牌。我们把游客的满意，当作最大的幸福。我们追求安全第一，质量为先，明码标价，优质服务；决不生硬，决不自傲，决不宰客；热忱为中外朋友服务。坚持科学发展，和谐创业。努力做求新思变、开明开放、诚实守信、善谋实干的庐山人。

十、浙江金融职业学院学生诚信誓词

树立诚信理念，牢记职业操守，弘扬公民道德，践行诚信学风。

尊重他人成果，杜绝抄袭作弊，按期归还贷款，抵制单方毁约。

在学习、生活、工作中，诚实做人，信用处事，

为创建诚信校园、诚信社会而挥洒青春、奉献人生！

附录8　关于加强会计人员诚信建设的指导意见

为加强会计诚信建设，建立健全会计人员守信联合激励和失信联合惩戒机制，推动会计行业进一步提高诚信水平，根据《中华人民共和国会计法》规定和《国务院关于印发社会信用体系建设规划纲要（2014—2020年）的通知》（国发〔2014〕21号）、《国务院办公厅关于加强个人诚信体系建设的指导意见》（国办发〔2016〕98号）、《国务院关于建立完善守信联合激励和失信联合惩戒制度　加快推进社会诚信建设的指导意见》（国发〔2016〕33号）等精神，现就加强会计人员诚信建设提出如下指导意见。

一、总体要求

（一）指导思想。

全面贯彻党的十九大精神，以习近平新时代中国特色社会主义思想为指导，认真落实党中央、国务院决策部署，以培育和践行社会主义核心价值观为根本，完善会计职业道德规范，加强会计诚信教育，建立严重失信会计人员“黑名单”，健全会计人员守信联合激励和失信联合惩戒机制，积极营造“守信光荣、失信可耻”的良好社会氛围。

（二）基本原则。

——政府推动，社会参与。充分发挥财政部门和中央主管单位在会计人员诚信建设中的组织管理和监督指导作用，加强与相关执法部门统筹协调，建立联动机制，引导包括用人单位在内的社会力量广泛参与，充分发挥会计行业组织作用，共同推动会计人员诚信建设。

——健全机制，有序推进。建立健全加强会计人员诚信建设的体制机制，有序推进会计人员信用档案建设，规范会计人员信用信息采集和应用，稳步推进会计人员信用状况与其选聘任职、评选表彰等挂钩，逐步建立会计人员守信联合激励和失信联合惩戒机制。

——加强教育，奖惩结合。把教育引导作为提升会计人员诚信意识的重要环节，加大守信联合激励与失信联合惩戒实施力度，发挥行为规范的约束作用，使会计诚信内化于心，外化于行，成为广大会计人员的自觉行动。

二、增强会计人员诚信意识

（一）强化会计职业道德约束。针对会计工作特点，进一步完善会计职业道德规范，引导会计人员自觉遵纪守法、勤勉尽责、参与管理、强化服务，不断提高专业胜任能力；督促会计人员坚持客观公正、诚实守信、廉洁自律、不做假账，不断提高职业操守。

（二）加强会计诚信教育。财政部门、中央主管单位和会计行业组织要采取多种形式，广泛开展会计诚信教育，将会计职业道德作为会计人员继续教育的必修内容，大力弘扬会计诚信理念，不断提升会计人员诚信素养。要充分发挥新闻媒体对会计诚信建设的宣传教育、舆论监督等作用，大力发掘、宣传会计诚信模范等会计诚信典型，深入剖析违反会计诚信的典型案例。引导财会类专业教育开设会计职业道德课程，努力增强会计后备人员的诚信意识。鼓励用人单位建立会计人员信用管理制度，将会计人员遵守会计职业道德情况作为考核评价、岗位聘用的重要依据，强化会计人员诚信责任。

三、加强会计人员信用档案建设

（一）建立严重失信会计人员“黑名单”制度。将有提供虚假财务会计报告，做假账，隐匿或者故意销毁会计凭证、会计账簿、财务会计报告，贪污，挪用公款，职务侵占等与会计职务有关违法行为的会计人员，作为严重失信会计人员列入“黑名单”，纳入全国信用信息共享平台，依法通过“信用中国”网站等途径，向社会公开披露相关信息。

（二）建立会计人员信用信息管理制度。研究制定会计人员信用信息管理办法，规范会计人员信用评价、信用信息采集、信用信息综合利用、激励惩戒措施等，探索建立会计人员信息纠错、信用修复、分级管理等制度，建立健全会计人员信用信息体系。

（三）完善会计人员信用信息管理系统。以会计专业技术资格管理为抓手，有序采集会计人员信息，记录会计人员从业情况和信用情况，建立和完善会计人员信用档案。省级财政部门和中央主管单位要有效利用信息化技术手段，组织升级改造本地区（部门）现有的会计人员信息管理系统，构建完善本地区（部门）的会计人员信用信息管理系统，财政部在此基础上将构建全国统一的会计人员信用信息平台。

四、健全会计人员守信联合激励和失信联合惩戒机制

（一）为守信会计人员提供更多机会和便利。将会计人员信用信息作为先进会计工作者评选、会计职称考试或评审、高端会计人才选拔等资格资质审查的重要依据。鼓励用人单位依法使用会计人员信用信息，优先聘用、培养、晋升具有良好信用记录的会计人员。

（二）对严重失信会计人员实施约束和惩戒。在先进会计工作者评选、会计职称考试或评审、高端会计人才选拔等资格资质审查过程中，对严重失信会计人员实行“一票否决制”。对于严重失信会计人员，依法取消其已经取得的会计专业技术资格；被依法追究刑事责任的，不得再从事会计工作。支持用人单位根据会计人员失信的具体情况，对其进行降职撤职或解聘。

（三）建立失信会计人员联合惩戒机制。财政部门和中央主管单位应当将发现的会计人员失信行为，以及相关执法部门发现的会计人员失信行为，记入会计人员信用档案。支持会计行业组织依据法律和章程，对会员信用情况进行管理。加强与有关部门合作，建立失信会计人员联合惩戒机制，实现信息的互换、互通和共享。

五、强化组织实施

（一）加强组织领导。财政部门和中央主管单位要高度重视会计人员诚信建设工作，根据本地区（部门）关于社会信用体系建设的统一工作部署，统筹安排，稳步推进。要重视政策研究，完善配套制度建设，科学指导会计人员诚信建设工作。要重视监督检查，发现问题及时解决，确保会计人员诚信建设工作政策措施落地生根。要重视沟通协调，争取相关部门支持形成合力，探索建立联席制度，共同推动会计人员诚信建设工作有效开展。

（二）积极探索推动。财政部门和中央主管单位要紧密结合本地区（部门）实际，抓紧制定具体工作方案，推动会计人员诚信建设。要探索建设会计人员信用档案、建立严重失信会计人员“黑名单”等制度，及时总结经验做法；对存在的问题，要及时研究解决。

（三）广泛宣传动员。财政部门、中央主管单位和会计行业组织要充分利用报纸、广播、电视、网络等渠道，加大对会计人员诚信建设工作的宣传力度，教育引导会计人员和会计后备人员不断提升会计诚信意识。要积极引导社会各方依法依规利用会计人员信用信息，褒扬会计诚信，惩戒会计失信，扩大会计人员信用信息的影响力和警示力，使全社会形成崇尚会计诚信、践行会计诚信的社会风尚。

❖ 以温柔、宽厚之心待人，让彼此都能开朗愉快地生活，
或许才是最重要的事吧。——松下幸之助 ❖

附录9 社会信用体系建设规划纲要（2014—2020年）

社会信用体系是社会主义市场经济体制和社会治理体制的重要组成部分。它以法律、法规、标准和契约为依据，以健全覆盖社会成员的信用记录和信用基础设施网络为基础，以信用信息合规应用和信用服务体系为支撑，以树立诚信文化理念、弘扬诚信传统美德为内在要求，以守信激励和失信约束为奖惩机制，目的是增强全社会的诚信意识和信用水平。

加快社会信用体系建设是全面落实科学发展观、构建社会主义和谐社会的重要基础，是完善社会主义市场经济体制、加强和创新社会治理的重要手段，对增强社会成员诚信意识，营造优良信用环境，提升国家整体竞争力，促进社会发展与文明进步具有重要意义。

根据党的十八大提出的“加强政务诚信、商务诚信、社会诚信和司法公信建设”，党的十八届三中全会提出的“建立健全社会征信体系，褒扬诚信，惩戒失信”，《中共中央 国务院关于加强和创新社会管理的意见》提出的“建立健全社会诚信制度”，以及《中华人民共和国国民经济和社会发展第十二个五年规划纲要》（以下简称“十二五”规划纲要）提出的“加快社会信用体系建设”的总体要求，制定本规划纲要。规划期为2014—2020年。

一、社会信用体系建设总体思路

（一）发展现状

党中央、国务院高度重视社会信用体系建设。有关地区、部门和单位探索推进，社会信用体系建设取得积极进展。国务院建立社会信用体系建设部际联席会议制度统筹推进信用体系建设，公布实施《征信业管理条例》，一批信用体系建设的规章和标准相继出台。全国集中统一的金融信用信息基础数据库建成，小微企业和农村信用体系建设积极推进；各部门推动信用信息公开，开展行业信用评价，实施信用分类监管；各行业积极开展诚信宣传教育和诚信自律活动；各地区探索建立综合性信用信息共享平台，促进本地区各部门、各单位的信用信息整合应用；社会对信用服务产品的需求日益上升，信用服务市场规模不断扩大。

我国社会信用体系建设虽然取得一定进展，但与经济发展水平和社会发展阶段不匹配、不协调、不适应的矛盾仍然突出。存在的主要问题包括：覆盖全社会的征信系统尚未形成，社会成员信用记录严重缺失，守信激励和失信惩戒机制尚不健全，守信激励不足，失信成本偏低；信用服务市场不发达，服务体系不成熟，服务行为不规范，服务机构公信力不足，信用信息主体权益保护机制缺失；社会诚信意识和信用水平偏低，履约践诺、诚实守信的社会氛围尚未形成，重特大生产安全事故、食品药品安全事件时有发生，商业欺诈、制假售假、偷逃骗税、虚报冒领、学术不端等现象屡禁不止，政务诚信度、司法公信度离人民群众的期待还有一定差距等。

（二）形势和要求

我国正处于深化经济体制改革和完善社会主义市场经济体制的攻坚期。现代市场经济是信用经济，建立健全社会信用体系，是整顿和规范市场经济秩序、改善市场信用环境、降低交易成本、防范经济风险的重要举措，是减少政府对经济的行政干预、完善社会主义市场经济体制的迫切要求。

我国正处于加快转变发展方式、实现科学发展的战略机遇期。加快推进社会信用体系建设，是促进资源优化配置、扩大内需、促进产业结构优化升级的重要前提，是完善科学发展机制的迫切要求。

我国正处于经济社会转型的关键期。利益主体更加多元化，各种社会矛盾凸显，社会组织形式及管理方式也在发生深刻变化。全面推进社会信用体系建设，是增强社会诚信、促进社会互信、减少社会矛盾的有效手段，是加强和创新社会治理、构建社会主义和谐社会的迫切要求。

我国正处于在更大范围、更宽领域、更深层次上提高开放型经济水平的拓展期。经济全球化使我国对外开放程度不断提高，与其他国家和地区的经济社会交流更加密切。完善社会信用体系，是深化国际合作与交往，树立国际品牌和声誉，降低对外交易成本，提升国家软实力和国际影响力的必要条件，是推动建立客观、公正、合理、平衡的国际信用评级体系，适应全球化新形势，驾驭全球化新格局的迫切要求。

（三）指导思想和目标原则

全面推动社会信用体系建设，必须坚持以邓小平理论、“三个代表”重要思想、科学发展观为指导，按照党的十八大、十八届三中全会和“十二五”规划纲要精神，以健全信用法律法规和标准体系、形成覆盖全社会的征信系统为基础，以推进政务诚信、商务诚信、社会诚信和司法公信建设为主要内容，以推进诚信文化建设、建立守信激励和失信惩戒机制为重点，以推进行业信用建设、地方信用建设和信用服务市场发展为支撑，以增强全社会诚信意识和信用水平、改善经济社会运行环境为目的，以人为本，在全社会广泛形成守信光荣、失信可耻的浓厚氛围，使诚实守信成为全民的自觉行为规范。

社会信用体系建设的主要目标是：到2020年，社会信用基础性法律法规和标准体系基本建立，以信用信息资源共享为基础的覆盖全社会的征信系统基本建成，信用监管体制基本健全，信用服务市场体系比较完善，守信激励和失信惩戒机制全面发挥作用。政务诚信、商务诚信、社会诚信和司法公信建设取得明显进展，市场和社会满意度大幅提高。全社会诚信意识普遍增强，经济社会发展信用环境明显改善，经济社会秩序显著好转。

社会信用体系建设的主要原则是：

政府推动，社会共建。充分发挥政府的组织、引导、推动和示范作用。政府负责制定实施发展规划，健全法规和标准，培育和监管信用服务市场。注重发挥市场机制作用，协调并优化资源配置，鼓励和调动社会力量，广泛参与，共同推进，形成社会信用体系建设合力。

健全法制，规范发展。逐步建立健全信用法律法规体系和信用标准体系，加强信用信息管理，规范信用服务体系发展，维护信用信息安全和信息主体权益。

统筹规划，分步实施。针对社会信用体系建设的长期性、系统性和复杂性，强化顶层设计，立足当前，着眼长远，统筹全局，系统规划，有计划、分步骤地组织实施。

重点突破，强化应用。选择重点领域和典型地区开展信用建设示范。积极推广信用产品的社会化应用，促进信用信息互联互通、协同共享，健全社会信用奖惩联动机制，营造诚实、自律、守信、互信的社会信用环境。

二、推进重点领域诚信建设

（一）加快推进政务诚信建设

政务诚信是社会信用体系建设的关键，各类政务行为主体的诚信水平，对其他社会主体诚信建设发挥着重要的表率和导向作用。

坚持依法行政。将依法行政贯穿于决策、执行、监督和服务的全过程，全面推进政务公开，在保护国家信息安全、商业秘密和个人隐私的前提下，依法公开在行政管理中掌握的信用信息，建立有效的信息共享机制。切实提高政府工作效率和服务水平，转变政府职能。健全权力运行制约和监督体系，确保决策权、执行权、监督权既相互制约又相互协调。完善政府决策机制和程序，提高决策透明度。进一步推广重大决策事项公示和听证制度，拓宽公众参与政府决策的渠道，加强对权力运行的社会监督和约束，提升政府公信力，树立政府公开、公平、清廉的诚信形象。

发挥政府诚信建设示范作用。各级人民政府首先要加强自身诚信建设，以政府的诚信施政，带动全社会诚信意识的树立和诚信水平的提高。在行政许可、政府采购、招标投标、劳动就业、社会保障、科研管理、干部选拔任用和管理监督、申请政府资金支持等领域，率先使用信用信息和信用产品，培育信用服务市场发展。

加快政府守信践诺机制建设。严格履行政府向社会作出的承诺，把政务履约和守诺服务纳入政府绩效评价体系，把发展规划和政府工作报告关于经济社会发展目标落实情况以及为百姓办实事的践诺情况作为评价政府诚信水平的重要内容，推动各地区、各部门逐步建立健全政务和行政承诺考核制度。各级人民政府对依法作出的政策承诺和签订的各类合同要认真履约和兑现。要积极营造公平竞争、统一高效的市场环境，不得施行地方保护主义措施，如滥用行政权力封锁市场、包庇纵容行政区域内社会主体的违法违规和失信行为等。要支持统计部门依法统计、真实统计。政府举债要依法依规、规模适度、风险可控、程序透明。政府收支必须强化预算约束，提高透明度。加强和完善群众监督和舆论监督机制。完善政务诚信约束和问责机制。各级人民政府要自觉接受本级人大的法律监督和政协的民主监督。加大监察、审计等部门对行政行为的监督和审计力度。

加强公务员诚信管理和教育。建立公务员诚信档案，依法依规将公务员个人有关事项报告、廉政记录、年度考核结果、相关违法违纪违约行为等信用信息纳入档案，将公务员诚信记录作为干部考核、任用和奖惩的重要依据。深入开展公务员诚信、守法和道德教育，加强法律知识和信用知识学习，编制公务员诚信手册，增强公务员法律和诚信意识，建立一支守法守信、高效廉洁的公务员队伍。

（二）深入推进商务诚信建设

提高商务诚信水平是社会信用体系建设的重点，是商务关系有效维护、商务运行成本有效降低、营商环境有效改善的基本条件，是各类商务主体可持续发展的生存之本，也是各类经济活动高效开展的基础保障。

生产领域信用建设。建立安全生产信用公告制度，完善安全生产承诺和安全生产不良信用记录及安全生产失信行为惩戒制度。以煤矿、非煤矿山、危险化学品、烟花爆竹、特种设备生产企业以及民用爆炸物品生产、销售企业和爆破企业或单位为重点，健全安全生产准入和退出信用审核机制，促进企业落实安全生产主体责任。以食品、药品、日用消费品、农产品和农业投入品为重点，加强各类生产经营主体生产和加工环节的信用管理，建立产品质量信用信息异地和部门间共享制度。推动建立质量信用征信系统，加快完善12365产品质量投诉举报咨询服务平台，建立质量诚信报告、失信黑名单披露、市场禁入和退出制度。

流通领域信用建设。研究制定商贸流通领域企业信用信息征集共享制度，完善商贸流通企业信用评价基本规则和指标体系。推进批发零售、商贸物流、住宿餐饮及居民服务行业信用建设，开展企业信用分类管理。完善零售商与供应商信用合作模式。强化反垄断与反不正当竞争执法，加大对市场混淆行为、虚假宣传、商业欺诈、商业诋毁、商业贿赂等违法行为的查处力度，对典型案件、重大案件予以曝光，增加企业失信成本，促进诚信经营和公平竞争。逐步建立以商品条形码等标识为基础的全国商品流通追溯体系。加强检验检疫质量诚信体系建设。支持商贸服务企业信用融资，发展商业保理，规范预付消费行为。鼓励企业扩大信用销售，促进个人信用消费。推进对外经济贸易信用建设，进一步加强对外贸易、对外援助、对外投资合作等领域的信用信息管理、信用风险监测预警和企业信用等级分类管理。借助电子口岸管理平台，建立完善进出口企业信用评价体系、信用分类管理和联合监管制度。

金融领域信用建设。创新金融信用产品，改善金融服务，维护金融消费者个人信息安全，保护金融消费者合法权益。加大对金融欺诈、恶意逃废银行债务、内幕交易、制售假保单、骗保骗赔、披露虚假信息、非法集资、逃套骗汇等金融失信行为的惩戒力度，规范金融市场秩序。加强金融信用信息基础设施建设，进一步扩大信用记录的覆盖面，强化金融业对守信者的激励作用和对失信者的约束作用。

税务领域信用建设。建立跨部门信用信息共享机制。开展纳税人基础信息、各类交易信息、财产保有和转让信息以及纳税记录等涉税信息的交换、比对和应用工作。进一步完善纳税信用等级评定和发布制度，加强税务领域信用分类管理，发挥信用评定差异对纳税人的奖惩作用。建立税收违法黑名单制度。推进纳税信用与其他社会信用联动管理，提升纳税人税法遵从度。

价格领域信用建设。指导企业和经营者加强价格自律，规范和引导经营者价格行为，实行经营者明码标价和收费公示制度，着力推行“明码实价”。督促经营者加强内部价格管理，根据经营者条件建立健全内部价格管理制度。完善经营者价格诚信制度，做好信息披露工作，推动实施奖惩制度。强化价格执法检查与反垄断执法，依法查处捏造和散布涨价信息、价格欺诈、价格垄断等价格失信行为，对典型案例予以公开曝光，规范市场价格秩序。

工程建设领域信用建设。推进工程建设市场信用体系建设。加快工程建设市场信用法规制度建设，制定工程建设市场各方主体和从业人员信用标准。推进工程建设领域项目信息公开和诚信体系建设，依托政府网站，全面设立项目信息和信用信息公开共享专栏，集中公开工程建设项目信息和信用信息，推动建设全国性的综合检索平台，实现工程建设项目信息和信用信息公开共享的“一站式”综合检索服务。深入开展工程质量诚信建设。完善工程建设市场准入退出制度，加大对发生重大工程质量、安全责任事故或有其他重大失信行为的企业及负有责任的从业人员的惩戒力度。建立企业和从业人员信用评价结果与资质审批、执业资格注册、资质资格取消等审批审核事项的关联管理机制。建立科学、有效的建设领域从业人员信用评价机制和失信责任追溯制度，将直接发包、转包、违法分包、拖欠工程款和农民工工资等列入失信责任追究范围。

政府采购领域信用建设。加强政府采购信用管理，强化联动惩戒，保护政府采购当事人的合法权益。制定供应商、评审专家、政府采购代理机构以及相关从业人员的信用记录标准。依法建立政府采购供应商不良行为记录名单，对列入不良行为记录名单的供应商，在一定期限内禁止参加政府采购活动。完善政府采购市场的准入和退出机制，充分利用工商、税务、金融、检察等其他部门提供的信用信息，加强对政府采购当事人和相关人员的信用管理。加快建设全国统一的政府采购管理交易系统，提高政府采购活动透明度，实现信用信息的统一发布和共享。

招标投标领域信用建设。扩大招标投标信用信息公开和共享范围，建立涵盖招标投标情况的信用评价指标和评价标准体系，健全招标投标信用信息公开和共享制度。进一步贯彻落实招标投标违法行为记录公告制度，推动完善奖惩联动机制。依托电子招标投标系统及其公共服务平台，实现招标投标和合同履行等信用信息的互联互通、实时交换和整合共享。鼓励市场主体运用基本信用信息和第三方信用评价结果，并将其作为投标人资格审查、评标、定标和合同签订的重要依据。

交通运输领域信用建设。形成部门规章制度和地方性法规、地方政府规章相结合的交通运输信用法规体系。完善信用考核标准，实施分类考核监管。针对公路、铁路、水路、民航、管道等运输市场不同经营门类分别制定考核指标，加强信用考核评价监督管理，积极引导第三方机构参与信用考核评价，逐步建立交通运输管理机构与社会信用评价机构相结合，具有监督、申诉和复核机制的综合考核评价体系。将各类交通运输违法行为列入失信记录。鼓励和支持各单位在采购交通运输服务、招标投标、人员招聘等方面优先选择信用考核等级高的交通运输企业和从业人员。对失信企业和从业人员，要加强监管和惩戒，逐步建立跨地区、跨行业信用奖惩联动机制。

电子商务领域信用建设。建立健全电子商务企业客户信用管理和交易信用评估制度，加强电子商务企业自身开发和销售信用产品的质量监督。推行电子商务主体身份标识制度，完善网店实名制。加强网店产品质量检查，严厉查处电子商务领域制假售假、传销活动、虚假广告、以次充好、服务违约等欺诈行为。打击内外勾结、伪造流量和商业信誉的行为，对失信主体建立行业限期禁入制度。促进电子商务信用信息与社会其他领域相关信息的交换和共享，推动电子商务与线下交易信用评价。完善电子商务信用服务保障制度，推动信用调查、信用评估、信用担保、信用保险、信用支付、商账管理等第三方信用服务和产品在电子商务中的推广应用。开展电子商务网站可信认证服务工作，推广应用网站可信标识，为电子商务用户识别假冒、钓鱼网站提供手段。

统计领域信用建设。开展企业诚信统计承诺活动，营造诚实报数光荣、失信造假可耻的良好风尚。完善统计诚信评价标准体系。建立健全企业统计诚信评价制度和统计从业人员诚信档案。加强执法检查，严厉查处统计领域的弄虚作假行为，建立统计失信行为通报和公开曝光制度。加大对统计失信企业的联合惩戒力度。将统计失信企业名单档案及其违法违规信息纳入金融、工商等行业和部门信用信息系统，将统计信用记录与企业融资、政府补贴、工商注册登记等直接挂钩，切实强化对统计失信行为的惩戒和制约。

中介服务业信用建设。建立完善中介服务机构及其从业人员的信用记录和披露制度，并作为市场行政执法部门实施信用分类管理的重要依据。重点加强公证仲裁类、律师类、会计类、担保类、鉴证类、检验检测类、评估类、认证类、代理类、经纪类、职业介绍类、咨询类、交易类等机构信用分类管理，探索建立科学合理的评估指标体系、评估制度和工作机制。

会展、广告领域信用建设。推动展会主办机构诚信办展，践行诚信服务公约，建立信用档案和违法违规单位信息披露制度，推广信用服务和产品的应用。加强广告业诚信建设，建立健全广告业信用分类管理制度，打击各类虚假广告，突出广告制作、传播环节各参与者责任，完善广告活动主体失信惩戒机制和严重失信淘汰机制。

企业诚信管理制度建设。开展各行业企业诚信承诺活动，加大诚信企业示范宣传和典型失信案件曝光力度，引导企业增强社会责任感，在生产经营、财务管理和劳动用工管理等各环节中强化信用自律，改善商务信用生态环境。鼓励企业建立客户档案、开展客户诚信评价，将客户诚信交易记录纳入应收账款管理、信用销售授信额度计量，建立科学的企业信用管理流程，防范信用风险，提升企业综合竞争力。强化企业在发债、借款、担保等债权债务信用交易及生产经营活动中诚信履约。鼓励和支持有条件的企业设立信用管理师。鼓励企业建立内部职工诚信考核与评价制度。加强供水、供电、供热、燃气、电信、铁路、航空等关系人民群众日常生活行业企业的自身信用建设。

（三）全面推进社会诚信建设

社会诚信是社会信用体系建设的基础，社会成员之间只有以诚相待、以信为本，才会形成和谐友爱的人际关系，才能促进社会文明进步，实现社会和谐稳定和长治久安。

医药卫生和计划生育领域信用建设。加强医疗卫生机构信用管理和行业诚信作风建设。树立大医精诚的价值理念，坚持仁心仁术的职业操守。培育诚信执业、诚信采购、诚信诊疗、诚信收费、诚信医保理念，坚持合理检查、合理用药、合理治疗、合理收费等诚信医疗服务准则，全面建立药品价格、医疗服务价格公示制度，开展诚信医院、诚信药店创建活动，制定医疗机构和执业医师、药师、护士等医务人员信用评价指标标准，推进医院评审评价和医师定期考核，开展医务人员医德综合评价，惩戒收受贿赂、过度诊疗等违法和失信行为，建立诚信医疗服务体系。加快完善药品安全领域信用制度，建立药品研发、生产和流通企业信用档案。积极开展以“诚信至上，以质取胜”为主题的药品安全诚信承诺活动，切实提高药品安全信用监管水平，严厉打击制假贩假行为，保障人民群众用药安全有效。加强人口计生领域信用建设，开展人口和计划生育信用信息共享工作。

社会保障领域信用建设。在救灾、救助、养老、社会保险、慈善、彩票等方面，建立全面的诚信制度，打击各类诈捐骗捐等失信行为。建立健全社会救助、保障性住房等民生政策实施中的申请、审核、退出等各环节的诚信制度，加强对申请相关民生政策的条件审核，强化对社会救助动态管理及保障房使用的监管，将失信和违规的个人纳入信用黑名单。构建居民家庭经济状况核对信息系统，建立和完善低收入家庭认定机制，确保社会救助、保障性住房等民生政策公平、公正和健康运行。建立健全社会保险诚信管理制度，加强社会保险经办管理，加强社会保险领域的劳动保障监督执法，规范参保缴费行为，加大对医保定点医院、定点药店、工伤保险协议医疗机构等社会保险协议服务机构及其工作人员、各类参保人员的违规、欺诈、骗保等行为的惩戒力度，防止和打击各种骗保行为。进一步完善社会保险基金管理制度，提高基金征收、管理、支付等各环节的透明度，推动社会保险诚信制度建设，规范参保缴费行为，确保社会保险基金的安全运行。

劳动用工领域信用建设。进一步落实和完善企业劳动保障守法诚信制度，制定重大劳动保障违法行为社会公示办法。建立用人单位拖欠工资违法行为公示制度，健全用人单位劳动保障诚信等级评价办法。规范用工行为，加强对劳动合同履行和仲裁的管理，推动企业积极开展和谐劳动关系创建活动。加强劳动保障监督执法，加大对违法行为的打击力度。加强人力资源市场诚信建设，规范职业中介行为，打击各种黑中介、黑用工等违法失信行为。

教育、科研领域信用建设。加强教师和科研人员诚信教育。开展教师诚信承诺活动，自觉接受广大学生、家长和社会各界的监督。发挥教师诚信执教、为人师表的影响作用。加强学生诚信教育，培养诚实守信良好习惯，为提高全民族诚信素质奠定基础。探索建立教育机构及其从业人员、教师和学生、科研机构和科技社团及科研人员的信用评价制度，将信用评价与考试招生、学籍管理、学历学位授予、科研项目立项、专业技术职务评聘、岗位聘用、评选表彰等挂钩，努力解决学历造假、论文抄袭、学术不端、考试招生作弊等问题。

文化、体育、旅游领域信用建设。依托全国文化市场技术监管与公共服务平台，建立健全娱乐、演出、艺术品、网络文化等领域文化企业主体、从业人员以及文化产品的信用信息数据库；依法制定文化市场诚信管理措施，加强文化市场动态监管。制定职业体育从业人员诚信从业准则，建立职业体育从业人员、职业体育俱乐部和中介企业信用等级的第三方评估制度，推进相关信用信息记录和信用评级在参加或举办职业体育赛事、职业体育准入、转会等方面广泛运用。制定旅游从业人员诚信服务准则，建立旅游业消费者意见反馈和投诉记录与公开制度，建立旅行社、旅游景区和宾馆饭店信用等级第三方评估制度。

知识产权领域信用建设。建立健全知识产权诚信管理制度，出台知识产权保护信用评价办法。重点打击侵犯知识产权和制售假冒伪劣商品行为，将知识产权侵权行为信息纳入失信记录，强化对盗版侵权等知识产权侵权失信行为的联合惩戒，提升全社会的知识产权保护意识。开展知识产权服务机构信用建设，探索建立各类知识产权服务标准化体系和诚信评价制度。

环境保护和能源节约领域信用建设。推进国家环境监测、信息与统计能力建设，加强环保信用数据的采集和整理，实现环境保护工作业务协同和信息共享，完善环境信息公开目录。建立环境管理、监测信息公开制度。完善环评文件责任追究机制，建立环评机构及其从业人员、评估专家诚信档案数据库，强化对环评机构及其从业人员、评估专家的信用考核分类监管。建立企业对所排放污染物开展自行监测并公布污染物排放情况以及突发环境事件发生和处理情况制度。建立企业环境行为信用评价制度，定期发布评价结果，并组织开展动态分类管理，根据企业的信用等级予以相应的鼓励、警示或惩戒。完善企业环境行为信用信息共享机制，加强与银行、证券、保险、商务等部门的联动。加强国家能源利用数据统计、分析与信息上报能力建设。加强重点用能单位节能目标责任考核，定期公布考核结果，研究建立重点用能单位信用评价机制。强化对能源审计、节能评估和审查机构及其从业人员的信用评级和监管。研究开展节能服务公司信用评价工作，并逐步向全社会定期发布信用评级结果。加强对环资项目评审专家从业情况的信用考核管理。

社会组织诚信建设。依托法人单位信息资源库，加快完善社会组织登记管理信息。健全社会组织信息公开制度，引导社会组织提升运作的公开性和透明度，规范社会组织信息公开行为。把诚信建设内容纳入各类社会组织章程，强化社会组织诚信自律，提高社会组织公信力。发挥行业协会（商会）在行业信用建设中的作用，加强会员诚信宣传教育和培训。

自然人信用建设。突出自然人信用建设在社会信用体系建设中的基础性作用，依托国家人口信息资源库，建立完善自然人在经济社会活动中的信用记录，实现全国范围内自然人信用记录全覆盖。加强重点人群职业信用建设，建立公务员、企业法定代表人、律师、会计从业人员、注册会计师、统计从业人员、注册税务师、审计师、评估师、认证和检验检测从业人员、证券期货从业人员、上市公司高管人员、保险经纪人、医务人员、教师、科研人员、专利服务从业人员、项目经理、新闻媒体从业人员、导游、执业兽医等人员信用记录，推广使用职业信用报告，引导职业道德建设与行为规范。

互联网应用及服务领域信用建设。大力推进网络诚信建设，培育依法办网、诚信用网理念，逐步落实网络实名制，完善网络信用建设的法律保障，大力推进网络信用监管机制建设。建立网络信用评价体系，对互联网企业的服务经营行为、上网人员的网上行为进行信用评估，记录信用等级。建立涵盖互联网企业、上网个人的网络信用档案，积极推进建立网络信用信息与社会其他领域相关信用信息的交换共享机制，大力推动网络信用信息在社会各领域推广应用。建立网络信用黑名单制度，将实施网络欺诈、造谣传谣、侵害他人合法权益等严重网络失信行为的企业、个人列入黑名单，对列入黑名单的主体采取网上行为限制、行业禁入等措施，通报相关部门并进行公开曝光。

（四）大力推进司法公信建设

司法公信是社会信用体系建设的重要内容，是树立司法权威的前提，是社会公平正义的底线。

法院公信建设。提升司法审判信息化水平，实现覆盖审判工作全过程的全国四级法院审判信息互联互通。推进强制执行案件信息公开，完善执行联动机制，提高生效法律文书执行率。发挥审判职能作用，鼓励诚信交易、倡导互信合作，制裁商业欺诈和恣意违约毁约等失信行为，引导诚实守信风尚。

检察公信建设。进一步深化检务公开，创新检务公开的手段和途径，广泛听取群众意见，保障人民群众对检察工作的知情权、参与权、表达权和监督权。继续推行“阳光办案”，严格管理制度，强化内外部监督，建立健全专项检查、同步监督、责任追究机制。充分发挥法律监督职能作用，加大查办和预防职务犯罪力度，促进诚信建设。完善行贿犯罪档案查询制度，规范和加强查询工作管理，建立健全行贿犯罪档案查询与应用的社会联动机制。

公共安全领域公信建设。全面推行“阳光执法”，依法及时公开执法办案的制度规范、程序时限等信息，对于办案进展等不宜向社会公开，但涉及特定权利义务、需要特定对象知悉的信息，应当告知特定对象，或者为特定对象提供查询服务。进一步加强人口信息同各地区、各部门信息资源的交换和共享，完善国家人口信息资源库建设。将公民交通安全违法情况纳入诚信档案，促进全社会成员增强交通安全意识。定期向社会公开火灾高危单位消防安全评估结果，并作为单位信用等级的重要参考依据。将社会单位遵守消防安全法律法规情况纳入诚信管理，强化社会单位消防安全主体责任。

司法行政系统公信建设。进一步提高监狱、戒毒场所、社区矫正机构管理的规范化、制度化水平，维护服刑人员、戒毒人员、社区矫正人员合法权益。大力推进司法行政信息公开，进一步规范和创新律师、公证、基层法律服务、法律援助、司法考试、司法鉴定等信息管理和披露手段，保障人民群众的知情权。

司法执法和从业人员信用建设。建立各级公安、司法行政等工作人员信用档案，依法依规将徇私枉法以及不作为等不良记录纳入档案，并作为考核评价和奖惩依据。推进律师、公证员、基层法律服务工作者、法律援助人员、司法鉴定人员等诚信规范执业。建立司法从业人员诚信承诺制度。

健全促进司法公信的制度基础。深化司法体制和工作机制改革，推进执法规范化建设，严密执法程序，坚持有法必依、违法必究和法律面前人人平等，提高司法工作的科学化、制度化和规范化水平。充分发挥人大、政协和社会公众对司法工作的监督作用，完善司法机关之间的相互监督制约机制，强化司法机关的内部监督，实现以监督促公平、促公正、促公信。

三、加强诚信教育与诚信文化建设

诚信教育与诚信文化建设是引领社会成员诚信自律、提升社会成员道德素养的重要途径，是社会主义核心价值体系建设的重要内容。

（一）普及诚信教育

以建设社会主义核心价值体系、培育和践行社会主义核心价值观为根本，将诚信教育贯穿公民道德建设和精神文明创建全过程。推进公民道德建设工程，加强社会公德、职业道德、家庭美德和个人品德教育，传承中华传统美德，弘扬时代新风，在全社会形成“以诚实守信为荣、以见利忘义为耻”的良好风尚。

在各级各类教育和培训中进一步充实诚信教育内容。大力开展信用宣传普及教育进机关、进企业、进学校、进社区、进村屯、进家庭活动。

建好用好道德讲堂，倡导爱国、敬业、诚信、友善等价值理念和道德规范。开展群众道德评议活动，对诚信缺失、不讲信用现象进行分析评议，引导人们诚实守信、遵德守礼。

（二）加强诚信文化建设

弘扬诚信文化。以社会成员为对象，以诚信宣传为手段，以诚信教育为载体，大力倡导诚信道德规范，弘扬中华民族积极向善、诚实守信的传统文化和现代市场经济的契约精神，形成崇尚诚信、践行诚信的社会风尚。

树立诚信典型。充分发挥电视、广播、报纸、网络等媒体的宣传引导作用，结合道德模范评选和各行业诚信创建活动，树立社会诚信典范，使社会成员学有榜样、赶有目标，使诚实守信成为全社会的自觉追求。

深入开展诚信主题活动。有步骤、有重点地组织开展“诚信活动周”“质量月”“安全生产月”“诚信兴商宣传月”“3・5”学雷锋活动日、“3・15”国际消费者权益保护日、“6・14”信用记录关爱日、“12・4”全国法制宣传日等公益活动，突出诚信主题，营造诚信和谐的社会氛围。

大力开展重点行业领域诚信问题专项治理。深入开展道德领域突出问题专项教育和治理活动，针对诚信缺失问题突出、诚信建设需求迫切的行业领域开展专项治理，坚决纠正以权谋私、造假欺诈、见利忘义、损人利己的歪风邪气，树立行业诚信风尚。

（三）加快信用专业人才培养

加强信用管理学科专业建设。把信用管理列为国家经济体制改革与社会治理发展急需的新兴、重点学科，支持有条件的高校设置信用管理专业或开设相关课程，在研究生培养中开设信用管理研究方向。开展信用理论、信用管理、信用技术、信用标准、信用政策等方面研究。

加强信用管理职业培训与专业考评。建立健全信用管理职业培训与专业考评制度。推广信用管理职业资格培训，培养信用管理专业化队伍。促进和加强信用从业人员、信用管理人员的交流与培训，为社会信用体系建设提供人力资源支撑。

四、加快推进信用信息系统建设和应用

健全社会成员信用记录是社会信用体系建设的基本要求。发挥行业、地方、市场的力量和作用，加快推进信用信息系统建设，完善信用信息的记录、整合和应用，是形成守信激励和失信惩戒机制的基础和前提。

（一）行业信用信息系统建设

加强重点领域信用记录建设。以工商、纳税、价格、进出口、安全生产、产品质量、环境保护、食品药品、医疗卫生、知识产权、流通服务、工程建设、电子商务、交通运输、合同履约、人力资源和社会保障、教育科研等领域为重点，完善行业信用记录和从业人员信用档案。

建立行业信用信息数据库。各部门要以数据标准化和应用标准化为原则，依托国家各项重大信息化工程，整合行业内的信用信息资源，实现信用记录的电子化存储，加快建设信用信息系统，加快推进行业间信用信息互联互通。各行业分别负责本行业信用信息的组织与发布。

（二）地方信用信息系统建设

加快推进政务信用信息整合。各地区要对本地区各部门、各单位履行公共管理职能过程中产生的信用信息进行记录、完善、整合，形成统一的信用信息共享平台，

为企业、个人和社会征信机构等查询政务信用信息提供便利。

加强地区内信用信息的应用。各地区要制定政务信用信息公开目录，形成信息公开的监督机制。大力推进本地区各部门、各单位政务信用信息的交换与共享，在公共管理中加强信用信息应用，提高履职效率。

（三）征信系统建设

加快征信系统建设。征信机构开展征信业务，应建立以企事业单位及其他社会组织、个人为对象的征信系统，依法采集、整理、保存、加工企事业单位及其他社会组织、个人的信用信息，并采取合理措施保障信用信息的准确性。各地区、各行业要支持征信机构建立征信系统。

对外提供专业化征信服务。征信机构要根据市场需求，对外提供专业化的征信服务，有序推进信用服务产品创新。建立健全并严格执行内部风险防范、避免利益冲突和保障信息安全的规章制度，依法向客户提供方便、快捷、高效的征信服务，进一步扩大信用报告在银行业、证券业、保险业及政府部门行政执法等多个领域中的应用。

（四）金融业统一征信平台建设

完善金融信用信息基础数据库。继续推进金融信用信息基础数据库建设，提升数据质量，完善系统功能，加强系统安全运行管理，进一步扩大信用报告的覆盖范围，提升系统对外服务水平。

推动金融业统一征信平台建设。继续推动银行、证券、保险、外汇等金融管理部门之间信用信息系统的连接，推动金融业统一征信平台建设，推进金融监管部门信用信息的交换与共享。

（五）推进信用信息的交换与共享

逐步推进政务信用信息的交换与共享。各地区、各行业要以需求为导向，在保护隐私、责任明确、数据及时准确的前提下，按照风险分散的原则，建立信用信息交换共享机制，统筹利用现有信用信息系统基础设施，依法推进各信用信息系统的互联互通和信用信息的交换共享，逐步形成覆盖全部信用主体、所有信用信息类别、全国所有区域的信用信息网络。各行业主管部门要对信用信息进行分类分级管理，确定查询权限，特殊查询需求特殊申请。

依法推进政务信用信息系统与征信系统间的信息交换与共享。发挥市场激励机制的作用，鼓励社会征信机构加强对已公开政务信用信息和非政务信用信息的整合，建立面向不同对象的征信服务产品体系，满足社会多层次、多样化和专业化的征信服务需求。

五、完善以奖惩制度为重点的社会信用体系运行机制

运行机制是保障社会信用体系各系统协调运行的制度基础。其中，守信激励和失信惩戒机制直接作用于各个社会主体信用行为，是社会信用体系运行的核心机制。

（一）构建守信激励和失信惩戒机制

加强对守信主体的奖励和激励。加大对守信行为的表彰和宣传力度。按规定对诚信企业和模范个人给予表彰，通过新闻媒体广泛宣传，营造守信光荣的舆论氛围。发展改革、财政、金融、环境保护、住房和城乡建设、交通运输、商务、工商、税务、质检、安全监管、海关、知识产权等部门，在市场监管和公共服务过程中，要深化信用信息和信用产品的应用，对诚实守信者实行优先办理、简化程序等“绿色通道”支持激励政策。

加强对失信主体的约束和惩戒。强化行政监管性约束和惩戒。在现有行政处罚措施的基础上，健全失信惩戒制度，建立各行业黑名单制度和市场退出机制。推动各级人民政府在市场监管和公共服务的市场准入、资质认定、行政审批、政策扶持等方面实施信用分类监管，结合监管对象的失信类别和程度，使失信者受到惩戒。逐步建立行政许可申请人信用承诺制度，并开展申请人信用审查，确保申请人在政府推荐的征信机构中有信用记录，配合征信机构开展信用信息采集工作。推动形成市场性约束和惩戒。制定信用基准性评价指标体系和评价方法，完善失信信息记录和披露制度，使失信者在市场交易中受到制约。推动形成行业性约束和惩戒。通过行业协会制定行业自律规则并监督会员遵守。对违规的失信者，按照情节轻重，对机构会员和个人会员实行警告、行业内通报批评、公开谴责等惩戒措施。推动形成社会性约束和惩戒。完善社会舆论监督机制，加强对失信行为的披露和曝光，发挥群众评议讨论、批评报道等作用，通过社会的道德谴责，形成社会震慑力，约束社会成员的失信行为。

建立失信行为有奖举报制度。切实落实对举报人的奖励，保护举报人的合法权益。

建立多部门、跨地区信用联合奖惩机制。通过信用信息交换共享，实现多部门、跨地区信用奖惩联动，使守信者处处受益、失信者寸步难行。

（二）建立健全信用法律法规和标准体系

完善信用法律法规体系。推进信用立法工作，使信用信息征集、查询、应用、互联互通、信用信息安全和主体权益保护等有法可依。出台《征信业管理条例》相关配套制度和实施细则，建立异议处理、投诉办理和侵权责任追究制度。

推进行业、部门和地方信用制度建设。各地区、各部门分别根据本地区、相关行业信用体系建设的需要，制定地区或行业信用建设的规章制度，明确信用信息记录主体的责任，保证信用信息的客观、真实、准确和及时更新，完善信用信息共享公开制度，推动信用信息资源的有序开发利用。

建立信用信息分类管理制度。制定信用信息目录，明确信用信息分类，按照信用信息的属性，结合保护个人隐私和商业秘密，依法推进信用信息在采集、共享、使用、公开等环节的分类管理。加大对贩卖个人隐私和商业秘密行为的查处力度。

加快信用信息标准体系建设。制定全国统一的信用信息采集和分类管理标准，统一信用指标目录和建设规范。

建立统一社会信用代码制度。建立自然人、法人和其他组织统一社会信用代码制度。完善相关制度标准，推动在经济社会活动中广泛使用统一社会信用代码。

（三）培育和规范信用服务市场

发展各类信用服务机构。逐步建立公共信用服务机构和社会信用服务机构互为补充、信用信息基础服务和增值服务相辅相成的多层次、全方位的信用服务组织体系。

推进并规范信用评级行业发展。培育发展本土评级机构，增强我国评级机构的国际影响力。规范发展信用评级市场，提高信用评级行业的整体公信力。探索创新双评级、再评级制度。鼓励我国评级机构参与国际竞争和制定国际标准，加强与其他国家信用评级机构的协调和合作。

推动信用服务产品广泛运用。拓展信用服务产品应用范围，加大信用服务产品在社会治理和市场交易中的应用。鼓励信用服务产品开发和创新，推动信用保险、信用担保、商业保理、履约担保、信用管理咨询及培训等信用服务业务发展。

建立政务信用信息有序开放制度。明确政务信用信息的开放分类和基本目录，有序扩大政务信用信息对社会的开放，优化信用调查、信用评级和信用管理等行业的发展环境。

完善信用服务市场监管体制。根据信用服务市场、机构业务的不同特点，依法实施分类监管，完善监管制度，明确监管职责，切实维护市场秩序。推动制定信用服务相关法律制度，建立信用服务机构准入与退出机制，实现从业资格认定的公开透明，进一步完善信用服务业务规范，促进信用服务业健康发展。

推动信用服务机构完善法人治理。强化信用服务机构内部控制，完善约束机制，提升信用服务质量。

加强信用服务机构自身信用建设。信用服务机构要确立行为准则，加强规范管理，提高服务质量，坚持公正性和独立性，提升公信力。鼓励各类信用服务机构设立首席信用监督官，加强自身信用管理。

加强信用服务行业自律。推动建立信用服务行业自律组织，在组织内建立信用服务机构和从业人员基本行为准则和业务规范，强化自律约束，全面提升信用服务机构诚信水平。

（四）保护信用信息主体权益

健全信用信息主体权益保护机制。充分发挥行政监管、行业自律和社会监督在信用信息主体权益保护中的作用，综合运用法律、经济和行政等手段，切实保护信用信息主体权益。加强对信用信息主体的引导教育，不断增强其维护自身合法权益的意识。

建立自我纠错、主动自新的社会鼓励与关爱机制。以建立针对未成年人失信行为的教育机制为重点，通过对已悔过改正旧有轻微失信行为的社会成员予以适当保护，形成守信正向激励机制。

建立信用信息侵权责任追究机制。制定信用信息异议处理、投诉办理、诉讼管理制度及操作细则。进一步加大执法力度，对信用服务机构泄露国家秘密、商业秘密和侵犯个人隐私等违法行为，依法予以严厉处罚。通过各类媒体披露各种侵害信息主体权益的行为，强化社会监督作用。

（五）强化信用信息安全管理

健全信用信息安全管理体制。完善信用信息保护和网络信任体系，建立健全信用信息安全监控体系。加大信用信息安全监督检查力度，开展信用信息安全风险评估，实行信用信息安全等级保护。开展信用信息系统安全认证，加强信用信息服务系统安全管理。建立和完善信用信息安全应急处理机制。加强信用信息安全基础设施建设。

加强信用服务机构信用信息安全内部管理。强化信用服务机构信息安全防护能力，加大安全保障、技术研发和资金投入，高起点、高标准建设信用信息安全保障系统。依法制定和实施信用信息采集、整理、加工、保存、使用等方面的规章制度。

六、建立实施支撑体系

（一）强化责任落实

各地区、各部门要统一思想，按照本规划纲要总体要求，成立规划纲要推进小组，根据职责分工和工作实际，制定具体落实方案。

各地区、各部门要定期对本地区、相关行业社会信用体系建设情况进行总结和评估，及时发现问题并提出改进措施。

对社会信用体系建设成效突出的地区、部门和单位，按规定予以表彰。对推进不力、失信现象多发地区、部门和单位的负责人，按规定实施行政问责。

（二）加大政策支持

各级人民政府要根据社会信用体系建设需要，将应由政府负担的经费纳入财政预算予以保障。加大对信用基础设施建设、重点领域创新示范工程等方面的资金支持。

鼓励各地区、各部门结合规划纲要部署和自身工作实际，在社会信用体系建设创新示范领域先行先试，并在政府投资、融资安排等方面给予支持。

（三）实施专项工程

政务信息公开工程。深入贯彻实施《中华人民共和国政府信息公开条例》，按照主动公开、依申请公开进行分类管理，切实加大政务信息公开力度，树立公开、透明的政府形象。

农村信用体系建设工程。为农户、农场、农民合作社、休闲农业和农产品生产、加工企业等农村社会成员建立信用档案，夯实农村信用体系建设的基础。开展信用户、信用村、信用乡（镇）创建活动，深入推进青年信用示范户工作，发挥典型示范作用，使农民在参与中受到教育，得到实惠，在实践中增强信用意识。推进农产品生产、加工、流通企业和休闲农业等涉农企业信用建设。建立健全农民信用联保制度，推进和发展农业保险，完善农村信用担保体系。

小微企业信用体系建设工程。建立健全适合小微企业特点的信用记录和评价体系，完善小微企业信用信息查询、共享服务网络及区域性小微企业信用记录。引导各类信用服务机构为小微企业提供信用服务，创新小微企业集合信用服务方式，鼓励开展形式多样的小微企业诚信宣传和培训活动，为小微企业便利融资和健康发展营造良好的信用环境。

（四）推动创新示范

地方信用建设综合示范。示范地区率先对本地区各部门、各单位的信用信息进行整合，形成统一的信用信息共享平台，依法向社会有序开放。示范地区各部门在开展经济社会管理和提供公共服务过程中，强化使用信用信息和信用产品，并作为政府管理和服务的必备要件。建立健全社会信用奖惩联动机制，使守信者得到激励和奖励，失信者受到制约和惩戒。对违法违规等典型失信行为予以公开，对严重失信行为加大打击力度。探索建立地方政府信用评价标准和方法，在发行地方政府债券等符合法律法规规定的信用融资活动中试行开展地方政府综合信用评价。

区域信用建设合作示范。探索建立区域信用联动机制，开展区域信用体系建设创新示范，推进信用信息交换共享，实现跨地区信用奖惩联动，优化区域信用环境。

重点领域和行业信用信息应用示范。在食品药品安全、环境保护、安全生产、产品质量、工程建设、电子商务、证券期货、融资担保、政府采购、招标投标等领域，试点推行信用报告制度。

（五）健全组织保障

完善组织协调机制。完善社会信用体系建设部际联席会议制度，充分发挥其统筹协调作用，加强对各地区、各部门社会信用体系建设工作的指导、督促和检查。健全组织机构，各地区、各部门要设立专门机构负责推动社会信用体系建设。成立全国性信用协会，加强行业自律，充分发挥各类社会组织在推进社会信用体系建设中的作用。

建立地方政府推进机制。地方各级人民政府要将社会信用体系建设纳入重要工作日程，推进政务诚信、商务诚信、社会诚信和司法公信建设，加强督查，强化考核，把社会信用体系建设工作作为目标责任考核和政绩考核的重要内容。

建立工作通报和协调制度。社会信用体系建设部际联席会议定期召开工作协调会议，通报工作进展情况，及时研究解决社会信用体系建设中的重大问题。

附录10 国务院办公厅关于加快推进社会信用体系建设 构建以信用为基础的新型监管机制的指导意见

国办发〔2019〕35号

各省、自治区、直辖市人民政府，国务院各部委、各直属机构：

为加强社会信用体系建设，深入推进“放管服”改革，进一步发挥信用在创新监管机制、提高监管能力和水平方面的基础性作用，更好激发市场主体活力，推动高质量发展，经国务院同意，现提出如下意见。

一、总体要求

以习近平新时代中国特色社会主义思想为指导，深入贯彻落实党的十九大和十九届二中、三中全会精神，按照依法依规、改革创新、协同共治的基本原则，以加强信用监管为着力点，创新监管理念、监管制度和监管方式，建立健全贯穿市场主体全生命周期，衔接事前、事中、事后全监管环节的新型监管机制，不断提升监管能力和水平，进一步规范市场秩序，优化营商环境，推动高质量发展。

二、创新事前环节信用监管

（一）建立健全信用承诺制度。在办理适用信用承诺制的行政许可事项时，申请人承诺符合审批条件并提交有关材料的，应予即时办理。申请人信用状况较好、部分申报材料不齐备但书面承诺在规定期限内提供的，应先行受理，加快办理进度。书面承诺履约情况记入信用记录，作为事中、事后监管的重要依据，对不履约的申请人，视情节实施惩戒。要加快梳理可开展信用承诺的行政许可事项，制定格式规范的信用承诺书，并依托各级信用门户网站向社会公开。鼓励市场主体主动向社会作出信用承诺。支持行业协会商会建立健全行业内信用承诺制度，加强行业自律。（各地区各部门按职责分别负责）

（二）探索开展经营者准入前诚信教育。充分利用各级各类政务服务窗口，广泛开展市场主体守法诚信教育。为市场主体办理注册、审批、备案等相关业务时，适时开展标准化、规范化、便捷化的法律知识和信用知识教育，增强经营者依法诚信经营意识。开展诚信教育不得收费，也不得作为市场准入的必要条件。（各地区各部

门按职责分别负责）

（三）积极拓展信用报告应用。鼓励各类市场主体在生产经营活动中更广泛、主动地应用信用报告。在政府采购、招标投标、行政审批、市场准入、资质审核等事项中，充分发挥公共信用服务机构和第三方信用服务机构出具的信用报告作用。探索建立全国统一的信用报告标准，推动信用报告结果实现异地互认。（发展改革委、人民银行牵头，各地区各部门按职责分别负责）

三、加强事中环节信用监管

（四）全面建立市场主体信用记录。根据权责清单建立信用信息采集目录，在办理注册登记、资质审核、日常监管、公共服务等过程中，及时、准确、全面记录市场主体信用行为，特别是将失信记录建档留痕，做到可查可核可溯。（各地区各部门按职责分别负责）完善法人和非法人组织统一社会信用代码制度，以统一社会信用代码为标识，整合形成完整的市场主体信用记录，并通过“信用中国”网站、国家企业信用信息公示系统或中国政府网及相关部门门户网站等渠道依法依规向社会公开。完成12315市场监管投诉举报热线和信息化平台整合工作，大力开展消费投诉公示，促进经营者落实消费维权主体责任。（发展改革委、市场监管总局负责）

（五）建立健全信用信息自愿注册机制。鼓励市场主体在“信用中国”网站或其他渠道上自愿注册资质证照、市场经营、合同履约、社会公益等信用信息，并对信息真实性公开作出信用承诺，授权网站对相关信息进行整合、共享与应用。经验证的志愿注册信息可作为开展信用评价和生成信用报告的重要依据。（发展改革委牵头，各部门按职责分别负责）

（六）深入开展公共信用综合评价。全国信用信息共享平台要加强与相关部门的协同配合，依法依规整合各类信用信息，对市场主体开展全覆盖、标准化、公益性的公共信用综合评价，定期将评价结果推送至相关政府部门、金融机构、行业协会商会参考使用，并依照有关规定向社会公开。推动相关部门利用公共信用综合评价结果，结合部门行业管理数据，建立行业信用评价模型，为信用监管提供更精准的依据。（发展改革委牵头，各部门按职责分别负责）

（七）大力推进信用分级分类监管。在充分掌握信用信息、综合研判信用状况的基础上，以公共信用综合评价结果、行业信用评价结果等为依据，对监管对象进行分级分类，根据信用等级高低采取差异化的监管措施。“双随机、一公开”监管要与信用等级相结合，对信用较好、风险较低的市场主体，可合理降低抽查比例和频次，减少对正常生产经营的影响；对信用风险一般的市场主体，按常规比例和频次抽查；

对违法失信、风险较高的市场主体，适当提高抽查比例和频次，依法依规实行严管和惩戒。（各地区各部门按职责分别负责）

四、完善事后环节信用监管

（八）健全失信联合惩戒对象认定机制。有关部门依据在事前、事中监管环节获取并认定的失信记录，依法依规建立健全失信联合惩戒对象名单制度。以相关司法裁判、行政处罚、行政强制等处理结果为依据，按程序将涉及性质恶劣、情节严重、社会危害较大的违法失信行为的市场主体纳入失信联合惩戒对象名单。加快完善相关管理办法，明确认定依据、标准、程序、异议申诉和退出机制。制定管理办法要充分征求社会公众意见，出台的标准及其具体认定程序以适当方式向社会公开。支持有关部门根据监管需要建立重点关注对象名单制度，对存在失信行为但严重程度尚未达到失信联合惩戒对象认定标准的市场主体，可实施与其失信程度相对应的严格监管措施。（各部门按职责分别负责）

（九）督促失信市场主体限期整改。失信市场主体应当在规定期限内认真整改，整改不到位的，按照“谁认定、谁约谈”的原则，由认定部门依法依规启动提示约谈或警示约谈程序，督促失信市场主体履行相关义务、消除不良影响。约谈记录记入失信市场主体信用记录，统一归集后纳入全国信用信息共享平台。大力推进重点领域失信问题专项治理，采取有力有效措施加快推进整改。（各部门按职责分别负责）

（十）深入开展失信联合惩戒。加快构建跨地区、跨行业、跨领域的失信联合惩戒机制，从根本上解决失信行为反复出现、易地出现的问题。依法依规建立联合惩戒措施清单，动态更新并向社会公开，形成行政性、市场性和行业性等惩戒措施多管齐下，社会力量广泛参与的失信联合惩戒大格局。重点实施惩戒力度大、监管效果好的失信惩戒措施，包括依法依规限制失信联合惩戒对象股票发行、招标投标、申请财政性资金项目、享受税收优惠等行政性惩戒措施，限制获得授信、乘坐飞机、乘坐高等级列车和席次等市场性惩戒措施，以及通报批评、公开谴责等行业性惩戒措施。（发展改革委牵头，各地区各部门按职责分别负责）

（十一）坚决依法依规实施市场和行业禁入措施。以食品药品、生态环境、工程质量、安全生产、养老托幼、城市运行安全等与人民群众生命财产安全直接相关的领域为重点，实施严格监管，加大惩戒力度。对拒不履行司法裁判或行政处罚决定、屡犯不改、造成重大损失的市场主体及其相关责任人，坚决依法依规在一定期限内实施市场和行业禁入措施，直至永远逐出市场。（发展改革委牵头，各地区各部门按

职责分别负责）

（十二）依法追究违法失信责任。建立健全责任追究机制，对被列入失信联合惩戒对象名单的市场主体，依法依规对其法定代表人或主要负责人、实际控制人进行失信惩戒，并将相关失信行为记入其个人信用记录。机关事业单位、国有企业出现违法失信行为的，要通报上级主管单位和审计部门；工作人员出现违法失信行为的，要通报所在单位及相关纪检监察、组织人事部门。（各地区各部门按职责分别负责）

（十三）探索建立信用修复机制。失信市场主体在规定期限内纠正失信行为、消除不良影响的，可通过作出信用承诺、完成信用整改、通过信用核查、接受专题培训、提交信用报告、参加公益慈善活动等方式开展信用修复。修复完成后，各地区各部门要按程序及时停止公示其失信记录，终止实施联合惩戒措施。加快建立完善协同联动、一网通办机制，为失信市场主体提供高效便捷的信用修复服务。鼓励符合条件的第三方信用服务机构向失信市场主体提供信用报告、信用管理咨询等服务。（发展改革委牵头，各地区各部门按职责分别负责）

五、强化信用监管的支撑保障

（十四）着力提升信用监管信息化建设水平。充分发挥全国信用信息共享平台和国家“互联网+监管”系统信息归集共享作用，对政府部门信用信息做到“应归尽归”，推进地方信用信息平台、行业信用信息系统互联互通，畅通政企数据流通机制，形成全面覆盖各地区各部门、各类市场主体的信用信息“一张网”。依托全国信用信息共享平台和国家“互联网+监管”系统，将市场主体基础信息、执法监管和处置信息、失信联合惩戒信息等与相关部门业务系统按需共享，在信用监管等过程中加以应用，支撑形成数据同步、措施统一、标准一致的信用监管协同机制。（发展改革委、国务院办公厅牵头，各地区各部门按职责分别负责）

（十五）大力推进信用监管信息公开公示。在行政许可、行政处罚信息集中公示基础上，依托“信用中国”网站、中国政府网或其他渠道，进一步研究推动行政强制、行政确认、行政征收、行政给付、行政裁决、行政补偿、行政奖励和行政监督检查等其他行政行为信息7个工作日内上网公开，推动在司法裁判和执行活动中应当公开的失信被执行人、虚假诉讼失信人相关信息通过适当渠道公开，做到“应公开、尽公开”。（各地区各部门按职责分别负责）

（十六）充分发挥“互联网+”、大数据对信用监管的支撑作用。依托国家“互联网+监管”等系统，有效整合公共信用信息、市场信用信息、投诉举报信息和互联网及第三方相关信息，充分运用大数据、人工智能等新一代信息技术，实现信用监管数据可比对、过程可追溯、问题可监测。鼓励各地区各部门结合实际，依法依规与大数据机构合作开发信用信息，及时动态掌握市场主体经营情况及其规律特征。充分利用国家“互联网+监管”等系统建立风险预判预警机制，及早发现防范苗头性和跨行业跨区域风险。运用大数据主动发现和识别违法违规线索，有效防范危害公共利益和群众生命财产安全的违法违规行为。鼓励通过物联网、视联网等非接触式监管方式提升执法监管效率，实现监管规范化、精准化、智能化，减少人为因素，实现公正监管，杜绝随意检查、多头监管等问题，实现“进一次门、查多项事”，减少对监管对象的扰动。（国务院办公厅、发展改革委、市场监管总局牵头，各部门按职责分别负责）

（十七）切实加大信用信息安全和市场主体权益保护力度。严肃查处违规泄露、篡改信用信息或利用信用信息谋私等行为。加强信用信息安全基础设施和安全防护能力建设。建立健全信用信息异议投诉制度，对市场主体提出异议的信息，信息提供和采集单位要尽快核实并反馈结果，经核实有误的信息要及时予以更正或撤销。因错误认定失信联合惩戒对象名单、错误采取失信联合惩戒措施损害市场主体合法权益的，有关部门和单位要积极采取措施消除不良影响。（各地区各部门按职责分别负责）

（十八）积极引导行业组织和信用服务机构协同监管。支持有关部门授权的行业协会商会协助开展行业信用建设和信用监管，鼓励行业协会商会建立会员信用记录，开展信用承诺、信用培训、诚信宣传、诚信倡议等，将诚信作为行规行约重要内容，引导本行业增强依法诚信经营意识。推动征信、信用评级、信用保险、信用担保、履约担保、信用管理咨询及培训等信用服务发展，切实发挥第三方信用服务机构在信用信息采集、加工、应用等方面的专业作用。鼓励相关部门与第三方信用服务机构在信用记录归集、信用信息共享、信用大数据分析、信用风险预警、失信案例核查、失信行为跟踪监测等方面开展合作。（发展改革委、民政部、人民银行按职责分别负责）

六、加强信用监管的组织实施

（十九）加强组织领导。各地区各部门要把构建以信用为基础的新型监管机制作为深入推进“放管服”改革的重要举措，摆在更加突出的位置，加强组织领导，细化责任分工，有力有序有效推动落实。完善信用监管的配套制度，并加强与其他“放管服”改革事项的衔接。负有市场监管、行业监管职责的部门要切实承担行业信用建设和信用监管的主体责任，充分发挥行业组织、第三方信用服务机构作用，为

公众监督创造有利条件，整合形成全社会共同参与信用监管的强大合力。（发展改革委牵头，各地区各部门按职责分别负责）

（二十）开展试点示范。围绕信用承诺、信用修复、失信联合惩戒、信用大数据开发利用等重点工作，组织开展信用建设和信用监管试点示范。在各地区各部门探索创新的基础上，及时总结、提炼、交流开展信用建设和信用监管的好经验、好做法，在更大范围复制推广。（发展改革委牵头，各地区各部门按职责分别负责）

（二十一）加快建章立制。推动制定社会信用体系建设相关法律，加快研究出台公共信用信息管理条例、统一社会信用代码管理办法等法规。建立健全全国统一的信用监管规则和标准，及时出台相关地方性法规、政府规章或规范性文件，将信用监管中行之有效的做法上升为制度规范。抓紧制定开展信用监管急需的国家标准。（发展改革委、司法部牵头，各地区各部门按职责分别负责）

（二十二）做好宣传解读。各地区各部门要通过各种渠道和形式，深入细致向市场主体做好政策宣传解读工作，让经营者充分理解并积极配合以信用为基础的新型监管措施。加强对基层和一线监管人员的指导和培训。组织新闻媒体广泛报道，积极宣传信用监管措施及其成效，营造良好社会氛围。（发展改革委牵头，各地区各部门按职责分别负责）

国务院办公厅

2019年7月9日

附录11 关于进一步加强科研诚信建设的若干意见

科研诚信是科技创新的基石。近年来，我国科研诚信建设在工作机制、制度规范、教育引导、监督惩戒等方面取得了显著成效，但整体上仍存在短板和薄弱环节，违背科研诚信要求的行为时有发生。为全面贯彻党的十九大精神，培育和践行社会主义核心价值观，弘扬科学精神，倡导创新文化，加快建设创新型国家，现就进一步加强科研诚信建设、营造诚实守信的良好科研环境提出以下意见。

一、总体要求

（一）指导思想。全面贯彻党的十九大和十九届二中、三中全会精神，以习近平新时代中国特色社会主义思想为指导，落实党中央、国务院关于社会信用体系建设的总体要求，以优化科技创新环境为目标，以推进科研诚信建设制度化为重点，以健全完善科研诚信工作机制为保障，坚持预防与惩治并举，坚持自律与监督并重，坚持无禁区、全覆盖、零容忍，严肃查处违背科研诚信要求的行为，着力打造共建共享共治的科研诚信建设新格局，营造诚实守信、追求真理、崇尚创新、鼓励探索、勇攀高峰的良好氛围，为建设世界科技强国奠定坚实的社会文化基础。

（二）基本原则

——明确责任，协调有序。加强顶层设计、统筹协调，明确科研诚信建设各主体职责，加强部门沟通、协同、联动，形成全社会推进科研诚信建设合力。

——系统推进，重点突破。构建符合科研规律、适应建设世界科技强国要求的科研诚信体系。坚持问题导向，重点在实践养成、调查处理等方面实现突破，在增强诚信意识、优化科研环境等方面取得实效。

——激励创新，宽容失败。充分尊重科学研究灵感瞬间性、方式多样性、路径不确定性的特点，重视科研试错探索的价值，建立鼓励创新、宽容失败的容错纠错机制，形成敢为人先、勇于探索的科研氛围。

——坚守底线，终身追责。综合采取教育引导、合同约定、社会监督等多种方式，营造坚守底线、严格自律的制度环境和社会氛围，让守信者一路绿灯，失信者处处受限。坚持零容忍，强化责任追究，对严重违背科研诚信要求的行为依法依规终身追责。

（三）主要目标。在各方共同努力下，科学规范、激励有效、惩处有力的科研诚信制度规则健全完备，职责清晰、协调有序、监管到位的科研诚信工作机制有效运行，覆盖全面、共享联动、动态管理的科研诚信信息系统建立完善，广大科研人员的诚信意识显著增强，弘扬科学精神、恪守诚信规范成为科技界的共同理念和自觉行动，全社会的诚信基础和创新生态持续巩固发展，为建设创新型国家和世界科技强国奠定坚实基础，为把我国建成富强民主文明和谐美丽的社会主义现代化强国提供重要支撑。

二、完善科研诚信管理工作机制和责任体系

（四）建立健全职责明确、高效协同的科研诚信管理体系。科技部、中国社科院分别负责自然科学领域和哲学社会科学领域科研诚信工作的统筹协调和宏观指导。地方各级政府和相关行业主管部门要积极采取措施加强本地区本系统的科研诚信建设，充实工作力量，强化工作保障。科技计划管理部门要加强科技计划的科研诚信管理，建立健全以诚信为基础的科技计划监管机制，将科研诚信要求融入科技计划管理全过程。教育、卫生健康、新闻出版等部门要明确要求教育、医疗、学术期刊出版等单位完善内控制度，加强科研诚信建设。中国科学院、中国工程院、中国科协要强化对院士的科研诚信要求和监督管理，加强院士推荐（提名）的诚信审核。

（五）从事科研活动及参与科技管理服务的各类机构要切实履行科研诚信建设的主体责任。从事科研活动的各类企业、事业单位、社会组织等是科研诚信建设第一责任主体，要对加强科研诚信建设作出具体安排，将科研诚信工作纳入常态化管理。通过单位章程、员工行为规范、岗位说明书等内部规章制度及聘用合同，对本单位员工遵守科研诚信要求及责任追究作出明确规定或约定。

科研机构、高等学校要通过单位章程或制定学术委员会章程，对学术委员会科研诚信工作任务、职责权限作出明确规定，并在工作经费、办事机构、专职人员等方面提供必要保障。学术委员会要认真履行科研诚信建设职责，切实发挥审议、评定、受理、调查、监督、咨询等作用，对违背科研诚信要求的行为，发现一起，查处一起。学术委员会要组织开展或委托基层学术组织、第三方机构对本单位科研人员的重要学术论文等科研成果进行全覆盖核查，核查工作应以3—5年为周期持续开展。

科技计划（专项、基金等）项目管理专业机构要严格按照科研诚信要求，加强立项评审、项目管理、验收评估等科技计划全过程和项目承担单位、评审专家等科技计划各类主体的科研诚信管理，对违背科研诚信要求的行为要严肃查处。

从事科技评估、科技咨询、科技成果转化、科技企业孵化和科研经费审计等的科技中介服务机构要严格遵守行业规范，强化诚信管理，自觉接受监督。

（六）学会、协会、研究会等社会团体要发挥自律自净功能。学会、协会、研究会等社会团体要主动发挥作用，在各自领域积极开展科研活动行为规范制定、诚信教育引导、诚信案件调查认定、科研诚信理论研究等工作，实现自我规范、自我管理、自我净化。

（七）从事科研活动和参与科技管理服务的各类人员要坚守底线、严格自律。科研人员要恪守科学道德准则，遵守科研活动规范，践行科研诚信要求，不得抄袭、剽窃他人科研成果或者伪造、篡改研究数据、研究结论；不得购买、代写、代投论文，虚构同行评议专家及评议意见；不得违反论文署名规范，擅自标注或虚假标注获得科技计划（专项、基金等）等资助；不得弄虚作假，骗取科技计划（专项、基金等）项目、科研经费以及奖励、荣誉等；不得有其他违背科研诚信要求的行为。

项目（课题）负责人、研究生导师等要充分发挥言传身教作用，加强对项目（课题）成员、学生的科研诚信管理，对重要论文等科研成果的署名、研究数据真实性、实验可重复性等进行诚信审核和学术把关。院士等杰出高级专家要在科研诚信建设中发挥示范带动作用，做遵守科研道德的模范和表率。

评审专家、咨询专家、评估人员、经费审计人员等要忠于职守，严格遵守科研诚信要求和职业道德，按照有关规定、程序和办法，实事求是，独立、客观、公正开展工作，为科技管理决策提供负责任、高质量的咨询评审意见。科技管理人员要正确履行管理、指导、监督职责，全面落实科研诚信要求。

三、加强科研活动全流程诚信管理

（八）加强科技计划全过程的科研诚信管理。科技计划管理部门要修改完善各级各类科技计划项目管理制度，将科研诚信建设要求落实到项目指南、立项评审、过程管理、结题验收和监督评估等科技计划管理全过程。要在各类科研合同（任务书、协议等）中约定科研诚信义务和违约责任追究条款，加强科研诚信合同管理。完善科技计划监督检查机制，加强对相关责任主体科研诚信履责情况的经常性检查。

（九）全面实施科研诚信承诺制。相关行业主管部门、项目管理专业机构等要在科技计划项目、创新基地、院士增选、科技奖励、重大人才工程等工作中实施科研诚信承诺制度，要求从事推荐（提名）、申报、评审、评估等工作的相关人员签署科研诚信承诺书，明确承诺事项和违背承诺的处理要求。

（十）强化科研诚信审核。科技计划管理部门、项目管理专业机构要对科技计划项目申请人开展科研诚信审核，将具备良好的科研诚信状况作为参与各类科技计划的必备条件。对严重违背科研诚信要求的责任者，实行“一票否决”。相关行业主管部门要将科研诚信审核作为院士增选、科技奖励、职称评定、学位授予等工作的必经程序。

（十一）建立健全学术论文等科研成果管理制度。科技计划管理部门、项目管理专业机构要加强对科技计划成果质量、效益、影响的评估。从事科学研究活动的企业、事业单位、社会组织等应加强科研成果管理，建立学术论文发表诚信承诺制度、科研过程可追溯制度、科研成果检查和报告制度等成果管理制度。学术论文等科研成果存在违背科研诚信要求情形的，应对相应责任人严肃处理并要求其采取撤回论文等措施，消除不良影响。

（十二）着力深化科研评价制度改革。推进项目评审、人才评价、机构评估改革，建立以科技创新质量、贡献、绩效为导向的分类评价制度，将科研诚信状况作为各类评价的重要指标，提倡严谨治学，反对急功近利。坚持分类评价，突出品德、能力、业绩导向，注重标志性成果质量、贡献、影响，推行代表作评价制度，不把论文、专利、荣誉性头衔、承担项目、获奖等情况作为限制性条件，防止简单量化、重数量轻质量、“一刀切”等倾向。尊重科学研究规律，合理设定评价周期，建立重大科学研究长周期考核机制。开展临床医学研究人员评价改革试点，建立设置合理、评价科学、管理规范、运转协调、服务全面的临床医学研究人员考核评价体系。

四、进一步推进科研诚信制度化建设

（十三）完善科研诚信管理制度。科技部、中国社科院要会同相关单位加强科研诚信制度建设，完善教育宣传、诚信案件调查处理、信息采集、分类评价等管理制度。从事科学研究的企业、事业单位、社会组织等应建立健全本单位教育预防、科研活动记录、科研档案保存等各项制度，明晰责任主体，完善内部监督约束机制。

（十四）完善违背科研诚信要求行为的调查处理规则。科技部、中国社科院要会同教育部、国家卫生健康委、中国科学院、中国科协等部门和单位依法依规研究制定统一的调查处理规则，对举报受理、调查程序、职责分工、处理尺度、申诉、实名举报人及被举报人保护等作出明确规定。从事科学研究的企业、事业单位、社会组织等应制定本单位的调查处理办法，明确调查程序、处理规则、处理措施等具体要求。

（十五）建立健全学术期刊管理和预警制度。新闻出版等部门要完善期刊管理制度，采取有效措施，加强高水平学术期刊建设，强化学术水平和社会效益优先要求，提升我国学术期刊影响力，提高学术期刊国际话语权。学术期刊应充分发挥在科研诚信建设中的作用，切实提高审稿质量，加强对学术论文的审核把关。

科技部要建立学术期刊预警机制，支持相关机构发布国内和国际学术期刊预警名单，并实行动态跟踪、及时调整。将罔顾学术质量、管理混乱、商业利益至上，造成恶劣影响的学术期刊，列入黑名单。论文作者所在单位应加强对本单位科研人员发表论文的管理，对在列入预警名单的学术期刊上发表论文的科研人员，要及时警示提醒；对在列入黑名单的学术期刊上发表的论文，在各类评审评价中不予认可，不得报销论文发表的相关费用。

五、切实加强科研诚信的教育和宣传

（十六）加强科研诚信教育。从事科学研究的企业、事业单位、社会组织应将科研诚信工作纳入日常管理，加强对科研人员、教师、青年学生等的科研诚信教育，在入学入职、职称晋升、参与科技计划项目等重要节点必须开展科研诚信教育。对在科研诚信方面存在倾向性、苗头性问题的人员，所在单位应当及时开展科研诚信诫勉谈话，加强教育。

科技计划管理部门、项目管理专业机构以及项目承担单位，应当结合科技计划组织实施的特点，对承担或参与科技计划项目的科研人员有效开展科研诚信教育。

（十七）充分发挥学会、协会、研究会等社会团体的教育培训作用。学会、协会、研究会等社会团体要主动加强科研诚信教育培训工作，帮助科研人员熟悉和掌握科研诚信具体要求，引导科研人员自觉抵制弄虚作假、欺诈剽窃等行为，开展负责任的科学研究。

（十八）加强科研诚信宣传。创新手段，拓宽渠道，充分利用广播电视、报刊等传统媒体及微博、微信、手机客户端等新媒体，加强科研诚信宣传教育。大力宣传科研诚信典范榜样，发挥典型人物示范作用。及时曝光违背科研诚信要求的典型案例，开展警示教育。

六、严肃查处严重违背科研诚信要求的行为

（十九）切实履行调查处理责任。自然科学论文造假监管由科技部负责，哲学社会科学论文造假监管由中国社科院负责。科技部、中国社科院要明确相关机构负责科研诚信工作，做好受理举报、核查事实、日常监管等工作，建立跨部门联合调查机制，组织开展对科研诚信重大案件联合调查。违背科研诚信要求行为人所在单位

是调查处理第一责任主体，应当明确本单位科研诚信机构和监察审计机构等调查处理职责分工，积极主动、公正公平开展调查处理。相关行业主管部门应按照职责权限和隶属关系，加强指导和及时督促，坚持学术、行政两条线，注重发挥学会、协会、研究会等社会团体作用。对从事学术论文买卖、代写代投以及伪造、虚构、篡改研究数据等违法违规活动的中介服务机构，市场监督管理、公安等部门应主动开展调查，严肃惩处。保障相关责任主体申诉权等合法权利，事实认定和处理决定应履行对当事人的告知义务，依法依规及时公布处理结果。科研人员应当积极配合调查，及时提供完整有效的科学研究记录，对拒不配合调查、隐匿销毁研究记录的，要从重处理。对捏造事实、诬告陷害的，要依据有关规定严肃处理；对举报不实、给被举报单位和个人造成严重影响的，要及时澄清、消除影响。

（二十）严厉打击严重违背科研诚信要求的行为。坚持零容忍，保持对严重违背科研诚信要求行为严厉打击的高压态势，严肃责任追究。建立终身追究制度，依法依规对严重违背科研诚信要求行为实行终身追究，一经发现，随时调查处理。积极开展对严重违背科研诚信要求行为的刑事规制理论研究，推动立法、司法部门适时出台相应刑事制裁措施。

相关行业主管部门或严重违背科研诚信要求责任人所在单位要区分不同情况，对责任人给予科研诚信诫勉谈话；取消项目立项资格，撤销已获资助项目或终止项目合同，追回科研项目经费；撤销获得的奖励、荣誉称号，追回奖金；依法开除学籍，撤销学位、教师资格，收回医师执业证书等；一定期限直至终身取消晋升职务职称、申报科技计划项目、担任评审评估专家、被提名为院士候选人等资格；依法依规解除劳动合同、聘用合同；终身禁止在政府举办的学校、医院、科研机构等从事教学、科研工作等处罚，以及记入科研诚信严重失信行为数据库或列入观察名单等其他处理。严重违背科研诚信要求责任人属于公职人员的，依法依规给予处分；属于党员的，依纪依规给予党纪处分。涉嫌存在诈骗、贪污科研经费等违法犯罪行为的，依法移交监察、司法机关处理。

对包庇、纵容甚至骗取各类财政资助项目或奖励的单位，有关主管部门要给予约谈主要负责人、停拨或核减经费、记入科研诚信严重失信行为数据库、移送司法机关等处理。

（二十一）开展联合惩戒。加强科研诚信信息跨部门跨区域共享共用，依法依规对严重违背科研诚信要求责任人采取联合惩戒措施。推动各级各类科技计划统一处理规则，对相关处理结果互认。将科研诚信状况与学籍管理、学历学位授予、科研项目立项、专业技术职务评聘、岗位聘用、评选表彰、院士增选、人才基地评审等挂钩。推动在行政许可、公共采购、评先创优、金融支持、资质等级评定、纳税信用评价等工作中将科研诚信状况作为重要参考。

七、加快推进科研诚信信息化建设

（二十二）建立完善科研诚信信息系统。科技部会同中国社科院建立完善覆盖全国的自然科学和哲学社会科学科研诚信信息系统，对科研人员、相关机构、组织等的科研诚信状况进行记录。研究拟订科学合理、适用不同类型科研活动和对象特点的科研诚信评价指标、方法模型，明确评价方式、周期、程序等内容。重点对参与科技计划（项目）组织管理或实施、科技统计等科技活动的项目承担人员、咨询评审专家，以及项目管理专业机构、项目承担单位、中介服务机构等相关责任主体开展诚信评价。

（二十三）规范科研诚信信息管理。建立健全科研诚信信息采集、记录、评价、应用等管理制度，明确实施主体、程序、要求。根据不同责任主体的特点，制定面向不同类型科技活动的科研诚信信息目录，明确信息类别和管理流程，规范信息采集的范围、内容、方式和信息应用等。

（二十四）加强科研诚信信息共享应用。逐步推动科研诚信信息系统与全国信用信息共享平台、地方科研诚信信息系统互联互通，分阶段分权限实现信息共享，为实现跨部门跨地区联合惩戒提供支撑。

八、保障措施

（二十五）加强党对科研诚信建设工作的领导。各级党委（党组）要高度重视科研诚信建设，切实加强领导，明确任务，细化分工，扎实推进。有关部门、地方应整合现有科研保障措施，建立科研诚信建设目标责任制，明确任务分工，细化目标责任，明确完成时间。科技部要建立科研诚信建设情况督查和通报制度，对工作取得明显成效的地方、部门和机构进行表彰；对措施不得力、工作不落实的，予以通报批评，督促整改。

（二十六）发挥社会监督和舆论引导作用。充分发挥社会公众、新闻媒体等对科研诚信建设的监督作用。畅通举报渠道，鼓励对违背科研诚信要求的行为进行负责人实名举报。新闻媒体要加强对科研诚信正面引导。对社会舆论广泛关注的科研诚信事件，当事人所在单位和行业主管部门要及时采取措施调查处理，及时公布调查处理结果。

（二十七）加强监测评估。开展科研诚信建设情况动态监测和第三方评估，监测和评估结果作为改进完善相关工作的重要基础以及科研事业单位绩效评价、企业享受政府资助等的重要依据。对重大科研诚信事件及时开展跟踪监测和分析。定期发布中国科研诚信状况报告。

（二十八）积极开展国际交流合作。积极开展与相关国家、国际组织等的交流合作，加强对科技发展带来的科研诚信建设新情况新问题研究，共同完善国际科研规范，有效应对跨国跨地区科研诚信案件。

附录12　国务院办公厅关于进一步完善失信约束制度构建诚信建设长效机制的指导意见

国办发〔2020〕49号

各省、自治区、直辖市人民政府，国务院各部委、各直属机构：

为深入贯彻落实党中央、国务院关于推进诚信建设的要求，认真落实《优化营商环境条例》等相关规定，进一步明确信用信息范围，依法依规实施失信惩戒，完善失信主体信用修复机制，提高社会信用体系建设法治化、规范化水平，经国务院同意，现提出如下意见。

一、总体要求

以习近平新时代中国特色社会主义思想为指导，全面贯彻落实党的十九大和十九届二中、三中、四中、五中全会精神，坚持稳中求进工作总基调，坚持遵循法治轨道，着力构建诚信建设长效机制，按照依法依规、保护权益、审慎适度、清单管理的总体思路，进一步规范和健全失信行为认定、记录、归集、共享、公开、惩戒和信用修复等机制，推动社会信用体系迈入高质量发展的新阶段，更好发挥社会信用体系在支撑“放管服”改革和政府职能转变、营造公平诚信的市场环境和社会环境等方面的积极作用。

在社会信用体系建设工作推进和实践探索中，要把握好以下重要原则：一是严格依法依规，失信行为记录、严重失信主体名单认定和失信惩戒等事关个人、企业等各类主体切身利益，必须严格在法治轨道内运行。二是准确界定范围，准确界定信用信息和严重失信主体名单认定范围，合理把握失信惩戒措施，坚决防止不当使用甚至滥用。三是确保过惩相当，按照失信行为发生的领域、情节轻重、影响程度等，严格依法分别实施不同类型、不同力度的惩戒措施，切实保护信用主体合法权益。四是借鉴国际经验，既立足我国国情，又充分参考国际惯例，在社会关注度高、认识尚不统一的领域慎重推进信用体系建设，推动相关措施与国际接轨。

二、科学界定公共信用信息纳入范围和程序

（一）明确界定公共信用信息范围。将行政机关及法律、法规授权的具有管理公

共事务职能的组织等（以下统称行政机关）掌握的特定行为信息纳入公共信用信息，必须严格以法律、法规或者党中央、国务院政策文件为依据，并实行目录制管理。社会信用体系建设部际联席会议（以下简称部际联席会议）牵头单位会同有关部门依法依规编制并定期更新全国公共信用信息基础目录，部际联席会议成员单位和其他有关部门可依法依规提出拟纳入目录信息的建议，部际联席会议牵头单位梳理汇总目录，征求各地区、各有关部门和相关市场主体、行业协会商会、法律服务机构、专家学者和社会公众意见，提请部际联席会议审定后向社会公布并组织实施。各地可依据地方性法规，参照全国公共信用信息基础目录的制定程序，制定适用于本地的公共信用信息补充目录。

（二）严格规范失信行为认定依据。行政机关认定失信行为必须以具有法律效力的文书为依据。可认定失信行为的依据包括：生效的司法裁判文书和仲裁文书、行政处罚和行政裁决等行政行为决定文书，以及法律、法规或者党中央、国务院政策文件规定可作为失信行为认定依据的其他文书。行政机关认定失信行为后应当如实记录失信信息。

三、规范公共信用信息共享公开范围和程序

（三）规范公共信用信息共享范围和程序。公共信用信息是否可共享及在何种范围内共享，应当根据合法、必要原则确定，并在编制公共信用信息目录时一并明确。完善信息共享机制，推动全国信用信息共享平台与国家企业信用信息公示系统以及相关部门信用信息系统实现互联互通、数据共享，对于可共享数据要明确采集部门，做到“一口采集、充分共享”。

（四）依法依规确定公共信用信息公开范围。公共信用信息是否可公开应当根据合法、必要原则确定，并在编制公共信用信息目录时一并明确。公共信用信息公开不得侵犯商业秘密和个人隐私，法律、法规另有规定的从其规定。公开个人相关信息的，必须有明确的法律、法规或者国务院决定、命令作为依据或经本人同意，并进行必要脱敏处理。

（五）加强对公共信用信息公开渠道的统筹管理。公共信用信息的认定部门应当按照政府信息公开或其他有关规定，在本部门门户网站、本级政府门户网站或其他指定的网站公开相关信息。“信用中国”网站、国家企业信用信息公示系统要按照有关规定，将所归集的应当公开的公共信用信息进行统一公开，并与公共信用信息认定部门公开的内容、期限保持一致。

四、规范严重失信主体名单认定标准和程序

（六）严格限定严重失信主体名单设列领域范围。设列严重失信主体名单的领域，必须以法律、法规或者党中央、国务院政策文件为依据，任何部门（单位）不得擅自增加或扩展。设列严重失信主体名单的范围，严格按照《国务院关于建立完善守信联合激励和失信联合惩戒制度加快推进社会诚信建设的指导意见》（国发〔2016〕33号）规定，限制为严重危害人民群众身体健康和生命安全、严重破坏市场公平竞争秩序和社会正常秩序、拒不履行法定义务严重影响司法机关和行政机关公信力、拒不履行国防义务等严重违法失信行为的责任主体。

（七）严格规范严重失信主体名单认定标准。在全国范围内实施的严重失信主体名单制度，其名单认定标准应当以法律、行政法规或者党中央、国务院政策文件形式确定，暂不具备条件的可由该领域主管（监管）部门以部门规章形式确定，认定标准应当充分征求部际联席会议牵头单位及其他有关部门、相关市场主体、行业协会商会、法律服务机构、专家学者和社会公众意见，公开征求意见期限不少于30日。认定标准应当通过“信用中国”网站及该领域主管（监管）部门指定的网站公开。认定标准应当一并明确名单移出条件、程序以及救济措施。认定标准制定部门应当定期组织对标准执行效果进行第三方评估并及时修订。仅在地方范围内实施的严重失信主体名单制度，其名单认定标准应当由地方性法规规定。

（八）严格履行严重失信主体名单认定程序。行政机关在作出认定严重失信主体名单决定前，应当告知当事人作出决定的事由、依据和当事人依法享有的权利；当事人提出异议的，应当予以核实并在规定时限内反馈结果。将市场主体列入严重失信主体名单，应当由认定部门依托相应的行政决定文书，载明事由、依据、失信惩戒措施提示、移出条件和程序以及救济措施等，必要时也可由认定部门单独制作认定严重失信主体名单的决定文书。严重失信主体名单原则上应当由县级以上（含县级）人民政府有关部门按照相关标准认定，法律、法规和部门规章另有规定的从其规定。

五、依法依规开展失信惩戒

（九）依法依规确定失信惩戒措施。对失信主体采取减损权益或增加义务的惩戒措施，必须基于具体的失信行为事实，直接援引法律、法规或者党中央、国务院政策文件为依据，并实行清单制管理。部际联席会议牵头单位会同有关部门依法依规编制并定期更新全国失信惩戒措施基础清单，部际联席会议成员单位和其他有关部

门可依法依规提出拟纳入清单失信惩戒措施的建议，部际联席会议牵头单位梳理汇总清单，征求各地区、各有关部门和相关市场主体、行业协会商会、法律服务机构、专家学者和社会公众意见，提请部际联席会议审定后向社会公布并组织实施。各地可依据地方性法规，参照全国失信惩戒措施基础清单的制定程序，制定适用于本地的失信惩戒措施补充清单。任何部门（单位）不得强制要求金融机构、信用服务机构、行业协会商会、新闻媒体等惩戒失信主体。

（十）确保过惩相当。按照合法、关联、比例原则，依照失信惩戒措施清单，根据失信行为的性质和严重程度，采取轻重适度的惩戒措施，防止小过重惩。任何部门（单位）不得以现行规定对失信行为惩戒力度不足为由，在法律、法规或者党中央、国务院政策文件规定外增设惩戒措施或在法定惩戒标准上加重惩戒。

六、健全和完善信用修复机制

（十一）建立健全信用修复配套机制。相关行业主管（监管）部门应当建立有利于自我纠错、主动自新的信用修复机制。除法律、法规和党中央、国务院政策文件明确规定不可修复的失信信息外，失信主体按要求纠正失信行为、消除不良影响的，均可申请信用修复。相关部门（单位）应当制定信用修复的具体规定，明确修复方式和程序。符合修复条件的，要按照有关规定及时将其移出严重失信主体名单，终止共享公开相关失信信息，或者对相关失信信息进行标注、屏蔽或删除。

（十二）提高信用修复效率。加强信用修复信息共享，加快建立完善协同联动、“一网通办”机制，切实解决“信用修复难”问题。相关行业主管（监管）部门以及全国信用信息共享平台、“信用中国”网站应当明确专门人员负责信用修复工作，在规定时限内办结符合条件的信用修复申请，不得以任何形式向申请信用修复的主体收取费用。

七、加强信息安全和隐私保护

（十三）加强信用信息安全管理。各级公共信用信息系统要按照保护市场主体权益的要求，明确信息查询使用权限和程序，建立完善信息查询使用登记和审查制度，防止信息泄露，对故意或因工作失误泄露信息的，要依法依规严格追究相关单位和人员责任。严肃查处泄露、篡改、毁损、窃取信用信息或利用信用信息谋私等行为，严厉打击借社会信用体系建设名义非法收集、买卖信用信息的违法行为。

（十四）加大个人隐私保护力度。各地区、各有关部门应当遵循合法、正当、必要、最小化原则，严格按照公共信用信息目录收集使用个人信用信息，明示收集使用信息的目的、方式和范围并经本人同意，法律、法规另有规定的从其规定。禁止任何单位和个人未经授权、强制授权或一次授权终身收集使用个人信用信息。加大对非法获取、传播、利用以及泄露、篡改、毁损、窃取、出售个人信息等行为的查处力度。相关部门要对金融机构、征信机构、互联网企业、大数据企业、移动应用程序运营企业实施重点监管，严格规范其收集、存储、使用、加工、传输、提供和公开个人信息等行为。

八、着力加强信用法治建设

（十五）加快推动信用法律法规建设。坚持遵循法治轨道，加快研究推进社会信用方面法律法规的立法进程，理顺失信惩戒与行政管理措施的关系，夯实法治基础。现行法律、法规对失信行为惩戒力度不足、确有必要加大惩戒力度的，各地区、各有关部门应当及时提出修法建议，确保失信惩戒严格依法依规开展。

（十六）严格依法依规推动社会信用体系建设。依法依规严格规范信用信息采集、共享、公开范围，严格规范严重失信主体名单认定、失信惩戒和信用修复工作，确保社会信用体系建设各项工作在法治轨道运行。对未成年人失信行为、受自然灾害或疫情等不可抗力影响导致的失信行为以及非主观故意、轻微失信行为，应宽容审慎进行认定、记录和惩戒。坚决查处和打击各类侵权行为，依法依规保护信用信息安全、商业秘密和个人隐私，依法依规保护各类信用主体合法权益。

九、加强组织实施保障

落实主体责任。各行业主管（监管）部门要切实履行本行业信用监管主体责任，依法依规做好失信行为认定、记录、归集、共享、公开、惩戒和信用修复等工作，部际联席会议牵头单位要协调司法机关以及其他已获明确授权的责任单位做好相关工作。地方各级社会信用体系建设牵头单位要切实履行统筹协调职责，对本区域内社会信用体系建设工作加强规范指导。

强化追责问责。对在公共信用信息目录外违法违规记录、共享、公开信用信息，在失信惩戒措施清单外违法违规实施惩戒措施，以及不按标准和程序擅自认定严重失信主体名单、不按规定及时办理信用修复等行为，要依法依规追究相关单位和人员责任。

加强宣传解读。鼓励各类媒体积极开展诚信宣传教育，深入报道诚实守信的先进典型，对失信行为和事件开展建设性舆论监督，倡导诚实守信。充分发挥有关部门、行业协会商会、专家学者、新闻媒体等作用，及时阐释和解读信用政策，积极回应各界关切，强化正面引导，营造良好舆论环境。

把握时间节点。各地区、各有关部门要按照本意见要求，对已经出台的失信行为认定、记录、归集、共享、公开、惩戒和信用修复等措施进行梳理评估，对不符合本意见要求的要及时规范。对有明确依据可继续保留的严重失信主体名单制度设置过渡期，在2021年底前按本意见要求对需要调整的名单认定标准和程序进行更新，过渡期后与本意见要求不符的一律废止。

国务院办公厅

2020年12月7日